現代経営情報論

遠山 曉・村田 潔・古賀広志［著］

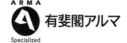

ARMA
有斐閣アルマ
Specialized

　本書が刊行されるに至った背景と本書の執筆にあたって留意した点は次のとおりである。

　2003 年に本書の前身となる有斐閣アルマシリーズ『経営情報論』が刊行され，同書はその後，現在までの 18 年間という長きにわたり，とくに教科書として多くの先生方，学生諸君に利用していただき，一定の評価をいただくに至った。その間には，情報通信技術（ICT：Information and Communication Technology）の進展に対応し，また教科書としてご利用してくださった方々のご意見も咀嚼して「新版」そして「新版補訂」と改訂しながら毎年版を重ねてきた。

　しかし，2015 年あたりからのデジタル通信技術の進展は，以前にもまして驚異的なものがあり，しかも DX（Digital Transformation）というスローガンのもとに，これまでとはかなり異なった特徴をもつ情報化実践が展開され始めた。また『経営情報論』でも留意した次のような現象もますます顕著に表れるようになった。

　すなわち，企業が業界においてベスト・プラクティス（最良，最善のレベルの実践）と評価されている事例を目標としてベンチマーキング（自社と比較検討して変革の道を探ること）を行い，まったく同種同機能（またそれ以上の機能）の ICT を駆使して情報システムを構成し，情報化を推進したものの，ベスト・プラクティスと評価されている企業のビジネス・パフォーマンスのレベルを実現できずに，失敗したと評価されることも少なくない。

また，最新の ICT を駆使することによって現時点では最高レベルの情報システムを構築したと評価されながら，その情報システムの安定稼働期に入ってもさほどビジネス・パフォーマンスが向上したとはいえないこともある。逆に，必ずしも最新の ICT を駆使せずに単純な情報システムを構築・運用していると評価されている企業が，むしろ情報化のベスト・プラクティスであると評価されている企業以上に，ビジネス・パフォーマンスを向上させている例もある。

　このような現実が生じるのは，ICT を駆使する情報システムそのものの機能の問題ではないことが明らかである。その企業の社員同士間の ICT を使わない対面や文字情報でのコミュニケーションや，組織の独特の文化や制度などが高度に機能してビジネス・パフォーマンスを向上させていることも考えられる。

　現実の情報化実践を解明し，その革新の道を探るためには，「はじめに ICT ありき」の発想のような技術決定論的な視点ではなく，ICT と人間・組織・社会的特性の相互依存性を重視する社会技術システム（Sociotechnical systems），社会構成主義（Social-constructivism），社会物質性（Sociomateriality）といった一連の視点が重要と考えられる。欧米ではこれらの視点が，まだまだ議論されるべき点があるとされながらも，2000 年代以降の「経営情報論」の教育そして研究・実践において重要視されてきている。しかし，わが国では，この視点にたつ教科書が現時点ではほとんど刊行されていないのが現状である。

　そこで本書は，過去の有斐閣アルマシリーズ『経営情報論』（初版，新版，新版補訂）の特性を維持しつつ，また，欧米で 10 年以上にわたって版を重ねている代表的な教科書の構成も参考にし

ながら，とくに次の3点に留意し，『現代経営情報論』としてかなりの部分を抜本的に書き下ろして上梓させていただいた。

第1に，既述のように1990年代まで隆盛した技術決定論的な視点の強い経営情報論ではなく，社会技術システム，社会構成主義，社会物質性などの一連の研究視点を重視した経営情報論として構成する。そして，可能な限りそれらの研究視点に関わる論争についての記述は抑えて，学生たちが必ずしもその概念についての理解をしていなくとも，内容的にこうした一連の研究視点のもとでの情報化実践の解明の重要性が理解可能であり，その情報化実践を通じてビジネス変革をする方法が理解できるように編纂する。

第2に，デジタル情報技術が劇的に進展した今日のDX環境を前提にした経営情報論は存在せず，依然として2000年代以前の技術環境を前提にした教科書が少なくないようである。すなわち，高度で先進的なデジタル技術およびネットワーク技術を前提にしてその可能性と限界・問題を認識し，DX環境での情報化実践を扱った教科書がいまだに存在していないために，本書の刊行を急ぐ必要がある。

第3に，DX環境はビジネスの世界だけでなく，われわれ個々人の多様な日常の社会的活動をあらゆる面を支えている。しかも2020年からのコロナ・パンデミックを契機とするリモートワーク／テレワークの定着化は，豊かで，安全かつ健全な情報化社会を作り上げていく必要性をますます高めている。それを実現するためには，情報化実践に関わる情報システム・ガバナンス（Information Systems Governance）をはじめとして情報倫理関連（ethical, legal, social issues & institutional regulation etc.）の議論を

明確に経営情報論の柱として位置づける必要がある。

　本書が一連の旧版と同様に，読者の方々と教科書として利用される先生方のご意見をいただきながら改訂を重ねて，共創的に素晴らしい教科書として広く受け入れられていくことができたら望外の幸せである。

　なお本書では，前身となった『経営情報論』以上に図解や表を多くして読者の理解を平易にすることに努めた。このことによって，『経営情報論』で版を重ねるごとにご苦労を掛け，読者からそれなりの評価をいただけるまでに育ててくださった有斐閣書籍編集第2部の藤田裕子氏には，本書の出版にあたって執筆陣の遅筆問題だけでなく，図解や表の数の増加に合わせて本文のボリュームも膨らむなど，編集に伴う計り知れないご心痛を与えてしまったものと推測している。この場を借り，記して深甚なる感謝を申し上げる次第である。

　　　　2021年4月

　　　　　　　　　　　　　　　　　　　　　　　遠 山 　曉

　　　　　　　　　　　　　　　　　　　　　　　村 田 　潔

　　　　　　　　　　　　　　　　　　　　　　　古賀 広志

著　者　紹　介

遠山　曉（とおやま・あきら）

1 章, 3 章, 5 章, 6 章, 12 章担当

中央大学商学部卒業, 中央大学大学院商学研究科を経て

現在, 中央大学名誉教授, 博士（経営学）

主要著作　『組織コンテクストの再構成：Contextual Design』（共編著）, 中央経済社, 2007 年。

　　　　　　『組織能力形成のダイナミックス：Dynamic Capavility』（編著）, 中央経済社, 2007 年。

村田　潔（むらた・きよし）

4 章, 7 章, 8 章, 11 章担当

筑波大学第一学群社会学類卒業, 筑波大学大学院社会科学研究科博士課程を経て

現在, 明治大学商学部教授

主要著作　『情報倫理入門：ICT 社会におけるウェルビーイングの探求』（共編著）ミネルヴァ書房, 2021 年。

　　　　　　Tetsugaku Companion to Japanese Ethics and Technology（共編著）Springer, 2019.

古賀　広志（こが・ひろし）

2 章, 9 章, 10 章担当

神戸商科大学商経学部卒業, 神戸商科大学大学院経営学研究科博士課程を経て

現在, 関西大学総合情報学部教授

主要著作　『地域デザインモデルの研究：理論構築のための基本と展開』（共編著）学文社, 2020 年。

　　　　　　『地域とヒトを活かすテレワーク』（共編著）同友館, 2018 年。

● 本書は，基本的に，欧米の代表的教科書としての「経営情報（システム）論」を，まさに「教科書」として参考にしつつ，著者間で議論を重ね，日本の DX 時代における「経営情報論」の教科書として利用できるようオーソドックスに構成したものである。

● 【構成】 本書は 12 章構成であり，半期 15 コマでこれを学習することも可能となっている。

● 【CASE & *Column*】 各章の CASE はその章の内容と密接に関連する最近の典型的・代表的なミニ事例を取り上げている。*Column* では，現代的なトピックを取り上げて解説している。

　　これらの CASE を中心に *Column* などとも関連づけて欧米の「ケースメソッド」型教育のように，学生自らが当該 CASE に関わる情報を追加的に収集・分析して，議論を通じて主体的・試行錯誤的に問題解決方法を探るなどをすることにより，通年 30 コマの授業教材としても利用可能なものになっている。

● 【科目と教育内容】 設置されている「経営情報論」が，学部の一般教育科目か，専門教育科目かによって教育の重点は異なる。また「コンピュータ（情報処理）概論」「ネットワーク・システム論」「データベース論」「プログラミング（論）」「システム設計論」などの情報処理関連の科目が併設されているかによっても教育内容が異なってくる。さらには，演習（ゼミナール）で学ぶ場合でも，専門演習か基礎演習かによって学ぶ内容の広さと深さは異なる。

　　したがって，本書を教科書とする場合は，章によっては履修時間数を増やすことが必要になる。たとえば，第 1 章は，一般教育科目，また専門科目であっても必要に応じて 2 〜 3 コマを費やしてもよいだろう。また並置されている情報処理関連科目の教育内容と密接に関係する章は，簡単に解説もしくは省略をして，その他の章に多くの時間を費やすなどの工夫をすることも考えられる。

● 第 12 章は，かなり理論的研究に関わる内容であるので，大学院への進学など理論的研究志向の必要がない場合，あるいは専門職大学院，専門学校などの場合は，省略して他の章に多くの時間を割いてもよい。

　　先生方の教育方針や考え方に基づいて微調整をして利用することをお願いしたい。

第**4**章　情報通信技術の進展と組織　　91

第 **5** 章　経営情報システムの設計・開発　　129

第**8**章　ネット・ビジネス　231

第**9**章｜情報通信技術と
　　　　組織コミュニケーション　　　267

Column 一覧

第 1 章

経営情報論の基礎

SUMMARY

01 │ 本章で学ぶこと

　現代は，情報（化）社会，とくにネットワーク社会あるいはデジタル社会と称されている。この社会環境において，企業をはじめとする組織体は，DX（デジタル・トランスフォーメーション）というスローガンのもとにますます高性能化する情報処理技術やネットワーク通信技術を高度に駆使して自らを成長させ，発展させようとしている。しかし，必ずしも期待するほどの成果を上げられないことも少なくない。

　本章では，まず今日の社会特性を明らかにするとともに，企業が現在どのような状況におかれており，情報通信技術（ICT）を駆使するうえで，これまで研究・実践されてきた「経営情報システム」について，それがどのような特性を持っているものとして理解すべきかを学ぶ。そして，企業の業務や管理活動と情報活動を区別したり，「はじめにICTありき」の発想であるかのようにICTを駆使したりするのではなく，むしろ経営における業務や管理活動そのものが情報活動であるという視点から現状を分析して，経営情報システムを構築・管理することの重要性を理解する。

みずほフィナンシャルグループ（FG）のシステム統合
—— 困難なレガシー・システムからの脱出

　みずほFGは，1999年の第一勧業銀行，富士銀行，日本興業銀行の分割・合併から20年を経た2019年7月に至って，ようやくレガシー・システムの統合とシステムの刷新による新システムへの移行を完了させた。このシステムは，総投資額約4500億円，「東京スカイツリーが10塔分！」という天文学的な値が推定されている。

　3行の経営統合の目的の1つは，経費の大幅な削減を図るために3行の情報システムを1つに統合することであった。具体的には，3行の中で最も時代遅れの第一勧銀の富士通製のシステムに他行が合わせる「片寄せ方式」を採用して迅速な統合実現を企図した。しかし，2002年のシステム統合をした初日1日だけで口座振替遅延250万件，二重引き落とし3万件という悲惨な結果を生むことになり，片寄せ方式を断念する。そこで，合併に至るまではそれぞれの銀行のシステムが安定稼動をしていたことと，3行のメンツにも留意して，各行の従来システムを存続しつつ1つのシステムであるかのように接続・統合を試みた。しかし2011年には東日本大震災に見舞われ，夜間の給与振込み処理，また企業間取引処理における想定以上の人為的ミスの発生と業務遅延により，昼間の預貯金業務にも大きな支障が生じた。レガシー・システムとしてかなり複雑化してブラックボックス化させたことが迅速な修復・改善を困難にし，システム刷新の遅延と膨大なコストを発生させた。これらの問題の抜本的解決のために，2012年から新システムの開発に取り掛かり，超高速開発ツールなどDX技術を駆使してようやく2018年5月に開発を終了させ，さらに13カ月を要して慎重に移行作業を行い，一応は安定稼動に至ったのである。しかし，2021年2月28日以降，この年度だけでも8回の大きなシステム障害を起こし，金融庁から業務改善命令，財務省から外為法に基づく是正措置命令を受けた。システム機能だけでなく，開発・運用管理体制，組織文化の変革，ITガバナンスの確立の重要性などを改めて再認識させられる。

1 情報社会から「未来社会」へ

「偉大なる転換」と
未来社会

コンピュータや通信ネットワーク，さらにその他のデジタル情報技術を総称する**情報通信技術**（ICT：Information and Communication Technology）は，加速度的な性能の向上と低価格化による急速な普及によって，社会全体の特性を劇的に変容させてきている。まずは1960年代中頃からのコンピュータを中心とする **IT**（Information Technology）の発達と普及により，企業活動やわれわれの日常的な家庭生活そして社会経済活動全体の「**偉大なる転換**（great transformation）」がなされ，情報がモノやエネルギーに代わり社会の主役を演じる**情報（化）社会**（information society）あるいは**脱工業社会**（post-industrial society）が到来するという予言が現実のものとなり，多くの人々がそれを実感することとなる。さらに1980年代後半から90年代に入ると，ITと通信ネットワーク技術とが統合化されたICTの驚異的な進歩と普及が進み，「情報化社会」をもう一歩ステップ・アップさせた**ネットワーク社会**が生み出された。そして2000年代以降，社会はデジタル技術をより高度に駆使する**デジタル社会**へと変容しつつある。

有史以来の，道具や技術の発明と利用によって生じる「偉大なる転換」という革命の視点から見れば，過去から現代そして未来に至る社会の特性は，次のように総括される。

第1の大転換……約5000年から1万年前の**狩猟・採取社会**（Society 1.0）から農耕・牧畜社会への段階であり，**農業革**

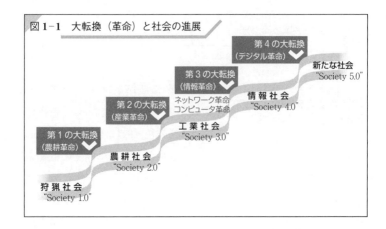

図1-1　大転換（革命）と社会の進展

- 第4の大転換（デジタル革命）　新たな社会 "Society 5.0"
- 第3の大転換（情報革命）　ネットワーク革命　コンピュータ革命　情報社会 "Society 4.0"
- 第2の大転換（産業革命）　工業社会 "Society 3.0"
- 第1の大転換（農耕革命）　農耕社会 "Society 2.0"
- 狩猟社会 "Society 1.0"

命と呼んでいる。この転換によって，たんに自然のものを採取するのではなく，土地の価値を認め，農具を駆使し，人為的に育種，増殖させる生産・消費社会（Society 2.0）が到来する。

第2の大転換……18世紀末から19世紀にかけての農業から工業社会への転換であり，**工業革命（産業革命）**と呼んでいる。人間が物質だけでなく，エネルギーの価値を認め，蒸気機関を基盤にして各種の産業が生まれ，生産性が向上して，生産者―流通者―消費者という社会的役割の分化が進み，市場経済社会（Society 3.0）が到来する。

第3の大転換……1960年代中頃から，時間の経過とともに幾何級数的にコンピュータの性能は向上し，価格は低下するという**グロシュの法則**および**ムーアの法則**（*Column* ❷参照）といった各種の経験則が指し示すようなコンピュータの急速な性能向上と低廉化が進み，その普及により工業社会から脱工業社会へ転換する。情報革命あるいは知識革命，あるいは電

力革命に続く第3次産業革命と呼ぶこともある。物質やエネルギー以上に情報や知識の価値を認めた社会であることから，情報社会あるいは知識社会として特徴づけられる。さらに1990年代からは，ネットワークは利用者（参加者）が増大すればするほど，その価値や効果が逓増するという**メトカーフの法則（ネットワークの外部性）**を実証するかのようにインターネットをはじめとするICTを高度に活用して，情報や知識の生産や変換が主役を演じる社会（**Society 4.0**）が到来する。

第4の大転換……2010年代に入ると，これまでのコンピュータとネットワーク技術で構成される情報システムを基盤にして，第4章で学ぶ人工知能（AI：Artificial Intelligence），クラウド（cloud computing），ビッグ・データ解析（Big Data Analytics），IoT（Internet of Things），ロボティックス（robotics）などの最先端「デジタル技術」を複合的・統合的に駆使して，**サイバー空間（仮想空間）とフィジカル空間（現実空間）**を高度に融合させようとする。この転換は，**デジタル・トランスフォーメーション**（DX：Digital Transformation，Trans- をXと略すこともあることから，一般にDXと称される。また単純に頭文字をとり，DTと称することもある）と呼ぶことが多い。なおこの社会はすでに実現しているものではなく，現在，その実現を目指して産学官連携で取り組んでいる。すなわち実現されるべき未来社会として，情報化社会で認識された社会的課題の解決とさらなる経済発展を両立させる人間中心の社会（**Society 5.0**）が提唱されている（内閣府[2016]）。

第3の大転換後の社会は，情報が主役を
演じる社会であると特徴づけられている。

しかし，狩猟・採取社会から工業社会に
至る過程で，情報や知識の意義や役割がまったくなかったわけで
はない。たとえば狩猟・採取社会では，「のろし」による情報が
コミュニケーションにおいて重要な役割を演じている。工業社会
においても，印刷物や電信，電話，郵便などによって情報が取引
経済のシステムを進展させたことは確かである。しかし，これら
の社会では，むしろ物質やエネルギーの生産と変換の技術が主役
を務めており，情報や知識は，それを支える脇役・従者として機
能したにすぎないのである。

現在の社会では，情報や知識，そしてICTが社会の主役にな
りつつあることは，次のような現象から容易に推測できよう。

たとえば，製品がどこの企業で製造されようとも一定の機能や
品質が得られるようになったことから，消費者は，製品の機能的
価値そのものよりは，むしろデザインや色調などの製品の持つ情
報的価値を重視して選択・購入し，また物の機能よりも，それを
利用・消費することから満足感を得ることも少なくない。

なお，消費者は，もともと製品に関する十分な情報を保持して
いないために，生産者側が提供する情報に依存して購買活動を展
開せざるを得なかった。すなわち，消費者は，生産者と対等の情
報量を得ることができないという現実が存在したのである（**情報
の非対称性**）。しかし，現在では，インターネットによる従来か
らの電子メールとともに人間同士のつながりを円滑にする場であ
り手段である **SNS**（Social Networking Service；LINE，Facebook，
Twitter など）を利用して，生産者からの情報を鵜呑みにするの

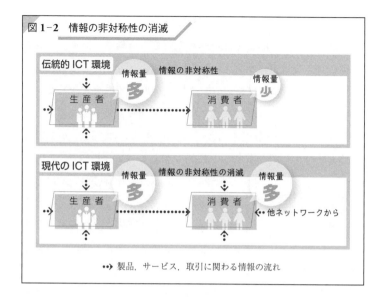

図 1-2　情報の非対称性の消滅

伝統的 ICT 環境

情報量 **多**　情報の非対称性　情報量 **少**

生 産 者　　　　　消 費 者

現代の ICT 環境

情報量 **多**　情報の非対称性の消滅　情報量 **多**

生 産 者　　　　　消 費 者　←●• 他ネットワークから

••➤ 製品，サービス，取引に関わる情報の流れ

ではなく，消費者自らが生産者側と質・量ともに対等もしくはそれ以上の適切な情報の獲得が可能になっている（**情報の非対称性の消滅**という）。また，消費者がインターネット，とりわけ SNS やウェブサイトを介して，製品やサービスを消費・利用するだけでなく，直接的に製品やサービスの企画・開発に参加することも可能になり，ますます情報の非対称性が消滅してきている。

　なお日本では，2016 年においてすでに「IT 関連産業」は，売上高 21 兆円，従業員数が 103 万人となり，これらの規模は，自動車，鉄鋼，エレクトロニクスなどの日本の他の基幹産業と同等の規模となっている（経済産業省「特定サービス産業実態調査」2016 年）。しかも自動車，鉄鋼，エレクトロニクス産業における調達，製造，販売，流通あるいは供給業者から最終消費者までの一連のビジネス・プロセスを，ICT を駆使して**電子商取引**

（EC：Electronic Commerce）として統合的に見直し，プロセス全体の効率化や効果的な遂行が進んでいる。自動車，鉄鋼，エレクトロニクスなどの基幹産業も ICT による一連のビジネス・プロセスの統合化によって従来の市場構造・取引特性を大きく変容させ，持続的競争優位の源泉としている場合も少なくない。

　これらの現象や事実からしても，現代社会は，ICT が主役を演じる社会として認識することができよう。

現代から未来社会への
転換：基盤の変容

　大転換を支える技術基盤については，現在まで利用可能な ICT そして現在実用化されつつある各種デジタル技術を体系化して後章で詳しく学ぶが，ここでは今後の情報化実践の特性を理解するのに必要な範囲で説明をしよう。

　企業その他の組織体の情報活動を支えるコンピューティング・モデルは，2010 年頃までは，情報化を推進する組織体が設置する性能の高いコンピュータ（ハイエンド・マシン）を**サーバー・マシン**としてデータや情報またはメールや各種ソフトウェアを**オンプレミス環境**（自前・自力によるシステムの運用管理）もしくは外部のレンタル・サーバー環境において集中的に蓄積・管理する。そして，LAN 回線を介して組織体に分散している PC あるいはタブレット端末などを**クライアント・マシン**としてコンピューティング・サービスを利用する**クライアント・サーバー・システム**が，情報化実践の**アーキテクチャ**（基本設計・仕様，設計思想など）として大いに貢献していた（第 4 章参照）。

　しかし 2010 年前後に至ると，**クラウド・コンピューティング**への移行が始まる。これは，データや情報またメールを貯蔵しておくサーバーやストレージ，さらにはソフトウェアなどをイ

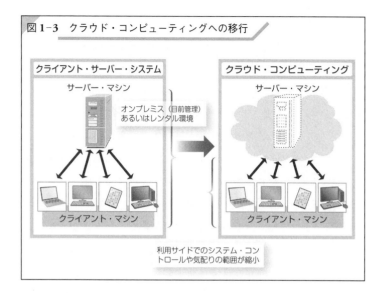

図1-3 クラウド・コンピューティングへの移行

クライアント・サーバー・システム	クラウド・コンピューティング
サーバー・マシン	サーバー・マシン

オンプレミス（自前管理）あるいはレンタル環境

クライアント・マシン

クライアント・マシン

利用サイドでのシステム・コントロールや気配りの範囲が縮小

ンターネットの「向こう側」あるいは「雲（クラウド：cloud）の中」にある無数のコンピュータで管理して，ユーザー側はPCやスマホ，タブレット端末から，インターネットを介して必要時に必要なだけサービスの利用を可能にするコンピューティングの形態である。雲の向こう側にはクライアント・サーバー・システムのように全体を管理する単一のコンピュータが現実に存在するのではなく，雲の中に分散している無数のコンピュータを1台の巨大なコンピュータであるかのように認識してサービスの提供がなされる。ユーザー側はPCやタブレット端末などとインターネットへの接続環境を準備するだけである。クラウド・サービスの提供会社がクラウド・サーバーの運用管理をすべて行ってくれる。「雲の中」でどのようにデータや情報が管理されているかは，ユーザーのレベルではまったく考える必要がなくなる。

これにより，クライアント・サーバー・システムを基盤とする情報システム構築と運用管理における諸問題が克服される。たとえば，初期投資・保守管理コストの大幅削減，システム構築時間の大幅短縮，状況に適応するシステム能力の拡張可能性（スケーラビリティ）を向上させるとともに，いつでもどこでも情報システムへのアクセスが可能になる。組織体の職務遂行者は，主体的にクラウド・ベースの情報システムにアクセスしてデータを分析したり，情報を入手して，企画・開発をしたり，生産・販売活動における行為や判断を効率的・効果的に行うことが可能になる。

　さらには，個人レベルの社会生活においても個々人がスマートフォンやタブレット端末から主体的にクラウドにアクセスをして情報を入手することで行為や判断を効率的・効果的に実施することを可能にしたり，製品の企画開発に参画することも可能にする。かつて1980年に未来学者のアルビン・トフラーが『第三の波』で情報化社会が進むと消費者（consumer）が生産者（producer）にもなることから，プロシューマ（prosumer = producer + consumer）が誕生するという予言をしたことが現実のものとなっている。

　もちろん，問題点も少なからず露呈し始めている。たとえば，セキュリティに対する不安である。仮想的に1つの大きなシステムを不特定多数の会社や個人が利用することから，ハッキングやデータ流出のリスクがあり，またクラウドへの依存度が高くなると，システム障害によるリスクも大きくなる。個人が利用する無料クラウド・サービスでは，その利用に関わるデータやメールの内容を機械的に収集，分析して，プロバイダや情報提供業者などの第三者に情報提供していることも少なくない。

クラウド・サービスを中心とするようなICT環境は，これを主体的・積極的に利用できる知的・身体的能力，そして利用可能な社会的条件を備えた人間，組織（集団），地域，国などと，逆に主体的・積極的に利用する能力と条件を備えていない人間，組織，地域，国との間で，経済的あるいは社会的格差を固定させたり，増幅させる危険性も潜在させている。このことが，いわゆる**情報格差**（デジタル・ディバイド）問題をも生むことになる。これらの課題を克服しつつ，豊かで健全な人間社会を実現するためにICTをどのように駆使するのかが喫緊の課題となっている。その一方で，クラウド・コンピューティング・モデルは，第4の大転換であるDXにおける各種デジタル技術を複合的に機能させる技術基盤となる。

2 現在の転換

●デジタル・トランスフォーメーション

デジタル・トランスフォーメーションの技術基盤

現在，産官が連携して取り組もうとしている第4の大転換は**DX**，あるいは，蒸気機関に先導された第1次産業革命，電力に先導された第2次産業革命，コンピュータ・ネットワークに先導された第3次産業革命に続く**第4次産業革命**とも呼ばれることが多い。ドイツではとくにIoTとAIを駆使するDXに相当する転換を**インダストリ4.0**と呼んでおり，これを2012年から国策として諸外国を巻き込みながら積極的に展開している。

このような大転換を先導する技術基盤は，しばしば，**SMAC**あるいは**SMAC IT**（「スマック・イット」と発音）と称される一連

の先進的なデジタル関連技術である。これは，第4章を中心にして学ぶ SNS，モバイル（mobile：スマートフォン，タブレット端末など），アナリティクス（analytics）あるいはビッグ・データ解析，クラウド，そして IoT などの最先端のデジタル技術の頭文字を並べた造語である。もちろん，AI，ブロックチェーン（blockchain），RPA（Robotic Process Automation），VR/AR（Virtual Reality/Augmented Reality），MR（Mixed Reality），5G（第5世代移動通信システム）なども含まれている（各々の技術については，第4章，第8章で詳述）。

　なお，これらの技術は相互に排他的な関係にはない。各々の最先端のデジタル技術が個別・単独でビジネス・モデル，製品およびサービスの変革を担うということはほとんどない。各技術が組み合わされて，新たな機能が創出される。たとえば，**Case❷**に示すコマツの事例のように，広く利用されている機器や装置にセンサーなどの IoT 機器を付けて，利用状況をビッグ・データとして認識し，AI の機械学習・深層学習（第4章参照）を駆使して，どのような対応をすべきかをスマート端末（PC やスマホ）などで利用現場に提案するサービス・システムなどはその典型である。またこのような複合的な機能の創出は，すべて当初から明確な機能設定がなされて開発されるとは限らず，継続的・反復的・段階的そして試行錯誤的な取り組みの中で，偶発的に特異なビジネス・モデルあるいは製品やサービスとして創発されることが多い。また留意すべき点は，**図1-2**では，DX を企業のビジネス・プロセスとの関係で説明しているが，DX は企業などのビジネス活動の転換にとどまらず，生活空間における個々の人間の活動や集団の活動プロセスを最先端のデジタル技術によって変革するこ

　建設機械メーカーであるコマツは，1998年に「KOMTRAX（コムトラックス）」という情報システムを開発する。これは，全世界に展開する建機40万台以上のすべてにGPS（全地球測位システム）またエンジンやポンプ・コントローラーにセンサーを装備し，そこから得られるデータを，インターネットを介してコマツのセンターで収集，分析をする。機械の現在の所在位置，エンジンの稼働状況，燃料の残量，毎日の作業時間，エンジンやポンプの部品の消耗度などの情報が随時サーバーに送信され，コマツのオフィスで利用できる仕組みである。もし現場から建機が移動したら，その感知メールが顧客に発信され，同時に現場の建機のエンジンを始動させない盗難防止信号が発信される。消耗部品の交換や対応情報も随時顧客に送信される。IoTやセンサーを介して人手を使わずに各建機の情報の収集，分析をして，自動的に現場へ指示情報を提示するという，まさにDXの教科書ともいえる事例となっている。最近は，サポート・センターに集約されている過去の地盤整形作業に関わる大量の建機操作データの分析に基づいて，建機のタッチ・パッドに，状況適応的な操作指示が表示されるようになっており，数年の経験年数を必要とする現場作業を，新人作業者であっても簡単に適切な品質で完成可能となっている。

　2017年には，建設関連資材の使用量や作業状況などの建設現場のデータのプラットフォーマーとして，データの解析と活用の情報基盤「LANDLOG」を開発した。これは，ビッグ・データを占有せずに，セキュリティを確保しながら他企業と共有するビジネス戦略である。2019年には，「レトロフィットキット」と称する後づけ可能なIoTや各種センサーのキットを投入し，他社製および中古の建機にも据え付け可能にし，そこから収集されるビッグ・データをもとに給油サービス情報，建機稼働状況による保険料の策定などに関わるビジネスの主導権をも狙おうとする。まさにビジネス・エコシステムとしての戦略展開である。

とも含む広義の概念である。

デジタル・トランス
フォーメーション
（DX）の基本的特性
DX という概念は，デジタル化（digiti-zation）あるいはデジタライゼーション（digitalization）とは，必ずしも同義語とはいえない。

　デジタル化は，一般的に文字や音声といったアナログ情報をICT で扱えるようにデジタル形式に変換する構文論的な技術レベルを意味する。デジタライゼーションは，特定の組織的・社会的コンテキスト（状況）においてデジタル技術の利用のもとにビジネス・プロセスを効率的・効果的に遂行させることが，どのように組織を社会技術的に変化させるかに焦点をおく概念として利用する場合が多い。

　DX とは，デジタライゼーションと同義語的に使われることもあるが，むしろ先進的なデジタル技術を複合的に組み込んだシステムが社会システムに影響を与えるだけでなく，その社会システムの特性が再帰的にデジタル技術の思いもかけない組み合わせと利用価値を創発することまでも含意させることが多い。すなわちDX とは，ビジネス・プロセスの効率化や効果的な遂行を可能にすることはもちろんのこと，社会的なコンテキストとの相互作用の中で先進デジタル技術を複合的・統合的に活用して新しい破壊的ともいえるビジネス・モデルの（再）構築，および先進デジタル技術を利用する新しい製品やサービスの創出，そして組織構造および市場・業界構造の再構築や再構成までも行うものである。

　とくに，情報の非対称性を消滅させた SNS 環境における顧客が，製品やサービスの品質や機能から直接的に得る**顧客満足**（customer satisfaction）の向上だけでなく，購入前，使用・利用時，

14　第 1 章　経営情報論の基礎

利用後の全体を通じて顧客が経験する感情的・感覚的な価値，すなわち顧客の**経験価値**（experience value）の向上を役割期待とする。DX は，情報共有に基づいて複数企業にまたがるビジネス・プロセス全体の効率化を図る SCM（Supply Chain Management）や，ICT を活用してビジネス・プロセスの抜本的な改革を目指す BPR（Business Process Reengineering）の延長線上で，いっそう，高度かつ積極的・能動的に環境適応を図る情報化実践のスローガンである。先進デジタル技術を駆使して**モノからコトへ**あるいは**モノからサービスへ**の考え方を具体的に実現する。

なお，欧米ではしばしば「DX は，旅路であって，目的地ではない」と唱えられる。DX は先進的デジタル技術を複合的に利用しながら，一方ではビジネス・モデルや製品・サービスを試行錯誤的に再構築しながら，他方では組織構造や組織過程さらには外部の市場・業界構造との関係などを常に再構成・創出して自らの成長と発展の道を探ろうとするものである。その過程では，時間的経過とともに，累積的，偶発的，創発的，即興的な経験と学習（まさに「さすらう旅路」）を重視する。結果的に，DX は組織体を，当初の意図したものとはまったく異なる，革命的レベルともいえる転換に至らせることもある（Bockshecker, et al. [2018]）。

DX と「2025 年の崖」　経済産業省は，2018 年に「DX レポート：IT システム『2025 年の崖』の克服と DX の本格的な展開」を公表して，次の点を明らかにしている。

日本では，2025 年には，国民の 3 分の 1 が 65 歳以上となり，少子高齢化社会の労働力不足にいかに対応するかが大きな問題となる。これが一般にいわれる **2025 年問題**である。その解決策の 1 つとして，労働力不足への対応，労働生産性の向上，労働者

の満足感の向上，さらにはDXを支える技術者の育成，その効果を発揮しやすくする**働き方改革**により，DX推進が急務である。

DXの推進には，状況の変化に応じて改善を繰り返してきた旧来のICT技術による「遺物的」システム（**レガシー・システム**：legacy system）の存在が障害となる。2025年に日本では，21年以上にわたって稼動させているレガシー・システムが情報システム全体の約6割を占め，その維持，管理費が異常に膨れ上がり，それによる2025年からの5年間における日本の経済損失は，最大で12兆円と予測されており，これが国際的競争力を著しく失う要因になると危惧される。こうした現象を「2025年の崖」と称して，この険しい崖を越えるために，働き方改革を進めつつDXに取り組む必要性を指摘したのである。

日本の行政府は，2001年以来，毎年のようにその効果はともかくも，デジタル革命を先導するガイドラインや宣言を提示してきているが，このレポートは，これまでの一連のガイドラインや宣言とは違い，異例ともいえる緊急の要請と見ることができる。DXが社会を変革するだけの革命レベルになるか否かは，トップダウンによるリーダーシップよりも，むしろDXを具体的に推進する現場レベルでの創発的，試行錯誤的な実践にかかっている。2020年の初頭から世界を震撼させた新型コロナウィルス感染への対応策として，日本でもインターネットなどのICTを利用して，場所や時間にとらわれない柔軟な働き方を可能にする**テレワーク**（在宅勤務，モバイル作業，サテライト勤務など）が急速に浸透し，働き方改革が急速に進み始めている。これが梃子になってDXによるビジネス・モデルやプロセスならびに情報化実践の再構成，そして顧客との関係性も加速度的に変容することが期

Column ❶ DX 時代における製品，サービス，システムの開発
──システム・オブ・システムズの設計アプローチ

DX 時代には，従来はインターネットに接続されていなかった機械・装置，住宅，車，家電製品などの「モノ」までも，サーバーやクラウド・サーバーと接続して「モノ」相互間でデータおよび情報交換をする中で，IoT は新たな価値を生み出す。その IoT を中心に SMAC などの一連のデジタル技術を駆使することによって，従来では思いもつかなかった製品やサービスの創発，システムの変革が劇的に進むと期待されている。

たとえば，太陽電池などの住宅設備や家電製品をネットワーク化し，住宅全体として消費電力の削減を可能にする。二酸化炭素の排出削減をする電気乗用車（EV）あるいはプラグ・イン・ハイブリッド車（PHV）をネットワークで結合し，非常用電源（蓄電池）として機能させることで災害への対応が可能になる。また家庭内の PC やスマートフォンなどと自動車をネットワーク化し，自動車の充電や空調を制御可能にする。これらは，システム・オブ・システムズ（SoS：System of Systems）の典型的事例である。

SoS は，全体を管理する主体が存在せず，住宅や自動車などは全体を構成するサブシステムとして，各々が独立的に開発・運用されて独立的に機能するとともに，全体として特定の機能やサービスの提供を可能にするように全体システムを構成している。このようなシステムは，各々独立的に管理されながら進化している。したがって，特定の機能を高度にするためには，試行錯誤しつつ進化的，創発的にサブシステムを全体として再構成することになる。後述するオープン・イノベーション（第3章2節）や現代のシステム開発方法論（第5章3節）と連動する設計アプローチである。

待される。

　なお，2025年問題を克服する技術基盤であるAIについては，その能力が，2029年には個々の人間の知的能力を超え，2045年には全人類の知的能力を超える**技術的特異点（シンギュラリティ：singularity）**に至ると予測されている。このAI技術の予測に，どのように対処すべきかが**2045年問題**として認識され，2025年問題に続いて多くの論争を巻き起こしている。

革命的レベルの変革の可能性

　これまでの社会の大転換すなわち革命は，ある特定の技術の機能・性能の向上と低廉化によって成し遂げられてきたともいえるだろう。DXも革命に至る可能性が非常に高いことは確かである。しかしこのような革命とは，ある特定の技術が広範にわたる潜在的な利用可能性を持っているならば，大転換すなわち革命に至るというような単純なものではない。たとえば，すでに技術の高度な先進的利用事例が存在しており，その実践の成功も確実に予測できるからといっても，社会全体の大転換や革命に必ずしも至るとは限らない。長い時間の経過の中でその技術が社会全体の実践現場に浸透，普及しなければならない。そして技術が浸透し，普及した現場において，計画的に意図した使い方だけでなく，利用している中で従来では思いつかなかった使い方などが偶然的に創発され，これらが相乗的に作用した結果として，社会やビジネスの仕組みにとどまらず，取引慣行や業界の構造までも劇的に，あるいは抜本的に変えて，大転換に至ることもある。

　「革命の炎は，辺境の地から」という格言があるように，中枢が意図的に主導する革命は，必ずしも成功するとは限らず，その多くは頓挫している。また生物の世界における革命ともいえる進

化は，環境の変化を直接的に感知する末端部分で生まれた突然変異が，時間を経て，徐々に生物体全体として整合性をとる形で取り込まれていくことによって実現される。

　技術が革新的であればあるほど，また技術がインフラ的，汎用的目的の特性を持っていればいるほど，その技術が生まれ活用効果が現れ始めてから，革命的ともいえる変革が実現するまでには，かなりのタイムラグが生じている。蒸気機関が発明されてから，その価値が認識・評価されても伝播・普及するのに少なくとも 20 年が経過しており，1769 年の蒸気機関の発明から 1850 年頃までの月日が費やされて，ようやく産業革命が実現している。さらには，グーテンベルクの印刷機も書籍出版に利用されるまでに 40 年，ラジオが発明されて放送が開始されるまでに 25 年が必要であったという。DX によって革命的レベルの変革が即時的に実現できるとする発想は危険であり，非現実的である。

　企業その他の組織体において，トップダウンによる計画的な DX 戦略の策定と実行によってビジネスの大転換や革命を生起させることはかなり困難である。革新的な組織文化のもとで，現場での DX に基づく，ビジネス・プロセスに対する反復的な経験と学習を通じて創発される戦略策定を重視することによって，はじめて大転換や革命レベルの変革への可能性が高まる。経済産業省の「DX レポート」も大転換や革命を主導しているのではなく，日本の社会，経済，ビジネスに迫りくる喫緊の諸問題・課題を解決する技術基盤の整備として，DX による情報化実践を提唱しているのである。革命的レベルの変革を実現するかどうかはともかく，DX が企業経営や社会経済活動を革新する重要な技術基盤となり，企業の生産性向上や経済を発展させて社会生活を豊かにす

る潜在的技術能力を持っていることは確かである。

3 経営資源としての「情報」特性

第4の経営資源 ┃ 情報は，ヒト・モノ・カネとともに第4
の経営資源と称されることがある。ヒ
ト・モノ・カネ以上に情報が経済活動の主役に躍り出た側面を重
視するとともに，情報そのものが商品価値をもって独立した商品
やサービスとして生産・流通し始めたという点に注目するならば，
まさに情報は**第4の経営資源**なのである。

　しかし，見方を変えると，ヒト・モノ・カネが主役であった時
代であろうと，これらの資源に関わる社会・経済事象の解明には，
たとえば，識別や測定という情報操作が必要になる。また企業な
どの組織体が，ヒト・モノ・カネを管理しようとするならば，ヒ
ト・モノ・カネを直接的に管理するというよりも，むしろヒト・
モノ・カネに関わる情報によって効率的・効果的に管理すること
が可能になる。情報は，ヒト・モノ・カネと同列に扱われるだけ
でなく，ヒト・モノ・カネに関わる活動や事象を情報活動や情報
現象という異なる側面から接近したものにすぎないと考えること
もできる。経営情報論を展開するにあたって，われわれには，と
くにこのような認識が重要になる。

データ，情報，知識 ┃ 情報には，データ（data），知識（knowl-
edge）といった類似概念が存在する。わ
れわれの日常生活では，これらの3つの概念は，さほど厳密に区
別してコミュニケーションしなくとも，そんなに困らない。しか

し，企業経営活動の特性の分析や，企業経営のあり方，ICT の利用方法を考え，議論するにあたっては，これらの概念を明確に区別することによって，緻密な論理的展開や科学的接近が可能になる。

(1) デ ー タ

データは，単純に「世界の状態の観察」あるいは「いずれ情報になる生の事実・材料」であって，「それらの個々の事実や材料の間には，なんら関係づけがなされていないもの」などと定義される。たとえば，企業経営において，どの商品が，いくらで，いつ，いくつ売れたかなどの取引に関する記録そのものは，単なる事実にすぎない。その事実だけでは，なぜその商品が，その時期に，その価格で売れたのかが明らかにされていない。また，企業の経営の仕方が良いか悪いかを明らかにすることもできない。このような判断をするためには，これらの取引記録を，他の企業や業界全体の消費動向などのデータと比較，分析することによって，また営業の現場のインタビューなどによって，その背景を理解して判断することが必要になる。このようにして得られるものが，次に説明する情報である。特定目的を視野においていない単純な取引記録は，事実データとして認識されるのである。

(2) 情　　報

情報とは，「適合性と目的を付与されたメッセージ」あるいは「文脈的意味をもって解釈，評価されたメッセージであり，判断や行為に影響を与えるもの」と定義される。すなわち，情報は，ある状況（文脈，コンテキスト）における受信者の判断や行為にとって，受信者自身によって，ある目的のもとで意味あるものとして解釈，評価されたメッセージ（データ）である。受信者自身

の判断や思考能力によって，情報であるかどうかが決まるのであって，発信者側が情報であるかどうかを決めるのではない。しかし，発信者が，受信者の目的適合性を考えて収集，整理，分析したメッセージは，情報として扱うこともある。

　また，単純にデータをコンピュータなどの処理装置によって加工すれば情報となるといった伝統的な見解もあるが，これは適切な理解とはいえない。コンピュータで加工してもしなくても特定の受信者の目的に適合しない場合や役に立たない場合は，情報にはならないのである。

　さらには，なんらかの合目的的行為をする人から見れば，その環境に現れる状況変化も，ある意味をもってメッセージを伝えている場合は，情報として認識できる。在庫管理者が，在庫棚に積み上げてある製品の箱の高さを見て，迅速で適切な発注指示をしている場合は，在庫棚の箱の積み上げ状況そのものがメッセージとして情報を伝えている。

　情報は，ICT によるだけでなく，人間の行為や行為をする状況によっても創出されるのである。

(3)　知　　識

　一般に，知識は「情報の中から一般性・普遍性があるものと評価されて貯蔵されたルーティンやプログラム」として定義されることが多い。一般性・普遍性があるかどうかは，体験や学習，価値観，そして専門的な洞察力によって判断される。したがって，知識は，貯蔵されても，さらなる体験や学習を重ねることによって，また状況の変化によって，更新されたり，新たな知識として創造される特性を持っている。そして，新しい経験や情報を評価する枠組みとして機能するのである。

組織における知識のすべてを，文書やファイルの中に形式化し
て明示的に貯蔵することはできない。日常的な業務，慣行，規範，
行動の中に暗黙的に埋め込まれている場合もある。言葉で表現す
ることも，論理的に完全に理解することさえも困難な場合も少な
くない。これは，しばしば**見えざる知的資産**あるいは**見えざる情
報**といわれ，企業の革新や変革のあり方に大きな影響を与える。

**データ，情報，知識の
関係**

データから情報が生まれ，情報から知識
が生まれるという基本的関係について，
もう一歩掘り下げてみる（図1-4）。い
かに大量のデータがあろうと，また優れた情報を生み出す潜在能
力のあるデータであろうとも，必ずしも質的に優れた情報を生み
出して適切な判断や行為を導くとは限らない。また，必ずしも新
たな知識の創造に至るとは限らないのである。このデータが情報
に変換されるプロセスでは，それらのデータを意味解釈し，評価
するための知識がなければならない。知識は，意味解釈や評価の
プロセス，いいかえればデータの識別・加工・活用における枠組
みやフィルターとして機能するものである。

　また逆に，いかに優れた知識を整えて貯蔵していようと，その
有用性を維持したり，高めたりするためには，そのときどきの状
況（コンテキスト）において生み出された情報が必要になる。知
識そのものが，新たな状況における情報に反応して更新されてい
かなければならないのである。知識は，それが絶えず更新されな
い場合は，時間の経過とともに膨大な量になり，特定の状況にお
いて意味を引き出すことが困難になる。そのために，知識管理を
怠ることが，知識を徐々に単なる情報レベル，さらにはデータ・
レベルの認識へと至らせる**非知識化**（de-knowledging）という現

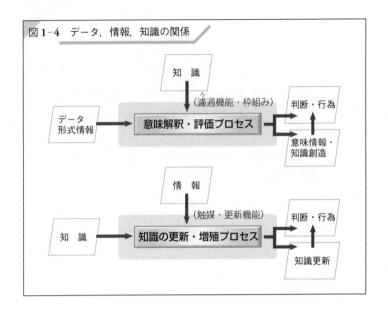

図1-4 データ，情報，知識の関係

知　識
（濾過機能・枠組み）
データ
形式情報
意味解釈・評価プロセス
判断・行為
意味情報・
知識創造

情　報
（触媒・更新機能）
知　識
知識の更新・増殖プロセス
判断・行為
知識更新

象を起こすこともある。

4 組織体と情報システム

情報的相互作用のメカニズム

　かつて，企業などの組織体では，環境との関係をさほど意識せずに，構成員の職務・権限・責任を明確に規定し，作業の方法や手続きを明確にしてやれば，もともと人間は，合理的に，機械のように受動的に行動するので，その成果は確定的に予測できると考えて経営のあり方を検討していたことがある。

　しかし，今日では，社会・市場・技術環境がますます動態化す

るだけでなく，個々の人間の価値観が多様化してくるなど不確実性が高まっている。このような環境の中で企業などの組織体が発展していくためには，組織内部のみならず，環境との間の情報的相互作用を高度に駆使して，環境の変化に受動的に適応するだけでなく，能動的に適応あるいは対応しなければならないという認識に立って，経営のあり方を検討せざるをえなくなっている。**情報的相互作用**とは，情報の処理・創造・交換・蓄積などによって展開される人々の間の相互作用である（伊丹・加護野［1989]）。

この情報的相互作用を支援するメカニズムが，**情報システム**（information system）として認識される。とくに企業などの組織体における情報的相互作用を支援するメカニズムを**経営情報システム**（Management Information Systems）と称している。これは人間などをはじめとする自己保存系（生命体）における情報的相互作用のメカニズムと原理的に同型である。とくに人間の神経系は，自己保存系の中で最も環境適応能力を発揮させる最高レベルの情報的相互作用のメカニズムといえる。したがって，人間の神経系を究極の情報システムとしてその視野におき，企業などの情報的相互作用のメカニズムにおける特性を明らかにして，その効率的・効果的な構築・管理を展開しようとする研究と実践が試みられている。

5 経営情報論の意義

業務・管理・戦略活動
と情報活動との関係

本来，組織体の業務や管理活動と情報活
動とが密接不可分な関係，あるいは一物
二面観のような関係であるのにもかかわ
らず，伝統的な情報システム観では両者を区別して，「情報活動
のアウトプットが業務や管理活動のインプットになる」といった
分担関係として扱うことが多い。

　情報化を推進するにあたって，既存の業務や管理活動をそのま
まにして，伝統的に事務部門の仕事として明示的に位置づけられ
てきた情報活動だけを自己完結的に独立させて ICT に代替させ
ても，せいぜい効率化・合理化レベルの効果しか実現できない。
それどころか，本来，情報活動が支えるべき業務や管理活動その
ものの質的改善や改革レベルの実現が困難になる。

　なぜならば，伝統的に情報活動から区別されて考えられがちな
業務や管理活動は，単純に作業をしたり，調整やコントロールを
したりすることではない。業務担当者や管理者は，作業，調整や
コントロールにおいて，自らもなんらかの情報的相互作用を行う
ことによって，はじめて作業，調整やコントロールを行うことが
できるのである。したがって，「情報活動のアウトプットが業務
や管理活動のインプットになる」といった単純な関係ではないの
である。

　また戦略活動に関しても，単純に情報活動に基づいて組織の
トップ階層が計画的に戦略を策定し，その実行のフェーズとして
業務・管理活動が展開されるという見方のように，概念的にも実

体的にも情報活動と戦略活動そして業務・管理活動を区別することが多い。しかし、トップダウンによる計画的な戦略策定ではなく、日常的な情報活動や業務・管理活動の遂行を通じて、結果的に「庭の雑草が意図に反して繁殖する」かのように創発的な戦略が導かれて大いなる変革が実現することもあることに留意しなければならない。

人間の思考・判断プロセスの重視

伝統的な情報システム観では、企業などの組織体の情報活動は、ICT よりもむしろ人間の思考・判断が大いに影響を与えるという事実を軽視する傾向があった。

もともと企業などの組織体の情報は、環境の変化に適応して組織の維持・発展のために業務や管理活動の担当者の行動を適切に行わせるとともに、それらを組織全体として調整およびコントロールすることを支援している。さらには、必要ならば組織の目的・構造・機能までも変革して積極的に環境適応を実現するための高度な判断や構想を支援する役割を持っている。

この役割を果たすための情報とは、企業活動に関わる取引データのレベルではなく、企業の業務や管理活動に関わる特定の行為や判断への貢献を果たす情報そして知識のレベルのものが要求される。企業活動に関わる取引データを処理するレベルであれば、事実を帳票や文書化する程度であるから、ICT を中心にして自己完結的に情報システムを構想するだけでも効果がある。しかし、データを情報や知識に変換し、その利用者の行為・判断に貢献できるようにする過程では、企業の業務や管理担当者の人間固有の思考・判断・解釈そして学習などが大きく影響を与えており、ICT によって自動化や代替をすることは困難である。

したがって，ICT だけでなく業務や管理活動を担当する人間の思考・判断プロセスと融合・連動させなければ，優れた情報システムは構築できない。最近は，取引データや業務や管理活動における行為や判断の蓄積データを AI が解析し，そこにおける法則性やルールを見つけ出し，どこに注目すればよいかを AI 自身が学習し，業務担当者や管理者からの指示を待たずに行為や判断を適切に効率的に実行させることも徐々に可能になっている（第4章5節を参照）。

ICT への役割期待と可能性

「第4次産業革命」そして「Society 5.0」と称される社会の鍵を握る技術は，先進的・先端的なデジタル技術を中心にする ICT であり，それが「魔法の杖」として機能するかのような期待をますます高めている。しかし，ICT が業務や管理活動への貢献を通じて，企業の生産性や収益性を向上させるか否かについては，1980 年代中頃から実証研究をもとにして，**生産性パラドックス**と称する激しい論争が展開されてきた。

　1990 年代前半までは，経済レベルでは，ICT 投資をしてもなんら労働生産性は向上せず，経済の発展にさほど寄与しないという分析結果も少なくなかったのである。しかし 1990 年代中頃には，個別企業レベルのデータを駆使した緻密な研究によって，ICT 投資には企業の生産性や収益性の向上と密接な相関関係が存在し，ようやく「情報ペイオフ」の時代が到来したと評価する研究成果が発表される（Brynjolfsson [1995]；[1996]）。この研究成果によって，**生産性パラドックス論争**は終焉したといってよい。しかしその一方で，相関関係は現在に至っても依然として存在しないという有力な実証研究もある（Strassmann [1995]；[1997]）。

両者は，生産性パラドックスに関して両極ともいえる分析結果を導きながらも，共通して次の特性がることを明らかにしている。

　すなわち，ICT は，独立的に扱うべき存在ではなく，人的・組織的要因と連動することによって収益性・生産性の向上に貢献するのであって，ICT が直接的あるいは自己完結的に収益性・生産性の向上に貢献するものではない。また，企業固有の特性である「企業効果要因」や「情報処理・管理能力」という無形の目に見えない人的・組織的要因こそが，ICT の生産性・収益性の向上に貢献する潜在能力を持っていることも実証される。

　われわれは，これらの実証研究の成果を前提にして，これまでの経営情報システムの研究・実践のあり方を反省する必要がある。

　なお，日本では，米国とは少し異なり，1991 年のバブル経済崩壊後，ICT をはじめとする設備投資が加速せず，次なる成長の機会を十分創出することなしに，「失われた 10 年」と称される長い経済の低迷期に入り，その間，労働生産性の向上をほとんど実現できなかった（総務省，平成 29，30 年度『情報通信白書』など）。2000 年代に入っても ICT の開発および運用への投資が欧米諸国に比べてかなり停滞したために，現在では「失われた 20 年」を経験したともいわれている。

経営情報論へのアプローチ法　経営情報システムの構築においては，しばしば，業界のベスト・プラクティス（最も適切な実践例）であると評価されている ICT による情報システムを教科書にして，企業が抱えている潜在的問題点も，最新の ICT を駆使して解決しつつ，同じ機能をいっそう高レベルで実現しようとすることがある。しかしこのような情報化プロジェクトは，想定された効果を実現できずに，

最終的には失敗であったという評価に至ることが少なくない。

この要因は，情報システムを利用する企業の人的・組織的特性やビジネス環境との関係性に留意せずに，ICTによって構成される技術的システムを自己完結的に情報システムとして認識することに起因する。具体的には，既存の業務・管理特性，組織構造，人的特性などを所与として，「ICTを駆使して○○機能を遂行する情報システムを構築すれば，△△のような組織的・社会的効果が実現できる」という「はじめにICTありき」の発想でプロジェクトを遂行しているからである。これは技術が社会的構造や行為を規定するという，**技術決定論**（technical determinism）の発想での情報化実践である。

しかし現実には，たんにICTによる情報システムの構築によって，業務・管理や構造の改革が進み，顧客満足も実現するといった単純な論理は成り立たない。一方でICTを駆使して情報システムの設計をしながら，同時に組織構造や業務・管理プロセスを整合的に再構成することも実際には少なくない。また，完成した情報システムであっても，利用する中で認識されていく問題点を解決するために，試行錯誤的な改善が繰り返されている。

さらには，一方では，組織外の競争企業，地域・業界の制度・慣習などの特性や，顧客およびサプライヤーなどとの関係性が，ICTによる情報システムの構築に影響を与え，他方では先進的デジタル技術を駆使する情報システムが業界や地域の商取引慣行を変革するなど，コンテキストまでも変えてしまったり，顧客やサプライヤーとの従来の関係性を劇的に変化させてしまうことも少なくない。

このような現象を解明して理論化をするためには，経営情報シ

ステムを，組織内の ICT を駆使する情報的相互作用，組織の構造的・過程的特性のもとで展開される人間による情報的相互作用，さらには組織を取り巻く環境の状況（コンテキスト）との情報的相互作用とを密接に連動させることによって組織を維持し，発展させることを支援するものとして認識する必要がある。このような理解は，社会的なシステムと技術的システムは，特定のコンテキストにおいて組織体が維持，発展できるようにそれらを適切に再構成することによってはじめて機能するという，**社会技術的アプローチ**（sociotechnical approach），**社会構成主義**（social constructionism），**社会物質性**（sociomateriality）的アプローチなどによる認識である（第 **12** 章で詳述）。こうした考え方は，経営情報システムの現象解明と理論化，そして実践方法の検討においては，かなり説得力のある接近法であり，本書での経営情報論の議論は，この考え方を重視して展開される。

経営情報システムの構成　今日の経営情報論は，企業などの組織体の ICT による情報的相互作用を中心にして研究する伝統的ともいえる技術決定論的な経営情報システム論の限界と問題点を克服し，さらには経営情報システムの研究や実践を意義あるものにするとともに，経営革新を支えるための総合的理論としての役割期待を持っている。

　したがって，経営情報論は，組織がそれを取り巻く動態的環境において，自らを適応的に維持発展させるために，組織内部のみならず外部コンテキストとの間での情報的相互作用について，それが ICT を駆使しているか否かにかかわらず総合的に解明して，理論的に定式化し，そこで得られた理解に基づいて組織の情報化実践の仕方を研究する専門領域（ディスプリン）であるといえる。

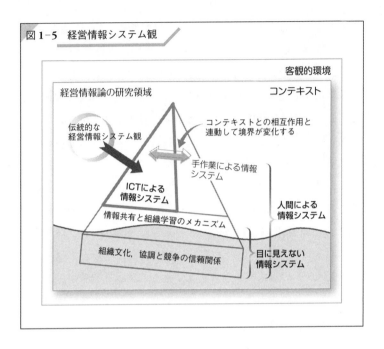

図1-5　経営情報システム観

客観的環境

経営情報論の研究領域

コンテキスト

伝統的な
経営情報システム観

コンテキストとの相互作用と
連動して境界が変化する

手作業による情報
システム

ICTによる
情報システム

人間による
情報システム

情報共有と組織学習のメカニズム

組織文化，協調と競争の信頼関係

目に見えない
情報システム

ICT の技術的・経済的合理性は経営情報システムの必要な構成
要件であっても必要十分な構成要件にはならないのである。

　現代の経営情報論においては，**ICT による情報システム**（伝統
的経営情報システム）は，ICT を駆使せずに人的・組織的要素の
情報的相互作用によって構成される**人間による情報システム**と相
互補完的に機能して，企業などの組織体全体を支える経営情報シ
ステムのサブ情報システムとして認識される。

　また，組織で機能しているさまざまな制度やメカニズムもサブ
情報システムとして理解される。たとえば，企業で実践されてい
る小集団活動・QC（Quality Control）サークルや，TQC ／ TQM
（Total Quality Control ／ Total Quality Management），全社的改善

運動などは，各現場で収集，蓄積された情報や知識の共有を，報告会，掲示板，ミーティングなどによって実現させつつ個人的学習を実現する。また他のメンバーの経験や知識とすり合わせて，組織内部門や組織全体の改善に役立つ知識を作り出す組織的学習（情報処理）をも可能にしている。人事異動やジョブ・ローテーション制度なども，部門内だけでなく部門を越えて情報・知識の共有を進め，部門単位に生み出される知識のすり合わせを可能にするなど，優れた情報共有と組織学習のメカニズムであり，情報システムを構成する機能である。加えて，現場レベルにおけるマニュアル（操作手引）や阿吽の呼吸で各メンバーが担当業務を相互に調整しつつ行うやり方も，情報システム機能を優れて発揮している。さらには，わが国独特といわれている「大部屋」方式のフェース・トゥ・フェースのコミュニケーション・チャネルも優れた情報的相互作用のメカニズムとして機能している。組織文化も，見方によれば，情報的相互作用によって組織に蓄積された知識ともいえる。組織文化を醸成，変革するメカニズムも，情報共有と組織学習のメカニズムとともに重要な企業のサブ情報システム基盤として認識する必要がある。

　ICTによる情報システムは，これらの非ICTベースの情報システムと相互補完的に機能させることによって，高度な情報的相互作用を実現して，組織体の環境適応的な維持・発展を可能にする。また各組織の内外のコンテキストの特性によって，これらの経営情報システムを構成する一連のサブシステムの全体的関係性が異なってくる。

　また最近では，生物学におけるエコシステム（生態系：ecosystem）の考え方を基盤にして，ビジネスや経営情報システムのあ

り方が考察され，理解され始めている。エコシステムとは，動物，植物，微生物などの生命体の間で，またそれらの生命体を取り巻く水，空気，光などの無機質な環境との間での相互作用や相互依存・補完関係の中で生存している生物社会としてのコミュニティやシステム全体のことである。

今日，企業などの組織体は，既述のように単独で製品・サービスの品質や機能に関する利用プロセスでの**顧客満足**にとどまらず，さらには利用プロセスとともに購入前や購入後のプロセスを合わせた全体で体験する感情的，感覚的な顧客の**経験価値**を向上させなければならない。これを実現することは，個別企業が単独でビジネス・モデルや情報システムを自己完結的に（再）構成をして管理するだけでは不可能であり，またこうした姿勢では，自らを維持，発展させることが困難になっている。すでに，エコシステムの発想を借りて，他の業界の企業であろうと，また同じ業界において敵対的な企業その他の組織体であろうと相互補完的関係を確立し，さらには顧客やその他の利害関係者ならびに規制・監督機関なども含めて，1つの**ビジネス・エコシステム**を構成するという考え方のもとで，ビジネス・モデルや情報システムの再構成を支援する流れが生まれてきている（Moore〔1993〕，第**3**章で詳述）。とくに最近のソーシャル・メディアなど先進的デジタル技術を駆使して，特定の業界を越えて各参加企業が競争と協調をするという視点から，情報的相互作用を見直し，ビジネス・モデルと情報システムの再構成（経営情報システムの外延的拡張）を行うことが試みられている。

経営情報論は，最新の先進的なデジタル技術を含むICTと非ICTによる情報的相互作用を補完的に機能させて，企業などの

組織体（群）をいかに維持，発展させるかを扱う理論であり，見方を変えれば，情報的経営論ともいえる，じつに広義な総合的経営理論なのである（図1-5）。

 練習問題　　　　　　　　　　　　　　　　　　　EXERCISES

1　かつて ICT を中心とする情報システムを自己完結的に扱う発想が受け入れられた理由について述べなさい。

　Hint　経営学における伝統的な組織原理や管理原則を思い浮かべてみよう。

2　ICT を高度に駆使して，その効果を引き出すためには，どのような配慮をすべきであろうか。

　Hint　ブリンジョルフソンやストラスマンの ICT 投資と生産性向上との関係に関する実証分析の結果から推定してみよう。

3　ICT によって，業務や管理活動を「全自動化」する考え方があるが，このような考え方は妥当か否か。

　Hint　業務や管理における人間固有の思考や判断の意義から考えてみよう。

4　なぜ，ICT による情報システムと人的・組織的な情報的相互作用のメカニズムを関連づけて情報化の検討をしなければならないのか。

　Hint　ICT が能力を発揮する情報処理機能の可能性と限界を整理することによって導くことができる。

 **文献案内** REFERENCE

1 J. F. ムーア（坂本義実訳）［1993］,「企業"生態系"4つの発展段階：エコロジーから企業競争を見る」『DIAMOND ハーバード・ビジネスレビュー』9 月号，4–17 頁。("Predators and Prey: A New Ecology of Competition" *Harvard Business Review*, Vol.71, No.3, pp. 75–86.)

●企業単独で効率性や効果性を向上する戦略の限界とともに，はじめて生態系の考え方に留意して，他業界の企業であろうと，また敵対的企業であろうと相互補完関係の中で競争と協調関係で共存と共栄を図るビジネス・エコシステムの考え方が提示される。

2 総務省［2017，2018］,『情報通信白書』（平成 29，30 年度版）。

http://www.soumu.go.jp/johotsusintokei/whitepaper/ja/h29/pdf/index.html　（2019 年 8 月 3 日）

http://www.soumu.go.jp/johotsusintokei/whitepaper/ja/h30/pdf/index./html/　（2021 年 2 月 3 日）

●米国と異なり，わが国の情報化投資はバブルの崩壊以降さほどの上昇もなく，労働生産性があまり向上していないことが統計的に明確にされている。

3 経済産業省［2018］,『DX レポート：IT システム「2025 年の崖」克服と DX の本格的な展開』。

https://www.meti.go.jp/shingikai/mono_info_service/digital_transformation/20180907_report.html　（2019 年 8 月 5 日）

●デジタル・トランスフォーメーション（DX）がなぜ必要なのかを，企業その他組織体レベルだけではなく日本経済全体の視点から展開をしている。とくに「2025 年の崖」がどのような特性かを具体的に明示している。

4 遠山暁［1998］,『現代 経営情報システムの研究』日科技連出版社。

● ICT だけで経営情報システムを考えるのではなく，情報共有や組織学習のメカニズム，人間による情報的相互作用も情報システムも包

含して全体として扱う重要性を詳述している。

5　内閣府［2016］，第 5 期科学技術基本計画，「Society 5.0」。
https://www8.cao.go.jp/cstp/kihonkeikaku/5honbun.pdf　（2019 年
7 月 20 日）

●現在進んでいる DX によって生まれる社会を「Society 5.0」と称
して，具体的に従来の社会とどのように異なるかをあらゆる産業分野
から展開している。

第2章 | 経営情報論の基礎理論

SUMMARY

02 | 本章で学ぶこと

　本章では，経営情報論に深く関わる経営戦略論，経営組織論，システムズ・アプローチの基礎理論について学ぶ。

　経営組織や経営戦略の変革と ICT の進展は密接に関連している。そのため，経営情報論は，第 1 章で学んだように，「経営革新を支えるための総合的理論」としての役割期待を持つようになった。そのため，経営情報論を学ぶうえで，経営学やシステム論の基礎知識についての理解が不可欠である。

　しかしながら，本章だけで，経営学の膨大な基礎知識をすべてカバーすることは現実的ではない。そこで，経営情報論に関連の深いテーマである「組織能力」と「プロセス革新」を中心に説明することとした。これら 2 つのキーワードは，経営組織論と経営戦略論がクロスオーバーする研究テーマとして注目されている。さらに，これら 2 つのキーワードから導き出される概念である IT ケイパビリティについて説明する。IT ケイパビリティは，ICT とその他の企業の諸資源とを相互補完的に活用することで企業全体の総合力を引き出す能力である。IT ケイパビリティの検討を通して，ICT の戦略的意義の理解を深める。

　本章では，まず，経営戦略論において ICT がどのように評価されているのか，ICT が持続的競争優位の源泉となりうるのかを明らかにする。次に，経営組織論と ICT の関係を IT ケイパビリティの視点から検討する。さらに，企業の自己維持・自己組織化を考える基礎理論としてシステム論の考え方を解説する。

CASE ③　　　　　　　Netflix ——顧客の利用情報の活用による事業革新

　1998 年，ネットフリックス（Netflix）は，世界初のオンラインでの DVD の販売とレンタル・サービスを開始した。当時，DVD は最新型のメディアであり，加えてオンライン店舗も少なかった。そのため，同社の競争相手は少なかった。

　ところが，事業はすぐに暗礁に乗り上げることになった。新規ユーザを獲得できても，リピーターとして顧客が定着しなかったのだ。思案の末，「月額定額料金・延長料金なし・送料無料」というビジネス・モデルが見出された。

　とはいえ，新しいビジネス・モデルには大きな問題があった。それは，人気のある新作に注文が集中することだった。顧客の要望に応えるためには，大量の在庫を抱える必要がある。しかし，それではリスクも大きくなってしまう。そこで，発想を変えて，顧客が新作以外の作品を紹介する仕組みを考えた。利用回数の多い「ヘビー・ユーザー」に古い作品を推薦することにした（レコメンド機能）。他方，利用回数の少ないユーザーには，人気作品を優先的にレンタルできるようにした。その結果，注文の集中化が回避できた。さらに，在庫回転率を高めることができた。

　レコメンド機能の優劣が業績を左右する。当初は社員が推薦リストを作成していた。やがて，同社は，ユーザーの利用履歴から自動的に推薦リストを作成できるのではないかと考えた。そして，2000 年に，「この作品を借りた人は，こんな作品も借りています」というレコメンド機能が生まれた。その後，利用履歴を分析するアルゴリズムの開発に尽力した。情報活用という組織能力（ケイパビリティ）を深めていったとみなされる。2007 年，同社は，主力事業を「ビデオ・オン・デマンド方式によるストリーミング配信サービス」に移行した。その鍵は，やはり「利用履歴情報の活用能力」にあった。オンライン上でのユーザ行動をリアルタイムで把握することにより，ユーザの嗜好などの分析が可能になる。レンタルという日常業務を通じて培われたデータ活用能力が，卓越な事業運営や新規事業創造に役立っている。

1 経営情報論と経営戦略

戦略の意義

環境のマネジメントの課題は，企業を取り巻く環境に適合することである。そのためには，企業が「進むべき筋道を示した地図」が必要になる。このような地図を**戦略**という。

戦略を提示することで，短期的な変化に右往左往せず，一貫した行動をとることができる。組織メンバーの迷いを取り払い，鼓舞し，努力を方向づけることが戦略の意義である。

ところで，「戦略的」という場合，「企業とその環境に関する」という意味になり，戦略とは異なる考え方になる（Ansoff [1965]）。

戦略の階層性

経営戦略には，3つの階層がある。まず，**全社戦略**（corporate strategy）は，複数の事業を展開する企業が「事業構造の再編成や重点事業の選定など全社的な資源配分を決定する決定ルール」を指す。次に，**事業戦略**（business strategy）は，個別の事業活動の進むべき方針を示す。顧客（customer）の獲得をめぐる自社（company）と競合他社（competitor）との間の競争に重点をおくことから**競争戦略**（competitive strategy）とも呼ばれる。最後に，**機能別戦略**（functional strategy）は，研究開発，営業，物流，製造などの機能（職能）ごとの戦略を指す。

競争優位の追求

1980年代の後半に入ると，経営戦略の視点からICTが議論された。全社戦略の策定をICTで支援するという研究も行われたが，研究の主

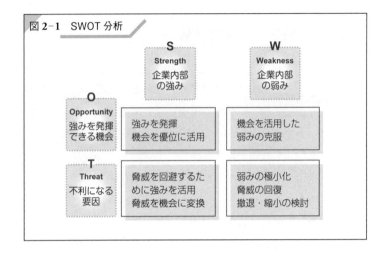

図2-1 SWOT分析

	S Strength 企業内部 の強み	W Weakness 企業内部 の弱み
O Opportunity 強みを発揮 できる機会	強みを発揮 機会を優位に活用	機会を活用した 弱みの克服
T Threat 不利になる 要因	脅威を回避するた めに強みを活用 脅威を機会に変換	弱みの極小化 脅威の回復 撤退・縮小の検討

流は, 事業戦略における ICT の意義が検討された。そこでは, ICT が**競争優位**（competitive advantage）の実現に役立つのか, つまり「ICT は競争優位の源泉となりうるのか」が検討された。

競争優位は「業界平均よりも高い資本収益率を達成していること」と定義される。しかし, これでは, 競争相手との関係がわかりにくい。むしろ, 「企業間競争において他社よりも優位に立つ状態」とイメージする方がよい。

はたして, ICT は競争優位の源泉となりうるのか。この問いを検討する前に, 競争戦略論の考え方を説明しておこう。

SWOT分析　競争優位の源泉を見出すためには, ①外部環境との適合と, ②内部資源の統合の 2 つの条件を考える必要がある。SWOT 分析は, 競争優位の源泉を検討するうえでも有益である（**図2-1**）。

外部環境と内部資源　競争戦略論の研究領域では, **持続的競争優位**（sustainable competitive advantage）

の達成メカニズムの解明が中心的位置を占めた。ただし，持続的競争優位を実現するうえで，外部環境と内部資源という2つの条件のうち「いずれを優先するのか」をめぐって異なる立場が生まれた。外部環境分析を重視する**ポジショニング・ビュー**（positioning-based view）と内部資源に重点をおく**資源ベース・ビュー**（resource-based view）である。

　競争優位を実現する鍵は，競争をうまく回避することである。正面から競争すれば，消耗戦に陥る傾向が強い。そのために，次元の異なる機能やサービスをアピールする差別化，大企業が対象としないような小さな市場に集中するニッチないし**焦点化**（focus）を採用する企業が多い。このとき，差別化やニッチを実現するうえで，外部環境分析を重視すればポジショニング・ビューとなる。反対に，内部資源に重視する場合は，資源ベース・ビューになる。

ポジショニング・ビュー　ポジショニング・ビューでは，企業の収益性（さらには競争優位の達成）は業界構造で決まると考える。その代表的論者であるポーター（M. E. Porter）は，①収益性の高い業界を選び，②業界内で独自の戦略を採用することで競争優位を達成できると主張した（Porter [1980]）。

　ポーターは，前者の分析枠組みとして**5要因モデル**（図2-2），後者の枠組みとして**戦略類型**（図2-3）を示した。

　さらに，「独自の戦略を採用するためには，企業内部の諸活動を統合する必要がある」と主張した（Porter [1985]）。諸活動を分析する枠組みとして提唱された**価値連鎖**（value chain）は，今日のICTの影響を考察するうえでも今なお有益である（図2-4）。

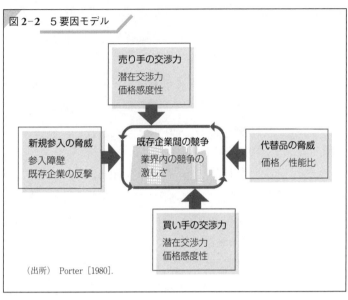

図2-2　5要因モデル

売り手の交渉力
潜在交渉力
価格感度性

新規参入の脅威
参入障壁
既存企業の反撃

既存企業間の競争
業界内の競争の
激しさ

代替品の脅威
価格／性能比

買い手の交渉力
潜在交渉力
価格感度性

（出所）　Porter［1980］.

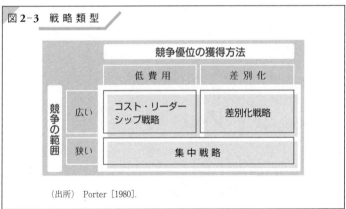

図2-3　戦略類型

		競争優位の獲得方法	
		低費用	差別化
競争の範囲	広い	コスト・リーダーシップ戦略	差別化戦略
	狭い	集中戦略	

（出所）　Porter［1980］.

資源ベース・ビュー

1980年代は，ポジショニング・ビューが主流であった。ところが，1990年代

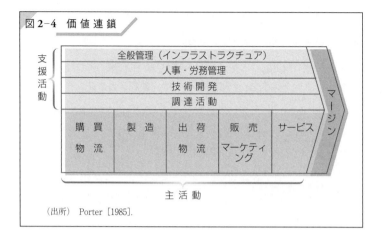

図2-4 価値連鎖

支援活動	全般管理（インフラストラクチュア）				
	人事・労務管理				
	技術開発				
	調達活動				
	購買物流	製造	出荷物流	販売マーケティング	サービス

主活動

（出所）Porter［1985］.

に入ると，むしろ，「企業の経営資源こそが持続的競争優位の源泉にほかならない」という立場が広く受け入れられるようになった。このような立場を総称して資源ベース・ビューと呼ぶ。

資源ベース・ビューの特徴は，「他社が真似できない**資源**（resource）や組織そのものが持つ**ケイパビリティ**（capability）が剰余価値（**経済的レント**）を生み出す」と考える点にある。

そのような資源や能力は，ある状況では容易に獲得できるが，別の時点や地域では獲得が困難になる場合がある。また，過去のある時点で獲得できた資源やケイパビリティが長い時間をかけてレントに育つ場合がある。このように資源やケイパビリティは，歴史的状況や経路依存性に深く関わるものである。

しかも，資源やケイパビリティを模倣しようとしても，困難であることが多い。それらを獲得する経緯の因果構造を説明することが難しいからである（**因果曖昧性**：causal ambiguity）。さらに，資源やケイパビリティを体系的に管理することが困難であ

る。人間関係や企業文化，取引先との信頼関係など多様な社会的要因が複雑に絡み合っているからである（社会的複雑性）。そのため，資源やケイパビリティは，競合他社の競争圧力から自社を隔離し，競争優位を持続させる作用（**隔離メカニズム**：isolating mechanism）を持つと考えられる。以上のことから，資源ベース・ビューでは，外部環境よりも内部資源の検討を優先すべきだと主張する。

資源属性の解明

さらに，資源ベース・ビューは，経済的レントの特性の解明に精力的に取り組んだ。その代表者であるバーニー（J. B. Barney）は，統計分析を用いて，持続的競争優位の源泉となる資源属性として，①**有価値性**（value），②**希少性**（rarity），③**模倣可能性**（imitability），④**組織**（organization）の4つの属性（頭文字を用いて VRIO〔ヴリオ〕と呼ばれる）を明らかにした（Barney［1992］）。

ところが，競争優位の源泉として価値ある資源の特性を「価値性」とするのは，トートロジーであると批判がなされた。そのためか，バーニーは，VRIO の中の模倣困難性を中心に議論を展開するようになった（Barney［2002］）。また，「組織」の代わりに，**非代替可能性**（non-substitutability）を用いることがある。同様に頭文字を用いて，VRIN〔ヴリン〕と呼ばれる（図2-5）。

ケイパビリティ論の展開

ところが，資源ベース・ビューは，やがて「静的で客体的な資源リスト作成」にすぎないと批判された。たしかに，資源ベース・ビューでは，どのように資源を蓄積し，どのように資源を組み合わせるのかという視点を欠いていた。しかし，競争優位の持続可能性を考えると，主体的で経時的な資源の蓄積とその活

図 2-5　経営資源の評価

経 済 価 値 value	希 少 性 rarity	模倣困難性 imitability	代替可能性 non- substitutability	競争優位の 程度
×	—	—	—	比較劣位
○	×	×	—	競争均等
○	○	×	—	一時的競争優位
○	○	○	×	競争均衡
○	○	○	○	持続的競争優位

（出所）　Barney［1992］p. 43, をもとに筆者作成。

用能力という視点が必要になる。

　そこで，資源ベース・ビューでは，資源と同列に扱われたケイパビリティに光があてられた。個別資源の属性ではなく，諸資源を活用する組織の総合力（ケイパビリティ）に注目する新しい流れは，**組織能力**（organizational capability）論と総称される。

　ケイパビリティは，潜在能力ではない。実践し実現できなければ，ケイパビリティといえない。ケイパビリティは日常的な企業活動を通して実現されることから，組織能力論では「組織ルーティン」が重要なキーワードとなった。また，ケイパビリティ論では，「個別資源や個別活動の組み合わせ」こそが企業独自の組織能力であると考え，そのような組織能力を育てる鍵は「組織の集団的学習」にあると考えた。

　ケイパビリティ論の代表的主張として，技術的側面や学習的側面を強調した**コア・コンピタンス**（Hamel and Prahalad［1994］），社会的・組織的・歴史的側面に注目する**ケイパビリティ**がある

(Stalk et.al. [1992])。これらの主張は、「企業内の個別の技能やノウハウ」に注目する初期の資源ベース・ビューと異なり、「組織的なルーティンやプロセス」に注目した点が特徴であった。組織が戦略を遂行する際には、管理プロセスや実行プロセスを通じて独自のノウハウや着眼点が培われていく。このような蓄積過程は、過去の経緯から切り離すことはできない（**経路依存性**：path dependency）。そのために、独自性と模倣困難性に優れていると期待された。

コア・リジディティ　しかし、組織能力論にも落とし穴があった。それは、「環境が変われば、かつて自社の強みであった組織能力が足かせとなる」という点である。レオナード－バートン（D. Leonard-Barton）は、柔軟性を欠いたコア・コンピタンスが硬直化する罠を「**コア・リジディティ（core rigidity）**」と呼んだ（Leonard-Barton [1992]）。

コア・リジディティを克服するためには、ケイパビリティそのものを修正・更新する能力が必要となる。そのような能力を**ダイナミック・ケイパビリティ**（dynamic capability：以下 DC）と呼ぶ。それは、組織が絶えず問題を発見し解決していく能力であり、そのための独自の洞察力や認識力などの組織の主体性を重視する考え方である。

ダイナミック・ケイパビリティ　ティース（D. J. Teece）らは、急速に変化する環境のもとで持続的競争優位を達成するためには、初期の資源ベース・ビューが主張する「資源の模倣困難性」という論理には無理があると考えた（Teece et al. [1997]）。むしろ、持続的競争優位は、短期的な競争優位を生み出し続けることによって結果的に実現さ

れるものではないかと考え，いったん実現された競争優位を持続させるのではなく，環境の変化に対応しながら競争優位を生み続けるケイパビリティを再編成する組織能力であるDCという概念を提唱した。

彼らはDCを「急速に変化する環境に対処するために，内外のコンピタンスを統合，構築，再構成する企業の能力」と定義する。つまり，DCは「主体的かつ能動的に環境を読み解き，組織能力を再編成する総合力」である。なお，ここでのコンピタンスとは「日常業務活動を遂行するための管理プロセスや業務プロセス，組織の慣行，学習のパターンなど」を指す点に留意する必要がある。

進化経済学と企業家精神

ところで，近代組織論では，組織的活動を，①ルーティン（日常の定型的業務や行動プログラム），②イノベーション（新しい行動プログラムの開発とそれに伴う行動の変化）に類型化した（March and Simon [1958]）。DC論は，これら2つの活動のいずれを重視するのかによって大きく2つの立場に分かれていくことになる。

第1は，組織としての日常業務活動の遂行手順（**組織ルーティン**）に注目する立場である。つまり，組織を「ルーティンの束」とみなす**進化経済学**の考え方を重視する立場である。そこでは，DCを**組織学習**に関連づけ「ルーティンの生成・修正・編成を担う能力」と定義する一方で，現状の組織ルーティンの洗練化に関係する能力を「オペレーショナル・ケイパビリティ」と区別している。さらに，ルーティンの編成原理を「知識」とみなすことで，自らの立場を「知識ベース・ビュー」と呼ぶ論者も出てきた（第

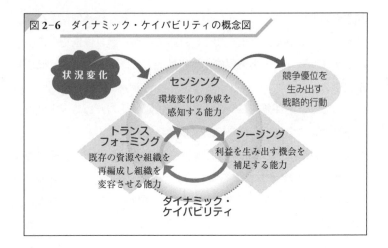

図2-6 ダイナミック・ケイパビリティの概念図

状況変化

センシング
環境変化の脅威を
感知する能力

競争優位を
生み出す
戦略的行動

トランス
フォーミング
既存の資源や組織を
再編成し組織を
変容させる能力

シージング
利益を生み出す機会を
補足する能力

ダイナミック・
ケイパビリティ

10章参照)。

　第2は，DC はイノベーションを創造する能力であるから，**企業家精神**に宿るものだとする立場である。ティースは，「無形資産や**共特化資産**（他の特定資産と共同で利用する場合に価値が高まる資産）の資源配分」である DC を企業家精神の立場から次のように分解する（Teece [2007]）。すなわち，①機会や脅威を知覚する能力（sensing），②機会を捕捉する能力（seizing），③新しい競争優位を達成するために企業内外の資源を再構成する能力（transforming）である。彼は，オーケストラの指揮者が多様な楽器を導くように，これらプロセスを円滑に循環させることが重要だと主張する。それゆえ，ティースは，これらのプロセスを**オーケストレーション**（orchestration）と呼ぶ（図 **2-6**）。

ICT と競争優位

上で見てきた戦略概念をもとに ICT と競争優位の関係を考察してみよう。

　ポジショニング・ビューでは，業界ごとに ICT の影響が異な

ることから，その見極めが重要になる。参入障壁が軽減されたり，売り手が保有する多くの情報が公開されることで情報の非対称性が緩和されるなど業界構造の分析には，5要因モデル（図2-2）が今なお有効である。さらに，ICT適用機会を探索する際には，価値連鎖（図2-4）が有効である。これらの分析枠組みは，インターネットやIoTの影響を分析するうえでも鋭い切れ味を保持している（Porter［2001］；Porter and Heppelmann［2014］）。

資源ベース・ビューからは，IT活用に関する組織資源として，従業員教育，ICT活用の技術的スキルや管理的スキル，さらには顧客情報に関する無形資産などの重要性が指摘されてきた。ただし，初期の資源ベース・ビュー同様に，IT資源（物理的装置としてのICTやソフトウェア，データなど）とIT活用能力を区別せずに広く資源として捉えている点に留意する必要がある。

しかし，同じようなシステムあるいはデータを保有していても，企業間に業績格差が生まれることがある。物理的装置としてのICTそのものは競争優位の源泉とはならないからである。結論を急げば，ICTは競争優位の源泉とはなりえない。むしろ，DCを構成する諸能力を支える組織能力として，IT資源を組織的に活用する企業の総合力である**ITケイパビリティ**を形成することが重要である。

結果としての持続性　ところで，ITケイパビリティが実現する競争優位は長期的になるとは限らない。しかし，短期的な競争優位であっても，それを生み続けることで，結果的に持続的な競争優位を達成することができる。競争優位の次元を持続させるのではなく，次元の異なる競争優位を生み出し続けることで，結果的に持続的競争優位を達成できると考えるべ

きである。

2 経営情報論と経営組織

ICT と組織の関係

伝統的な経営情報論では，ICT の導入が組織に与える影響に関心が持たれてきた。しかし，現在では，個々の組織特性と ICT の関係を議論するのではなく，ICT を含めた諸資源を有効に活用する IT ケイパビリティを形成するという視点から，ICT と組織の関係が議論されるようになってきた。

伝統的な経営情報論では，ICT と組織を直線的な関係として理解する傾向が強い（図2-7の上図）。レオナルディ（P. M. Leonardi）は，このような議論が「目につきやすい変化だけを取り上げて，直線的関係を導き出しているだけだ」と批判した（Leonardi［2012］）。彼は，実際には，ミクロな相互作用を繰り返していると指摘する（図2-7の下図）。厳密にいえば，組織的変化と技術的変化が交互に生じるわけではないが，彼の主張は図式的で理解しやすい。

開発・設計と運用・
管理の境界線

さらに，レオナルディは，伝統的な経営情報論では，システムの「開発・設計」と「運用・管理」が別々に議論されており，まるでシステム実装（implication）の前後で「越えてはならない一線」が引かれているようだと指摘した（図2-8）。

現在では，第5章で学ぶように，システムの「開発・設計と運用・管理」や「技術変革と組織改革」との一体化の発想が広く受

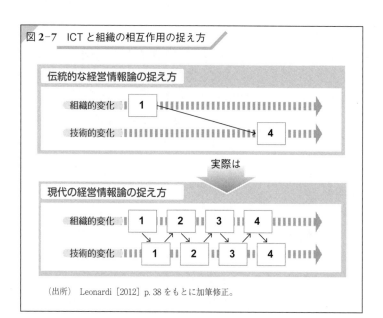

図 2-7　ICT と組織の相互作用の捉え方

伝統的な経営情報論の捉え方

組織的変化　**1**

技術的変化　**4**

実際は

現代の経営情報論の捉え方

組織的変化　**1** **2** **3** **4**

技術的変化　**1** **2** **3** **4**

（出所）　Leonardi［2012］p. 38 をもとに加筆修正。

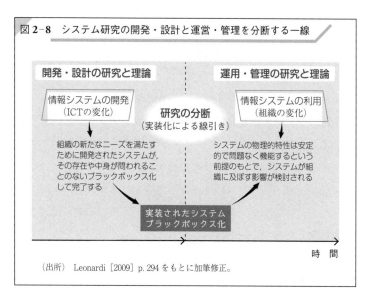

図 2-8　システム研究の開発・設計と運営・管理を分断する一線

開発・設計の研究と理論　　　　　**運用・管理の研究と理論**

情報システムの開発
（ICTの変化）

情報システムの利用
（組織の変化）

研究の分断
（実装化による線引き）

組織の新たなニーズを満たす
ために開発されたシステムが，
その存在や中身が問われるこ
とのないブラックボックス化
して完了する

システムの物理的特性は安定
的で問題なく機能するという
前提のもとで，システムが組
織に及ぼす影響が検討される

実装されたシステム
ブラックボックス化

時　間

（出所）　Leonardi［2009］p. 294 をもとに加筆修正。

け入れられている。上述したように，戦略論研究において「戦略の策定と実行」の一体化の必要性が指摘された。同様に，経営情報システムにおいても「設計・開発と管理・運用」の一体化の重要性が強調された点は興味深い。

プロセスとしての組織　繰り返し強調すれば，DC論では，日常業務を遂行するプロセス（ルーティン）を通じてケイパビリティが生み出され発展していくと考えた。その結果，組織は「たんなる戦略の実行手段」から「戦略を左右するケイパビリティの源泉」に捉え直された。

ところが，ひと口に「ルーティン」といっても，その内容は多様である。そこで，ケイパビリティの源泉という視点から，ルーティンの類型化が要請されるようになった。

このとき，キーン（P. G. W. Keen）の類型が参考になる（Keen [1997]）。彼は，組織能力が形成される場をプロセスと捉え，その評価方法を提唱した。まず，価値創造の視点から「資産（assets）」と「負債（liabilities）」に分類する（**図 2-9**）。価値中立プロセスを含めた価値からの分類は，各プロセスを「社内での能力開発を行う」か「外部調達」するかの判断基準となる。

次に，キーンは，重要性の視点から，プロセスを，①差別化に関わる独自性（identity）プロセス，②業務効率化に関わる優先性（priority）プロセス，③日常業務を支援するバックグラウンド（background）・プロセス，④法令上遵守すべき命令的（mandate）プロセスに分類する。昔からのやり方というだけのプロセスは廃止の対象となる（**図 2-10**）。

プロセス革新と ICT　第7章で学ぶように，プロセス・イノベーションという目に見えない革命が注

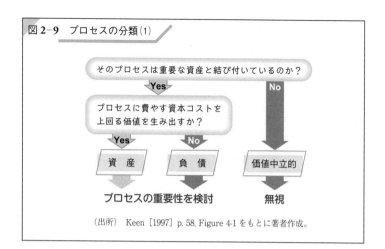

図 2-9　プロセスの分類(1)

そのプロセスは重要な資産と結び付いているのか？

Yes ／ **No**

プロセスに費やす資本コストを
上回る価値を生み出すか？

Yes ／ **No**

| 資 産 | 負 債 | 価値中立的 |

プロセスの重要性を検討　　　**無視**

（出所）　Keen［1997］p. 58, Figure 4-1 をもとに著者作成。

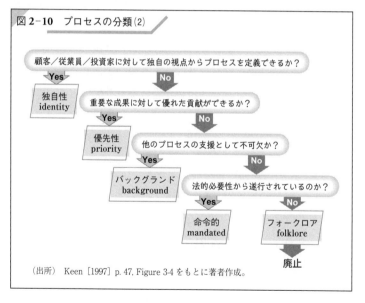

図 2-10　プロセスの分類(2)

顧客／従業員／投資家に対して独自の視点からプロセスを定義できるか？

Yes ／ **No**

独自性
identity

重要な成果に対して優れた貢献ができるか？

Yes ／ **No**

優先性
priority

他のプロセスの支援として不可欠か？

Yes ／ **No**

バックグランド
background

法的必要性から遂行されているのか？

Yes ／ **No**

命令的
mandated

フォークロア
folklore

廃止

（出所）　Keen［1997］p. 47, Figure 3-4 をもとに著者作成。

目されている。ICTは，プロセス革新を進めていくうえで，必要不可欠な要因である。しかし，ICTを導入すれば解決するという「魔法の杖」ではない。むしろ，プロセスの遂行を通じてICT活用の機会が見出され，その活用方法が洗練させていくと考える方が現実的である。第4章で学ぶが，このようなICTの役割は，**イネーブラー**（enabler：実行可能要因）と呼ばれる。作家が「劇中で登場人物が勝手に動く」ように，あるいはジャズの即興演奏のように，実践の中でICTや組織メンバーが予期せぬ実践を生み出すと考えるならば，レオナルディの主張するように「開発・設計と運用・管理」を区別する「一線」を取り除く必要がある。

　ICTをイネーブラーとして活用することで，企業の日常業務活動の遂行プロセスを変革することができる。そのため，組織変革と組織能力の開発を切り離して考えることは難しい。組織能力の開発の視点からは，プロセスは「より短く，より簡潔に」であることが望ましい。プロセス自体が競争優位を生み出すと考えると，模倣困難性を強めるために「プロセスの複雑化」が望ましく思える。しかし，重要なことは，プロセスを通じた組織能力の開発である。そのためにプロセス革新のポイントは「短く，簡潔」が重要となる。

3 多様なシステム思考

相互補完的な3つの
システム思考

組織能力の源泉であるプロセス革新を検討するうえでは，俯瞰的視点が不可欠である。そこで，システム思考（systems

thinking）を説明したい。以下では，相互に補完的なシステム思考として，①ハード・システム思考，②ソフト・システム思考，③批判的システム思考を取り上げる。

ハード・システム思考

システムは「部分が集まって，その相互作用により部分だけでは出てこないような性質やはたらきをしめす」ものを指す（杉田［1976］10頁）。つまり，システムは，①複数の要素から構成され，②各要素が相互に関係し，③全体として1つのまとまりを持つ。

1950年代から60年代にかけて，システムズ・アプローチ（systems approach）が精力的に展開された。そこでは，解決すべき問題状況をシステムとして認識し，その解決策（代替案）を体系的に模索する手法が議論された。

システムズ・アプローチの手順はまず，① 問題解決の手がかりを得るためのモデル化から始まる。モデル化では，対象システムの構成要素を抽出し，入力（input）・変換・出力（output）の関係に整理する（数学モデルで表現する）ことである（図2-11）。モデル化では，出力の一部を入力に戻すことでシステムの安定化を図る**フィードバック**（feedback）機能に留意する必要がある。そして，② 目的の明確化，③ 代替案（打つ手）の列挙，④ 代替案の優劣の評価を行い，⑤ 代替案を実施する。これらの手順を，1つのサイクルとする。一度のサイクルでシステムの最適化を実現できることもあるし，このサイクルを繰り返し行うことで漸進的に最適な状態に近づく場合もある。

ソフト・システム思考

システムズ・アプローチは，「問題の構造が明確」で数学モデルに置き換えられる場合に有効である。しかし，現実には，問題に直面する人々が

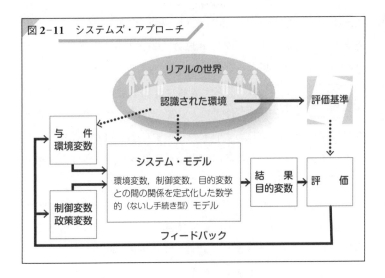

図2-11 システムズ・アプローチ

リアルの世界

認識された環境 → 評価基準

与件
環境変数

システム・モデル
環境変数，制御変数，目的変数
との間の関係を定式化した数学
的（ないし手続き型）モデル

結果
目的変数 → 評価

制御変数
政策変数

フィードバック

問題認識が違うために，モデル化は容易ではないことが多い。問題構造が複雑な場合は，むしろ，多様な価値観が並立する状態を「調停（accommodation）」することが問題解決の鍵ではないか。このような認識から，**ソフト・システム思考**が提唱された。対して，従来のシステムズ・アプローチは**ハード・システム思考**と批判された。

とくに，ソフト・システム思考の手順を体系化したチェックランド（Checkland［1981］）の**ソフト・システム方法論**（SSM：soft systems methodology）が有名である（**図2-12**）。

ソフト・システム・アプローチの目的は，現実に対する複数の見方が並立している状況を前提に，その意味を解釈することで，打つ手についての共通理解を育み調査を生み出すことである。そのために，ソフト・システム・アプローチでは，現実社会をシステムと捉えない。むしろ，システムは「問題に直面する人々の頭

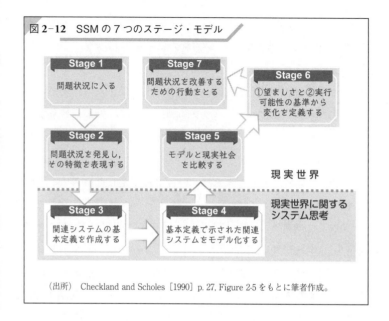

図 2-12 SSM の 7 つのステージ・モデル

Stage 1
問題状況に入る

Stage 7
問題状況を改善する
ための行動をとる

Stage 6
①望ましさと②実行
可能性の基準から
変化を定義する

Stage 2
問題状況を発見し，
その特徴を表現する

Stage 5
モデルと現実社会
を比較する

現実世界

Stage 3
関連システムの基
本定義を作成する

Stage 4
基本定義で示された関連
システムをモデル化する

現実世界に関する
システム思考

(出所) Checkland and Scholes［1990］p. 27, Figure 2-5 をもとに筆者作成。

の中の構成物」と理解する。つまり，システムは，現実社会を関
係者が解釈し，社会的に構成したモデルにすぎない。とはいえ，
モデルを通じて，問題に直面した人々が現実を理解し変革する手
がかりを得ることができる。このような考え方は，社会構成主義
の原点の 1 つになっている。

組織サイバネティックス　混乱する現実問題に対処するアプローチ
は，ソフト・システム・アプローチだけ
でない。**組織サイバネティックス**も問題解決のための診断道具を
提供してくれる。

　ギリシャ語のキベルネティクス（舵手）を語源とするサイバネ
ティックスは，環境変化に対応するためにフィードバック機能を
用い，内部均衡状態を維持するための基礎科学である。フィード

バックには，①正のフィードバック：安定状態から差を増幅させる（例：マイクのハウリング），②負のフィードバック：安定状態に少しずつ近づいていく（例：室温と空調機）がある。これらの原理は制御などで活用されている。なお，結果を入力に戻すことで変化に対応するフィードバック制御に対して，外部に攪乱要因が計測されると結果を待たずにあらかじめ調整する制御方式をフィードフォワード制御と呼ぶ。

組織サイバネティックスでは，いったん確定したシステムの構造やプロセスは変わらないという前提をくつがえし，予測できないような環境変化が生じたとしても，システムが変化に対応できれば生存可能（viable）だと考える。そして，組織が環境変化の多様性に対応するためには，アシュビー（W. R. Ashby）の必要多様性の法則（low of requisite variety）」を採用する（Ashby [1956]）。それは「組織が環境の多様性を吸収するためには，環境に対応できるだけの多様性を持たなければならない」という原理（多様性のみが多様性を吸収できる）を意味する。前述の組織の分化は必要多様性の法則で説明できる。

組織サイバネティックスの代表的論者であるビアー（S. Beer）は，生存可能なシステムを鍵概念に「有機的に構成された組織モデル」として VSM（viable system model：生存可能システム・モデル）」を提唱した（図 2-13）（Beer [1974]，訳書 [1981]）。

VSM は，次の5つのサブシステムから構成されている。すなわち，①実施，②調整，③コントロール，④インテリジェンス，⑤ポリシー，の5つの機能を担うサブシステムである。

ビアーは，企業を人体になぞることで5つのサブシステムを構想しただけでなく，各サブシステムにおいても，それぞれ5つの

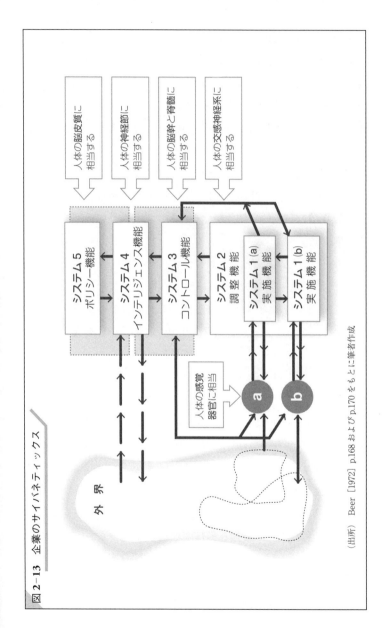

図 2-13　企業のサイバネティックス

システム5　ポリシー機能
人体の脳皮質に相当する

システム4　インテリジェンス機能
人体の神経節に相当する

システム3　コントロール機能
人体の脳幹と脊髄に相当する

システム2　調整機能
システム1 (a)　実施機能
システム1 (b)　実施機能
人体の交感神経系に相当する

人体の感覚器官に相当

a
b

外界

(出所)　Beer [1972] p.168 および p.170 をもとに筆者作成

機能を備える**再帰的**（recursive）サブシステムを想定した。

VSM は，①環境変化に受動的に適応する**自己維持機能**と，②環境変化に積極的・能動的に適応する**自己組織化機能**を備えている。持てる能力を用いて環境変化に対応する自己維持機能では，脳を介さずに脊髄反射する形で合理化・効率化を実現することがある。

自己組織化機能は，ビアーが「システムが自分自身を生み出す（produces itself）」と呼ぶように，自らの構造や機能を変革し，さらには環境に積極的に働きかけることにより環境に適応することを意味する。

ビアーは，この機能は「マトゥラーナとヴァレラが提唱する**オートポイエーシス**の概念にほかならない」と指摘する（Beer [1974]）。オートポイエーシスとは，オタマジャクシがカエルに変態したとしてもオタマジャクシ＝カエルの同一性を支える何かのことである。あえて訳せば「自己産出循環」である。つまり，オタマジャクシ自らがカエルを生み出すと考え，オタマジャクシ＝入力，カエル＝出力であると同時にオタマジャクシ＝カエルであることから入力＝出力と考えるのである。卑俗な例をあげれば，涙が出るから悲しくなり，さらに涙が出る場合が「涙が入力であり出力」と理解できる。

組織活動を通じて次の組織活動が生み出されるならば，インプット＝アウトプットの公式が成り立ち，活動を繰り返すことは「循環」と考えてよい。自己産出が循環するという面倒な表現は一見すると難解であるが，その内容は日常的なものであることを理解してほしい。

さて，カエルに変態してもオタマジャクシの生命は変わらない。

同様に，VSM の自己維持機能（オタマジャクシが生命を維持する）は同時に自己組織化機能（カエルに変態する）になりうることを示唆する。それゆえ，VSM は，組織の環境対応を診断する有益な道具として期待されている。

批判的システム思考　システム概念を用いて人々は何をしようとしているのか。既存の富や権力を保持するために，道具としてシステム概念を利用しているだけではないか。このような問いを立て，「どのようにすべきかを支援する」のでなく「何をすべきかを考える」ためにシステム概念を用いるべきだとする考え方が登場する。これを**批判的システム思考**という。

批判的システム思考の手順は，認識された問題の背後に見え隠れする前提条件を問い直すことから始まる。次に，解決策を実施する前に，その影響を受けるすべての人々の間で解決案の意義を討議する機会をもうける。このようにして，問題解決の際に「排除され無視された人々」を巻き込むことで，より良い問題解決を図ろうという考え方が批判的システム思考の特徴である。

システム思考の相補性　ジャクソン（M. C. Jackson）らは，これら 3 つのシステム思考は，対立するものではなく，補完的であると主張した（Jackson and Keys [1984]）。現実の問題状況（problem context）は多様である。その多様性に対応するためには，サイバネティックスで主張された必要多様性の法則のように，多様なシステム思考が重要になる。

1 ポジショニング・ビューと資源ベース・ビューの相違を実際の企業を例に説明してみよう。

> **Hint** たとえば，ソニーのプレイステーションと任天堂の Switch をポジション・ビューと資源ベース・ビューのそれぞれで説明してみて，どちらがしっくりするか考えてみよう。

2 持続的競争優位を目指すのではなく，短期的であっても競争優位を繰り返し生み続けることが重要といわれる。その理由について考えてみよう。

> **Hint** 長期的に優れた業績を達成している企業を取り上げ，ダイナミック・ケイパビリティの視点からその企業が競争優位を獲得し持続するために，どのような工夫をとり続けているのか，調べてみよう。

3 ①ハード・システム思考，②ソフト・システム思考，③批判的システム思考の相違を表にまとめてみよう。

> **Hint** 多様なシステムズ・アプローチは対立する考え方でなく，異なる問題に対する代替的アプローチであることを思い出し，各アプローチが対象とする問題構造の相違に注目しながら，問題と解決方法の特徴を整理してみよう。

4 生存可能システムは，最も下位のシステムである実施システムに対しても，自由裁量権と情報処理能力が与えられている。その理由を環境適応の視点から説明してみよう。

> **Hint** 難易度の高い問いであるが，組織サイバネティックスの再帰性を思い出し，日常的な業務遂行が自己維持機能と自己組織化機能にどのように関連するのかを考えてみよう。

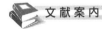 文献案内　　　　　　　　　　　　　　　　　　　REFERENCE

[1] 庭本佳和 [2006]，『バーナード経営学の展開：意味と生命を

求めて』文眞堂。

●組織論と戦略論の奥行きの広さを学ぶことができる。近代組織論の開拓者であるバーナードの所説を拠り所にしつつ，資源ベース論や知識マネジメントや環境問題などの現代的課題を論じている。また，組織サイバネティックスとは異なる視点から，オートポイエーシス概念の適用について論じている。

2 遠山曉編 [2003]，『組織能力形成のダイナミックス：Dynamic Capability』中央経済社。

●日本情報経営学会の学会叢書第2巻。資源ベース・ビューやダイナミック・ケイパビリティとICTの関係をわかりやすく解説している。

3 遠山曉 [2002]，「情報技術と持続的競争優位の再検討」『経営研究（大阪市立大学）』第52巻4号，25-41頁。

● ICTと競争優位の関係，資源ベース・ビューの可能性について，簡潔に整理されている。とくに，資源ベース・ビューにおけるプロセスの「長さ」と「複雑性」の問題点についてわかりやすく丁寧な議論がなされている。

第3章 経営情報システム観の変遷

SUMMARY

03 | 本章で学ぶこと

　経営情報システムは，企業組織において人間がICTと連動して情報的相互作用を促進するシステムとして捉えられる。本章では，このような経営情報システム関連概念の変遷を系統的に理解する。

　経営情報システムに期待される役割は，基本的に環境の変化を所与として，組織内部の業務の自動化，全社的情報処理，管理活動における意思決定支援などの一連の受動的な環境適応の支援を基盤とする。そして，持続的な競争優位の実現を支援する戦略的活用，そして環境の変化に積極的，能動的に適応するビジネス・エコシステムの再構築の支援へと役割を拡大させている。まず，これらの役割をそれぞれ担って登場した代表的な経営情報システムの関連概念を取り上げ，その特性を検討する。このような情報システム概念は，それぞれが理念的スローガンとしての意味を持ってはいたが，戦略的活用という役割が期待された戦略的情報システム（SIS）以降，経営情報システム概念としてくくることができる概念は登場していない。代わりに，クラウド環境を前提にしたビジネス・エコシステムのイノベーション，そしてDXによるエコシステム的変革の支援が叫ばれつつある。これら各種の情報システム概念やビジネス・モデル，プロセスの変革の理念と特性，それらの技術基盤についての理解を深める。

CASE 4 「第4の大転換」のフロントランナー，GEのその後

　2014年に，ドイツの「インダストリ4.0」に相当する「インダストリアル・インターネット・コンソーシアム」が，GE，IBM，インテル，シスコ・システムズ，AT＆Tの5社を創設メンバーとして設立された。その後1年足らずで230社以上がこのコンソーシアムに加盟し，IoT技術の実装とそのデファクト・スタンダード化の推進を目的として活動が展開されている。GEは，IoT実装の先行的優秀事例や先導者として，重要な役割を果たしている。当時の会長兼CEOであったイメルト（J. Immelt）は，製造業の覇者の地位からデジタル・サービス業への転換を，GEの戦略の柱として掲げた。GEはグローバルな民間航空機エンジン市場で60％以上のシェアを持っており，エンジンその他の装置に数百個のIoTセンサーを装着させて，世界中を飛んでいる飛行機の運行および稼動に伴う膨大なデータをインターネットを介してGEに集中させ，ビッグ・データとして蓄積している。そこで，これをAIなどを駆使して解析し，飛行機の故障リスクの予測や，燃費効率の改善などの保守・安全サービスを専門に行うGEデジタルという会社を設立する。さらにこのビッグ・データをあらゆる角度から分析をして，航空会社に効率改善や顧客サービス向上に役立てる情報を提供できれば，膨大なビジネス・チャンスが生まれると考えたのである。まさにデジタル・プラットフォーマーを目指したのであった。しかし，提供するIoT基盤ソフトは基本的にGE製のハードウェアに対応するものであった。いうなれば自社のプラットフォームを押し付けるビジネスであった。2019年現在，デジタル・サービス事業がGE成長エンジンとなる道筋は見えず，デジタル・ビジネスに特化するベンチャー系ソフト会社に苦戦を強いられている。その結果，イメルト，そしてその後任のフラナリーは更送される。この事例は，ハード，ソフト，コンテンツ，ネットワーク層などをモジュール化して，適宜，組み替えを可能にすることの重要性を示唆している。

1 情報化実践スローガンの変遷

ICT は，必ずしもその性能が常に漸進的
に発展するものではない。ある特定の時
点に至ると，突如として驚異的な機能発
展を示し，そしてその後しばらくの間は漸進的に機能発展し続け
るということを繰り返しながら，進化している。この驚異的な進
展の時期に連動して，新たな情報化の理念的スローガン（たとえ
ば，後述の MIS, DSS, SIS）が登場し，そのもとで企業その他組
織体の情報化実践も反復的に進展してきている。

　具体的には，ICT が驚異的な発展をする特定の時点を迎える
たびに，「この機能レベルに至った ICT を駆使するならば，○○
という困難な問題の解決が可能になる」あるいは「△△という役
割期待が実現できる」といった発想のもとに，情報化の理念的ス
ローガンが形成される。そしてそのスローガンのもとで情報化実
践がブームとなる。しかしながら多くのスローガンは，ほとんど
実現されることなくブームが沈静化する，ということを繰り返し
て今日に至っている。

　これらのスローガンは，組織を取り巻くコンテキストや環境を
所与として，まずは企業その他の組織体における情報処理活動と，
情報処理が支援する業務や管理活動を，概念的にも実体的にも区
別して，情報処理と業務や管理活動の内部的な効率化や効果的遂
行の実現を目指すものである。見方を変えれば受動的な環境適応
を支援するものである。この支援が一定レベルに達すると，その
ときどきの ICT の画期的な発展と連動して，徐々に受動的環境

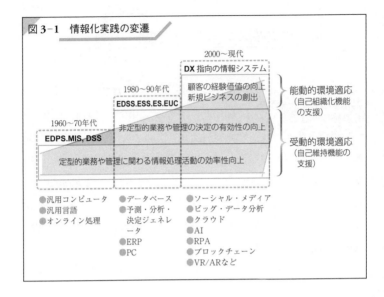

図 3-1 情報化実践の変遷

2000〜現代
DX 指向の情報システム
顧客の経験価値の向上
新規ビジネスの創出
} 能動的環境適応
（自己組織化機能の支援）

1980〜90年代
EDSS.ESS.ES.EUC
非定型的業務や管理の決定の有効性の向上

1960〜70年代
EDPS.MIS, DSS
定型的業務や管理に関わる情報処理活動の効率性向上
} 受動的環境適応
（自己維持機能の支援）

●汎用コンピュータ
●汎用言語
●オンライン処理

●データベース
●予測・分析・決定ジェネレータ
●ERP
●PC

●ソーシャル・メディア
●ビッグ・データ分析
●クラウド
●AI
●RPA
●ブロックチェーン
●VR/ARなど

適応の殻を破り，組織体が自らの目的や構造変革をするとともに，コンテキストや環境までも再構成することによって，積極的・能動的な環境適応を支援することをスローガンとする情報化実践へと進むことになる。

受動的な環境適応支援の情報システム(1)：情報処理と業務・管理を区別する情報化実践

ICT を駆使する情報化実践の初期段階においては，情報処理活動と業務・管理活動は，概念的にも実体的にも区別できるという仮定のもとに，コンテキストや環境を所与とし，「情報処理活動の結果が，業務や管理活動における（意思決定の）インプット情報になる」という認識に立って，情報システムのスローガンが掲げられた。

(1) 電子的データ処理システム

コンピュータの汎用的なビジネス処理用言語が開発される 1959

年頃には，計算・分類などの単能的マシンから貯蔵，伝送などの情報処理機能までをもシステム的に統合したコンピュータによって，定型的な個別業務単位の自動化から系統的業務，組織全体的な業務の自動化を目的とする**電子的データ処理システム**（EDPS：Electronic Data Processing Systems）の構築が叫ばれる。このシステムによって，省力化とコスト削減が可能となり，定型的情報処理が効率的に遂行できるようになるため，結果的に業務や管理活動を効率化させると盛んに唱導された。しかし，当時のコンピュータの機能では，組織全体の定型的な業務の統合的自動処理によって業務や管理を効率化することは困難であり，論理的にも無理があった。

(2) **経営情報システム**

オンライン・リアルタイム機能，データベース管理機能，汎用ビジネス・プログラミング言語の高度化による「第3世代コンピュータ」と称される IBM の S360 というコンピュータが 1964 年に発表されるとともに，業務の自動化・統合化にとどまらず，組織の各階層の管理活動の効率的・効果的遂行を実現する**経営情報システム**（MIS：Management Information Systems）の構築が，ギャラガー（J. D. Gallagher）によって提唱される（Gallagher [1961]）。当時は経営の「トータル・システム思考」の重要性が叫ばれており，これと相まって，MIS が大ブームとなる。これは，企業の業務や管理に必要な情報のすべてを全社的データベースに貯蔵することによって，業務の自動化・効率化だけでなく，各階層の管理者は，オンライン・リアルタイム機能により，欲しいときに，欲しい場所で，適切な情報を利用して管理活動が効果的に展開できるという発想に基づくものである。しかし現実

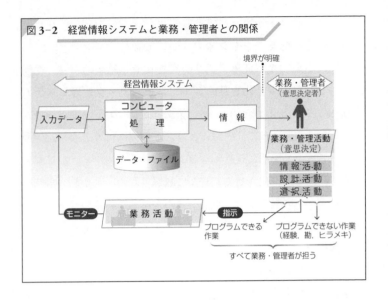

図3-2 経営情報システムと業務・管理者との関係

境界が明確

経営情報システム

業務・管理者
（意思決定者）

入力データ → コンピュータ 処理 → 情報

データ・ファイル

業務・管理活動
（意思決定）

情報活動
設計活動
選択活動

モニター

業務活動 ← 指示

プログラムできる
作業

プログラムできない作業
（経験，勘，ヒラメキ）

すべて業務・管理者が担う

には，人間は全知全能ではなく，その情報処理能力には限界があり，**限られた合理性**（bounded rationality）を追求するだけであるため，あらかじめ必要な情報をすべて認識してデータベースに貯蔵するという発想は，そもそも実現不可能であった。したがってこのスローガンが実現された事例はなく，情報化実践研究の先導者であるデアデン（J. Dearden）によって「MISは幻想だ（MIS is a Mirage）」というタイトルの批判論文が発表される（Dearden [1972]）。これを端緒にして「MISは神話だ（MIS is a Myth）」あるいは「経営の神話的情報システム（MMIS：Management Myth-Information Systems）」などと揶揄されるに至った。

　しかし1970年代後半になると，サイクル・タイムが第3世代の5倍以上の性能を持つ「**第3.5世代コンピュータ**」と，中小企業にも経済的に導入可能な「ビジネス・コンピュータ（オフコン，

ビジコンとも称される)」が登場したことによって，MIS の反省を踏まえながら，系統的・定型的な業務と管理の情報処理の自動化・統合化を中心にして**オフィス・オートメーション**（OA：Office Automation）という形で情報化が推進されることになる。オートメーション本来の意味は，「自動（制御）化」であり，情報処理だけでなく，経験や勘を重視する非定型的な管理を除く，定型的管理プロセスのコントロール局面を中心とする自動化も視野におくことになる。しかし，現実には OA は，業務処理や情報処理の統合的な「機械化（メカニゼーション）」レベルにとどまったと評価されることになる。

受動的な環境適応支援の情報システム(2)：情報処理と業務・管理を区別しない情報化実践

1970 年代になると，MIS の失敗をうけ，「業務や管理活動（における決定や判断）は，もともと情報活動，設計活動，選択活動などから構成される情報処理プロセスとして認識できる意思決定（decision making）そのものである」という，行動科学的意思決定論・経営組織論の権威であるサイモン（H. A. Simon）の主張（Simon [1960]）を根拠として，業務や管理活動は情報処理活動と概念的にも実体的にも区別できず，情報処理プロセスは意思決定プロセスそのものであるという認識に基づいて ICT を駆使する情報化実践のスローガンが掲げられる。

(1) 意思決定支援システム

1970 年代に入るとゴーリーとスコット・モートン（G. A. Gorry and M. S. Scott Morton）らが提案した**意思決定支援システム**（DSS：Decision Support Systems）というスローガンが情報化実践を先導する（Gorry and Scott Morton [1971]）。これは，データベース機能，決定・分析・予測をするモデル・ベース機能，業務

や管理の担当者によるコンピュータとの対話を容易にするインターフェース機能をパッケージ化して，業務や管理者自身が情報処理技術者の手を煩わせずにプログラムやデータの自動生成を可能にする DSS ジェネレータ（統合的ソフトウェア）を技術基盤とすることが多い。DSS は，このジェネレータを利用して，業務や管理における意思決定の過程において，定型的でプログラム化できる作業局面はコンピュータ側に委ね，その一方で，プログラム化できず，人間の経験，勘やフィーリングを駆使せざるをえない局面を含む非定型的（準構造的）な業務や管理においては，人間とコンピュータとの間での試行錯誤的な対話によって可能なかぎり適切な，あるいは満足のいく決定や判断を導き出すことを可能にしようとする情報システムである。

　DSS は，業務や管理活動をコンピュータが「代替する（replace）」ことを目指すのではない。とくに定型的でない業務や管理において，人間がコンピュータと試行錯誤的に対話しながら効果的にそれを遂行することを「支援する（support）」マン・マシン・システムあるいは半自動化システムとして機能するものである。このシステムは，組織での業務や管理において，「良い意思決定」をしようとすればするほど，人間の経験や勘を駆使せざるをえないことから，組織体の情報システムのあるべき姿として認識されることになる。しかし，もともと必要な情報やデータを，あらかじめ認識してコンピュータに貯蔵することが論理的にも現実的に不可能であることと，当時のジェネレータそのものの機能的限界とコスト・パフォーマンスへの疑問から大きな実践的な流れにはならなかった。

　また 1990 年代に入るとともに，グループによる集団的意思

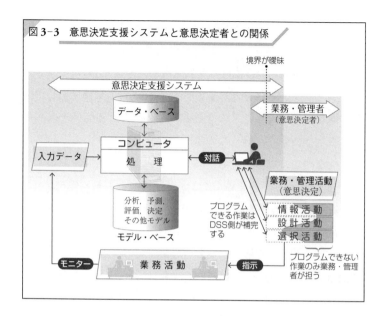

図3-3　意思決定支援システムと意思決定者との関係

境界が曖昧

意思決定支援システム

データ・ベース

コンピュータ

入力データ → 処　理 ← 対話

分析, 予測,
評価, 決定,
その他モデル

モデル・ベース

業務・管理者
（意思決定者）

業務・管理活動
（意思決定）

プログラム
できる作業は
DSS側が補完
する

情 報 活 動
設 計 活 動
選 択 活 動

プログラムできない
作業のみ業務・管理
者が担う

モニター ← 業 務 活 動 ← 指示

決定を支援する**グループ意思決定支援システム**（GDSS：Group
Decision Support Systems）や，経営者層の意思決定を支援する，
検索・報告システム機能を備えた**経営者支援システム**（ESS：
Executive Support Systems）も構想されるが，日本ではさほど定
着するに至らなかった。

　1990年代中頃になると，クライアント・サーバー・システ
ムの普及を背景として，DSSジェネレータに近い機能を持つ表
計算型の簡易ソフトウェアを利用して，エンドユーザーがまる
でDSSを駆使しているかのように，自らの意思決定に関わる情
報処理を自分自身で行う**エンドユーザー・コンピューティング**
（EUC：End-User Computing）が徐々に進展した。

(2) エキスパート・システム，エキスパート意思決定支援システム

　1980年代中頃からコンピュータが人間のような推論をするのに必要な「知識」の蓄積機能と推論機能（エンジン）がパッケージ・ソフトウェア化されることによって，人工知能（AI）が実用可能な水準に達したとみなされ，第2次人工知能ブームが到来する。その中心にあったのは，経験や勘を駆使する，論理が不明確な問題に対しても専門的知識を活用して人間的推論を行い，「良い解（決定）」を導くことが可能になる**エキスパート・システム**あるいは**専門家システム**（ES：Expert Systems）と称される情報システムである。そして，この技術をDSSに組み込めば，DSS実践の限界が克服されるということで，**エキスパートDSS**（EDSS：Expert Decision Support Systems）あるいは**インテリジェントDSS**（Intelligent DSS）などと称する情報システムが唱導されるに至る。しかし，組織における膨大な情報すべてを，コンピュータが理解できるように記述してあらかじめ準備することは，既述のように論理的にも現実的にも困難である。実際に，活用可能な知識量は特定の問題領域の情報などに限定される傾向があった。また，情報化推進をする企業その他の組織体では，論理がまったくない非定型的な業務や管理に関わる情報であっても，すべてコンピュータに貯蔵できるという期待が，誤解であることが徐々に認識されるようになり，1990年代後半にはエキスパート・システムのブームも終焉する。

(1) 戦略的情報システム

> **能動的な環境適応支援
> の情報システム**

　1980年代中頃に，ワイズマン（C. Wiseman）らによって，**戦略的情報システム**（SIS：Strategic Information Systems）が提唱される

（Wiseman［1988］）。これは，急速に進展し始めたネットワーク技術とクライアント・サーバー・システムなどを駆使して，競争企業とのビジネス・プロセスの差別化と，既存事業の業態・業様改革，さらにはビジネス慣行までも積極的・能動的に変革して，持続的競争優位を実現することを目的とするものである。組織内部の業務や管理の効率化による受動的な環境適応だけでなく，むしろ積極的，能動的な環境適応を支援することを目的とする情報システム観がここでは示されている。その技術的基盤は，当時の DSS，GDSS や OA などを支えたシステム機能と同じである。しかし SIS の現実の成功事例として評価された情報システムは，ICT によるビジネス・エコシステムの業務や管理の効率化レベルにすぎない技術決定論的発想の情報化実践にとどまるものであった。したがって，それらは実際には，追随する企業のベスト・プラクティス・アプローチによって容易に模倣が可能であり，情報システム特性は必然的に画一化していくことになる。このため，一時的競争優位は実現できても，持続的な競争優位を実現し維持する情報システム化は「伝説」（Davenport［1993］p. 319）にすぎないという厳しい評価が示されることとなる。

(2) ビジネス・プロセス・リエンジニアリング

　ビジネス・プロセス・リエンジニアリング（BPR：Business Process Reengineering）とは，1990 年代前半にハマー（M. Hammer）とチャンピー（J. Champy）によって提唱され，大ブームとなったビジネス・プロセスの抜本的かつ根本的な構造改革によって受動的のみならず能動的環境適応を支援する企業革新のスローガンである（Hammer and Champy［1993］）。大型コンピュータのメイン・フレームをサーバーとしてビジネス・プロセ

スの情報処理を集中制御する方式にとどまらず，ネットワーク機能を強化したパソコンを駆使するクライアント・サーバー・システムの登場も BPR の実践を加速させた。そして，一連の業務プロセスと各局面で発生する業務データを一元化して管理する **SCM**（Supply Chain Management）や **ERP**（Enterprise Resources Planning）パッケージ・ソフトウェアが普及するにつれて，SIS の発想では実現が不可能であった取引や資本関係のある仕入（調達）先から販売を担う企業までの間のビジネス・プロセス，さらには製品やサービスの最終顧客による利用・消費プロセスまでをも外延的に一気通貫のビジネス・プロセスとして効率化を実現しようとする。また，この企業革新は，顧客満足や顧客価値の創造を的確に可能にして収益性を上げることを支援する情報システム化構想ともいえる。

　現在では，DX 時代の到来とともに，ERP や SCM そして RPA のような定型的な決定や判断の自動化をする業務システムの操作記録データ（イベント・ログなど）を可視化して問題点を明確にし，効率化を図る**プロセス・マイニング手法**（ツール）を駆使して，業務プロセスの改革・改善を効果的に実施する流れが生じている。

2 DX による能動的な環境適応

DX の論理基盤：「エコシステム」の発想

たとえば，スマートフォンのビジネスにおいて，ユーザーにとっての利用価値は，スマートフォンそのもので生み出される

　リコージャパンは，RPA（ロボティック・プロセス・オートメーション）を活用して，2016 年 12 月にバックオフィス（間接部門）業務の自動化に取り組むプロジェクトを開始する。とくにデータ集計と入力，照合という 3 つの定型的な業務プロセスを，AI（人工知能）などの技術を備えたソフトウェアのロボットが代行する RPA パッケージ・ソフトウェア「BizRobo!」に委ねることによって，55 ～ 85％の工数削減を実現する（自動化された仕事数は 74 種類で，1 カ月に 3000 時間の余剰時間を生み出した）。そして RPA による業務改善を「社内デジタル革命」と位置づけ，2018 年からその本格的稼動に入る。現場の従業員らが主体的となってこの革命に取り組み，グループ全体で 200 以上のソフトを開発する。2019 年までには 415 種類の業務プロセスを自動化して 10 万時間の余剰時間を生み出している。この業務改善によって生まれた余剰時間は，基本的にアイディア作り，営業の外回りなどの人間にしかできない仕事に振り向けられることになった。なお，社内実践のノウハウをもとに，業務の自動化支援サービスを顧客企業に提供する事業を 2017 年 4 月から開始している。

　2020 年には，リコーは，間接部門だけでなく，設計や製品ラインなど直接部門への RPA 導入に取り掛かっている。とくにプリンタなどの複合機の設計では，温度上昇などの変化を実験するにあたり，自動的に条件設定とデータの取得作業を繰り返すソフトの開発に着手している。設計の付随作業を RPA が担うことで，技術者はより付加価値の高い中核業務に集中できる環境を整える。RPA の推進責任者である企画室長は，各部署での導入役となるキーマンの育成と現場の主体的推進が，RPA が成果を上げるための鍵であると指摘している。

とはいえない。たとえスマートフォンの製造会社と競争関係にある会社のアプリであっても，ユーザーが自ら必要に応じて容易にダウンロードして利用できるようにしておくことにより，ユーザー固有の利用価値が生み出され，顧客体験を向上させている。多くのアプリのプロバイダや，各種の通信機能付き装置の製造会社等々の製品やサービスとの協調的補完関係のもとに利用価値の創出が実現される。

　企業その他の組織体は，たとえ競争的関係にあったり，取引や資本関係のない会社あるいは他の業界の組織体などの資源やサービスであったりしても，各々の組織体が自律性をもって，共生的，互恵的，補完的な協調関係の中で，製品・部品などを組み合わせて特異な価値を生み出し，個々の顧客の満足や経験の向上を図ることが可能になっている。このように積極的・能動的な環境適応によって生存し，成長していく組織現象を解明し，考えるための接近方法として，ムーア（J. F. Moore）の**ビジネス・エコシステム**の考え方が広く支持されている。それは，「1つの企業を単一の産業の構成者としてではなく，多様な産業にまたがる1つのビジネス・エコシステムの一部として捉える」（Moore［1993］p.76）という見方である。その原点は，植物学における**エコシステム**（ecosystem）という考え方にある。エコシステム（生態系）は，各種の生命体のような有機的複合体だけで構成されるのではない。しばしば生命体とともに，それらの環境を構成する各種の物理的要素との物質循環などによって，相互に依存しながら存続する全体として認識される。

　ビジネス・エコシステムは，この植物学におけるエコシステムの考え方に基づき，特定の業界や特定の消費者・ユーザーを前提

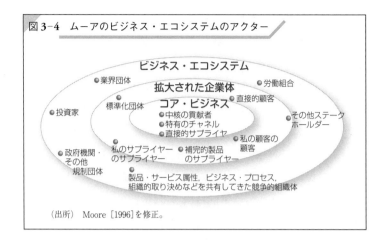

図3-4 ムーアのビジネス・エコシステムのアクター

ビジネス・エコシステム

拡大された企業体

コア・ビジネス

● 業界団体
● 労働組合
● 標準化団体
● 直接的顧客
● 投資家
● 中核の貢献者
● 特有のチャネル
● 直接的サプライヤ
● その他ステーク ホールダー
● 政府機関・ その他 規制団体
● 私のサプライヤー のサプライヤー
● 補完的製品 のサプライヤー
● 私の顧客の 顧客
製品・サービス属性，ビジネス・プロセス，
組織的取り決めなどを共有してきた競争的組織体

（出所）Moore [1996]を修正。

にせずに，競争関係の組織体，各種業界団体，投資家，労働組合，政府機関・規制団体，その他のステークホルダーなどとの共生，互恵，補完という協調関係（**オーケストレーション**あるいは**コラボレーション**）によって，適宜にエコシステムとして再構成される仕組みであり，企業その他の組織体群でもある（**図3-4**）。

「エコシステム」と経営戦略

エコシステムは，チェスブロウ（H. Chesbrough）の**オープン・イノベーション**の考え方とも軌を一にしている（第7章参照）。「オープン・イノベーションは，知識の流入と流出を自社の目的にかなうように利用して社内イノベーションを加速するとともに，イノベーションの社外活用を促進する市場を拡大する」（Chesbrough [2011]）という考え方である。取引や資本関係のある会社との間だけで自社のイノベーションを試みるのではない。異業種や異分野における企業その他の組織体などとネットワークを組むことによって，それらの持つ技術資源やアイディア，

ノウハウ，知識などを組み合わせて，革新的なビジネス・モデル，製品やサービスの創発，組織改革などを実現しようとする考え方である。

　この考え方は，これまでの経営戦略の策定やイノベーションの実践方法論とはかなり異なっている。従来の戦略策定の方法論は，第2章で学んだように特定の業界内において競争的優位（マーケット・シェアの確保）を実現する**ポジショニング戦略**のもとで，たとえばポーター（M. E. Porter）のいう**5要因モデル**による分析を行って業界構造を静的に分析し，将来の方向を探求する合理的・分析的アプローチを採ることが多い。また，製品やサービスを生み出すプロセスにおいて最終製品や工程が最終的価値を生み出すという認識のもとに，部材から製品そして顧客に至る垂直的，線形的な**価値連鎖**が分析される。これらは明らかに，取引や資本関係があるか否かに関わりなく，また特定の業界にとらわれない共生，互恵，補完関係を重視して，個々の顧客の価値創出と経験価値の向上を実現しようとするビジネス・エコシステムの発想に依拠した**バリュー・チェーン**や**バリュー・ネットワーク**の考え方ではない。ポジショニング戦略に基づく実践方法論は，とくに組織の内部能力が競争優位の源泉であると考える**資源ベース戦略論**などから厳しく批判されている（Teece［2007］）。

　ビジネス・エコシステムでは，この共生，互恵，補完等の関係を解明するために，取引や資本関係にかかわらず，自社の製品やサービスに固有の価値を生み出す補完財事業者，最終的な製品とシステムあるいはサービスの基盤（プラットフォーム）となる機器・装置あるいはシステムやサービスを提供する**プラットフォーマー**という事業者概念を導入する。そして，これらの事業者と自

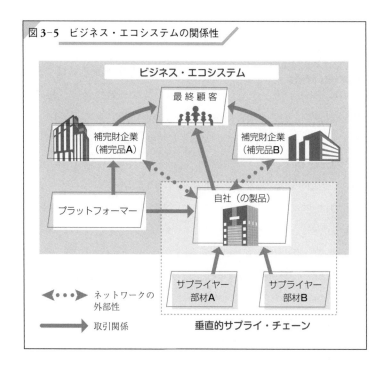

図3-5 ビジネス・エコシステムの関係性

ビジネス・エコシステム

最終顧客

補完財企業
（補完品A）

補完財企業
（補完品B）

プラットフォーマー

自社（の製品）

サプライヤー
部材A

サプライヤー
部材B

垂直的サプライ・チェーン

◀••▶ ネットワークの
　　　外部性

──▶ 取引関係

社との関係によってバリュー・ネットワークとしてのビジネス・エコシステムを認識する。ビジネス・エコシステムは，**ネットワーク外部性**を高度に発揮することになる。最終顧客が自社の製品とともに補完業者の補完品を組み合わせて顧客固有の経験価値の向上を図るプロセスで，補完品の利用が増大することは，同時に自社の製品の利用も相乗的に増大し，収益が向上する関係にある。また同じプラットフォーマーの技術基盤で製品化される自社製品と補完品との関係においても，プラットフォーマーは，自社との取引量が増えれば，それに対応して補完品業者との取引量も相乗的に増大する。このようにしてネットワークの外部性効果が

生まれるのである（図3-5）。

現在，ビジネス・エコシステムを支える情報システムの構築方法論あるいは分析・設計の枠組みとして一般に受容されているものは存在せず，試行錯誤しているのが実態であろう。以下では，DX における情報システム構築に向けての基本的留意点として3点を指摘する。

(1) 受動的環境適応から能動的環境適応の支援へ

すでに述べたように，これまでの企業その他の組織体における情報システムは，たとえクラウド・ベースの高度なものであっても，基本的にサプライヤーから調達，生産，流通，販売，小売，そして消費・ユーザーまでの上流から下流への垂直的な「ものの流れ」に従って，各ビジネス・エコシステム担当者の行為や判断を効率的，効果的に行うことを支援する特性を備えているにすぎない。とくにサイバー空間（の情報システム）とフィジカル空間（現実のビジネス・エコシステム）との相互作用に，担当者としての人間の専門的な経験や知識に基づく判断を介在させて，効率化・効果的遂行を支援することが多い。

さらにビジネス・エコシステムを自社内から外部の企業に外延的に拡大したとしても，ビジネス・エコシステムの提唱者であるムーアの言葉を借りるならば，取引と資本関係に基づいて，せいぜい直列統合型の SCM レベルのビジネス・エコシステムを実現するにすぎなかったといえる。このようなビジネス・エコシステムの変革は，顧客満足を生み出す製品サービスが，あらかじめ明確に規定できる状況を前提にしている。そして，情報システムは，取引や資本関係を前提にした企業体群の上流から下流へのバ

リュー・チェーンのタイトな結合を図って，垂直的・統合的ビジネス・エコシステム全体の効率的・効果的遂行を支援しようとしているにすぎない。これは，伝統的な受動的環境適応を支援するレベルの情報システムである。

DXにおける情報システムには，競争企業や他業界の企業その他の組織体，さらには顧客までも包含するようにビジネス・エコシステムを認識し，個々の顧客にとっての価値を創造し，顧客満足にとどまらず顧客の経験価値の増大を図るために，柔軟にビジネス・エコシステム（ネットワーク）の組み換えを可能にして，業界に特定されない製品・サービスの創出を支援することが期待されている。積極的・能動的な環境適応を支援する機能を増幅することが必要になる。

(2)　「人間が情報システムを支援」するという発想

DXにおける情報システムにおいては，フィジカル空間の物やサービスの調達，生産，流通，販売そして消費・利用に至るビジネス・エコシステムに，ロボットやIoT・各種センサーなどの先進的デジタル技術を駆使する機器や装置が組み込まれる（**図3-6**）。これらの機器で測定されるフィジカル空間における事物の作動・行為に関わるデータは，業務・管理担当者の手を煩わせることなく，ビッグ・データとしてサイバー空間のクラウド環境で集積処理される。そして，情報システムは，AIを駆使したデータ解析によって，高付加価値な情報を創出し，フィジカル空間のビジネス・エコシステムの各種のロボットや機器・装置へ可能なかぎり自動的・直接的に適切な指示をする機能を備えることが期待されている。ビジネス・エコシステムの各局面で行われていた業務や管理担当者の定型的な行為や判断およびその情報処理作業は

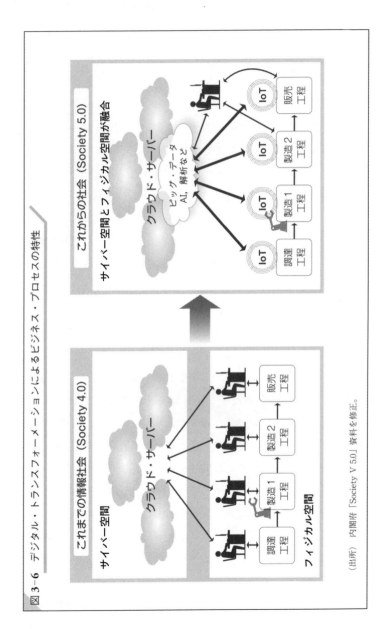

図 3-6 デジタル・トランスフォーメーションによるビジネス・プロセスの特性

これまでの情報社会（Society 4.0）

サイバー空間

クラウド・サーバー

フィジカル空間

調達
工程 → 製造1
工程 → 製造2
工程 → 販売
工程

これからの社会（Society 5.0）

サイバー空間とフィジカル空間が融合

クラウド・サーバー

ビッグ・データ
AI, 解析など

IoT IoT IoT IoT

調達
工程 → 製造1
工程 → 製造2
工程 → 販売
工程

（出所）　内閣府「Society V 5.0」資料を修正。

自動化される。

とくに，技の継承のように論理が複雑すぎて習得に精神的・時間的過負荷を生む場合，また重労働で，危険を伴ったり，不快感を伴ったりする場合には，先進デジタル技術を駆使して，全自動化ではなく，定型的，ルーティン的な処理や判断を中心にして「可能なかぎりの自動化」を実現する。また，人間の社会的欲求，尊厳的欲求，自己実現欲求など高次の欲求をいっそう満足させる場合，「人間らしさ」を取り戻したり，発揮したりする場合，さらには例外的で特殊であるためにアドホックな感覚的対応が必要な場合などにのみフィジカル空間とサイバー空間の間に経験や知識の豊富な人間を介在させることが妥当であろう。

DX における情報システムは，伝統的なこれまでの情報システムの「情報システムが人間を支援する」発想から「人間が情報システムを支援する」発想に移行する中で，両空間を融合するという積極的・能動的変革を支援することが期待されている。

(3) 各参加組織体の情報システムの自律性の確保

ビジネス・エコシステムを支える情報システムは，統合的ビジネス・エコシステム（あるいはネットワーク）が，その構成を柔軟に組み替えて効率的・効果的に機能することを支援する。また，ビジネス・エコシステムに参加する企業その他の組織体間においては，各組織体に固有の形式で保有されているデータ，情報，知識を，一定のルールのもとで柔軟かつ容易に共有，交換することのできる**相互運用性**（interoperability）が要求される。組織の統合的ビジネス・エコシステムへの参加は，統合化のイニシアチブをとる中核企業の論理のもとで厳格な標準化に基づき，ERP パッケージを駆使してタイトに結合される SCM システムに参加する

場合とは，かなり異なる様相を見せることになる。協調と競争という，一見すれば相反する関係を両立させるものでなければならない。

　ビジネス・エコシステムとしての機能を支援する情報システムは，そこに参加する企業その他の組織体が持つ固有のビジネス，機能および情報システムの自律性を維持しつつ，競争企業のみならず他業界の企業その他の組織体が，主体的かつ柔軟にビジネス・エコシステムやネットワーク組み替えへの参加および退出を容易に行うことを可能にするものでなければならない。

　デジタル技術の中でも，大規模サーバーによって取引記録を一括管理するのではなく，インターネット上で各ユーザーのコンピュータ同士が取引記録を共有しつつ，互いに監視しながら正しい記録を鎖のようにつないで分散管理する，分散型取引台帳の仕組みを支える**ブロックチェーン技術**は，企業その他組織体の協調と競争関係を両立させる技術基盤として大いなる可能性を秘めている。さらには，ブロックチェーン技術とともに，ロボット，IoT 機器，VR 機器など情報システムの端末装置や機器での大量発生データを刻々と中央の大規模なクラウド・サーバーに送って処理，記憶するのではなく，データが発生する参加組織体の現場の工場や本社（エッジ）にサーバーを分散配置して処理，記憶して反応速度を高め，共有可能なデータのみをクラウドに送って処理・記憶をする**エッジ・コンピューティング**が，ビジネス・エコシステムに参加する各組織体の自律性確保の技術基盤となって，動態的環境に高度に適応させる経営革新の鍵を握っている。

練習問題 EXERCISES

1 「MIS は幻想である」という指摘はなぜ生まれたのか，その理由を説明しなさい。

   Hint 伝統的 MIS に関する当時の仮説と技術的な可能性から考えてみること。

2 DSS はどのようなタイプの意思決定を支援するのか，また DSS は「情報システムのあるべき姿」といわれるのはなぜかを説明しなさい。

   Hint 企業で実際に行われている意思決定がどのような特性を持っているかを考えてみること。

3 なぜ SIS 以降，経営情報システムとして位置づけることができる概念が生まれていないのか，その要因について述べなさい。

   Hint 「ICT による経営情報システム」の限界について考えてみること。

4 DX では，なぜ競争企業であろうと，他の業界の企業であろうと，エコシステムの構成員としてお互いに連携してビジネスを展開するのか，その論拠を述べなさい。

   Hint 「モノからコトへ」あるいは「製品からサービスへ」というスローガンがなぜ叫ばれ出したのか考えてみること。

文献案内 REFERENCE

[1] 遠山曉［1998］，『現代経営情報システムの研究』日科技連出版社。

●経営情報システム概念の変遷を詳細に分析し，サイバネティックスの視点からあるべき経営情報システムの姿を論じている。

2 椙山泰生，高尾義明［2011］，「エコシステムの境界とそのダイナミズム」『組織科学』第 45 巻 1 号，4-16 頁。

●エコシステムとして価値創造がなされ，エコシステムに参加する企業その他組織体および顧客との相互作用の中でエコシステムの境界は変化をしていくことを論理的に展開している。

3 立本博文［2011］，「オープン・イノベーションとビジネス・エコシステム：新しい企業共同誕生の影響について」『組織科学』第 45 巻 2 号，60-73 頁。

●エコシステムと同様の考え方であるオープン・イノベーションの意味，そしてエコシステムが補完財企業とプラットフォーム企業とネットワークの外部性の概念のもとに，エコシステムを構成する企業の関係性を明らかにしている。

4 M. イアンシティ，R. レビーン（杉本幸太郎訳）［2007］，『キーストーン戦略：イノベーションを持続させるビジネス・エコシステム』翔泳社。

●現代では，なぜ産業組織論そしてその延長線上での M. ポーターのような特定の業界を前提にした競争戦略論の有効性が低下して，産業の垣根を取りはずして，他の産業であろうと，競争企業であろうと戦略展開の「キーストーン」となるプラットフォーマーのもとに構成されるビジネス・エコシステムの発想の有効性について，具体的に展開している。

SUMMARY

04 | 本章で学ぶこと

　1940年代に生まれたコンピュータ技術は，60年余りの間に目覚ましい進展を遂げた。今やあらゆる種類のデータはデジタル化され，デジタル数値処理マシーンとしてのコンピュータによって統合的に処理することができるようになっている。すでに情報処理技術と通信技術とは融合化され，IT（情報技術）に代わってICT（情報通信技術）という用語が一般的に使われるようになった。さまざまなタイプのハードウェア，ソフトウェアの開発も急速に進められており，ICTは現代組織のビジネスのあらゆる局面に浸透し，有効で効率的なビジネス活動を可能とする要因となっている。

　すでに現代の社会ならびに組織ビジネスのあり方は，ICTに大きく依存するようになっており，これに対応して情報インフラストラクチャの整備は，ほとんどの先進国において不可欠な社会・経済政策の1つとなっている。こうした状況は，主としてコンピュータの計算処理速度の超高速化，大規模データ・ストレージの実現，超高速通信技術の発展と浸透によってもたらされたものである。

　本章では，ICTの発展の基本的方向性と，その延長線上で進展を続けるデータベースやネットワーク技術，さらにはAI（人工知能）をはじめとする先端的ICTが，現代組織のビジネス活動のイネーブラーとして機能していることを理解する。

CASE ⑥　DXへの途 —— COVID-19 の流行が明らかにしたこと

　日本は世界の中でも ICT あるいはネット先進国であると考えられている。2001 年以降，着々と情報通信インフラストラクチャの整備が進められ，現在では，サイバー空間とフィジカル空間を高度に融合させたシステムにより，経済発展と社会的課題の解決を両立する人間中心の社会である Society 5.0 の構築に向けて，官民あげて DX（Digital Transformation）を推進することが政策目標としてうたわれている。しかし，こうしたことが決して容易でないことを実感させる事態が発生した。2019 年末にその発生が報じられ，翌年に入って深刻な状況になりつつあることが認識された COVID-19（新型コロナウィルス感染症）の感染拡大である。

　この事態を受けて，多くの組織では在宅勤務が開始された。しかし，日本の組織における紙文化とハンコ文化は根強く，書類に印鑑を押すために通勤を余儀なくされる人々も多かった。感染の有無を調べる PCR 検査を行う各医療機関から保健所への検査結果の報告と，保健所から自治体への報告にはファクスが利用され，感染者数のデータはしばしば誤って集計された。2020 年 5 月 1 日から経済支援策として開始された，国民 1 人当たり一律 10 万円を支払う特別定額給付金の申請処理に関してはオンライン申請も採用されたものの，多くの自治体で申請内容をプリントアウトして照合作業を行ったため作業量が膨大となり，オンライン申請の受付をストップせざるをえない自治体も続出した。また郵送での申請については，申請書に記載されたデータを手作業でシステムに入力しなければならず，給付までに多大な時間を要することになった。現金のやり取りを通じた感染を回避できる手段として期待されているキャッシュレス決済も，遅々としてその普及が進んでいない。このような現状から，日本はデジタル後進国であるという声さえあがってきている。

1 コンピューティング能力の進展

コンピュータの基本特性

ICT（Information and Communication Technology）はすでに現在，世の中のすみずみにまで浸透しており，まさに ICT にけん引される（ICT-driven）あるいは ICT に依存する（ICT-dependent）社会・経済が出現している。そこでは，ICT 利用のためのインフラストラクチャが国や地域の政策として，あるいは企業をはじめとする組織の取り組みとして整備され，そうしてできあがった情報基盤のうえで，標準化された ICT が広く利用されている。現在多くの組織にとって ICT はそのビジネスを支える不可欠な要素，あるいは希求するビジネスのあり方を可能にする**イネーブラー**となっており，ビジネス活動の効率性と有効性，そして革新性の源泉となっている。

ICT の中核に存在するコンピュータは，すでに計算機と呼ぶにはふさわしくないほどの汎用性を持っている。しかし，機械としてのコンピュータはまさにデジタル数値処理マシーンである。逆にいえば，デジタル数値処理化できるすべての作業はコンピュータを利用して実行可能なのであり，現実世界の作業のじつに多くのものがデジタル数値処理として表現できるのである。

コンピュータでは，あらゆる種類のデータがデジタル表現，すなわち，0 と 1 とからなる 2 進数で表されている。数値，文字，記号のようなキャラクタはもちろん，音声，画像，映像といったマルチメディア・データもすべて 2 進数で表現される。マルチメディア・データをデジタル化するためには，本来連続量として存

在しているデータを細かな部分に分割して有限個のデータの組として拾い上げるサンプリングを行う。サンプリングされたデータのそれぞれを2進数に変換し、それらのすべてで、もとのデータを表現、あるいは近似（量子化）することになる。そのため、音声、画像、映像となるに従って、それをデジタル表現するためのデータ量は大きくなり、また、それを処理するのに必要とされるデータ処理能力はより高く、記憶容量はより大きくならなければならない。

コンピュータのデータ処理あるいは論理処理は、論理演算として実行されている。論理演算を行う仕組みは機械的には半導体素子を使った論理回路によって実現されており、どのような論理回路も AND 回路、OR 回路、NOT 回路の3種類の基本論理回路を組み合わせることによって作られている。すなわち、あらゆる論理処理は、この3つの基本論理回路が表現している論理を組み合わせて実現することができる。このようにコンピュータは、単純なものを複雑に組み合わせることで複雑なことが実行できる仕組みとなっており、機械としての構造の単純さを確保し、動作を安定させ、信頼性の高い高速データ処理を実現することと汎用性とを両立させている。

向上し続ける ICT の能力

ICT のハードウェア面での進化の方向性は、①データ処理をより高速に実施し、②データ（記憶）容量をより大規模にして、さらに③データ通信をより高速化するものとなっている。この進化はドッグ・イヤーとも称されるほどの驚くべきスピードで展開され、同時に ICT 機器を小型化することが可能になり、価格も低下してきている。ハードウェアの高性能化は、より高機能

でユーザー・フレンドリな，したがってハード的に処理負荷の重いソフトウェアを利用可能にし，また大量のデータ処理とデータ通信を実行できるようにした。ハードウェアとソフトウェアの両面における能力向上が，あらゆるタイプのデータをコンピュータで統合的に，ストレスなく処理できる環境をもたらしており，Society 5.0 やデジタル・トランスフォーメーション（DX：Digital Transformation）を実現させるための前提となっている。今や，組織も個人もその目的に応じて，スーパーコンピュータからスマートフォンに至るまでの，さまざまなサイズと性能の ICT 機器を使い，必要とされるソフトウェアを利用することができる。こうした進化の背後にあるのは，マイクロエレクトロニクス，すなわちコンピュータに情報を蓄え，処理するための部品である半導体素子における技術革新である。

シリコン・チップの上にトランジスタなどの素子を組み込んだ**集積回路**（IC：Integrated Circuit）は 1960 年代からコンピュータに利用されるようになった。その後，IC の集積度は増大の一途をたどっており，コンピュータの制御，記憶，論理処理はチップ上のコンピュータである**マイクロプロセッサ**によって統合的に行われるようになっている。**ムーアの法則**（*Column* ❷ 参照）は，物理的な限界から近い将来に成立しなくなるといわれ続けながらも，現在でも有効である。しかしその一方で，「より速いコンピュータ」への需要には際限がなく，従来型のコンピュータとは異なる原理で並列処理を実現し，超高速演算を行うことのできるニューロコンピュータや量子コンピュータなどの開発と実用化への試みが続けられている。

Column ❷ 情報通信技術の高性能化，低廉化，普及に
　　　　　　関する経験則

1．グロシュの法則

　グロシュ（Herbert Grosch）が1965年に提唱した「コンピュータの性能は価格の2乗に比例する」という経験則である。2倍の価格のコンピュータを導入しても，その性能は2倍以上となるので，多くの情報処理を大規模コンピュータで集中処理をすれば，情報処理の単位コストの大幅低減が可能となるというものである。

2．ムーアの法則

　ムーア（Gordon Moore）が，1965年に「コンピュータを支える半導体の集積率（性能）は，その微細化技術の急速な発達によって18カ月たつと2倍になり，価格は半分になる」と唱えた経験則である。グロシュの法則と同様に幾何級数的にコンピュータの性能は向上し，価格は低下していくことを示している。今日，IoTやPOSシステムによって集められるビッグ・データの解析処理は，まさに性能が向上し，価格低下したコンピュータ・システムの存在によって可能になっている。ただし，微細化は技術的にも物理的にも限界に近づいているともいわれている。

3．メトカーフの法則

　コンピュータ・ネットワーク，とくにイーサーネット技術の開発者であるメトカーフ（Robert M. Metcalfe）によって1995年に提唱された「ネットワークの価値は，それに接続する端末や利用者の数の2乗に比例する」という経験則である。ネットワークに接続される端末の数が増大するほど情報の種類と量は増大し，ネットワークの外部性効果を飛躍的に向上させる。今日のPC，スマートフォン，IoTや各種ウェアラブル端末の普及によって，この法則の妥当性がさらに実証されている。

2 遍在するICT

コンピュータの処理能力の飛躍的向上

標準化の進展

は，より柔軟な情報処理機能の提供が
求められている現代の企業情報システムにおいて，主役となる
コンピュータをメインフレーム（大型計算機）からPC（Personal
Computer）へ，さらにはスマートフォンなどのハンドヘルド（携
帯型）・マシーンあるいはモバイル機器へと移行させる**ダウンサ
イジング**の流れをもたらしている。1990年前後にダウンサイジ
ングの動きが始まった当時，企業では，旧来からあるメインフ
レーム・ベースのシステム（レガシー・システム）とPCとの間で，
データやプログラムの互換性がないことが問題となった。また，
企業の部門ごとにPCの導入が行われることも珍しくなく，異な
るメーカーのPCが企業に混在するときに，やはりそれらの間で
のデータ互換性が成立していないことが企業におけるデータ処理
の効率を下げ，コストを発生させる原因になるとして問題視され
た。

しかし現在では，サイズやメーカーの異なる情報機器を相互に
接続し，データやソフトウェアをネットワークを介して交換する
ことが，オペレーティング・システムや各種ハードウェアの規格，
とりわけインターフェースの規格が統一，すなわち**標準化**される
ことによって容易になっている。

1990年代以降，企業情報システムの主流は，特定のベンダー
企業のハードウェアならびにソフトウェア製品を組み合わせて
構築されるプロプライエタリ・システムから，標準的な技術規格

に準拠したICTを利用して外部とのデータおよびプログラムの交換を自由に行うことのできる**オープン・システム**へと移行した。これによって情報システムを構築する企業は，特定のベンダー企業による囲い込みから解放され，システム・インテグレーションを通じて自社にとって最適なハードウェア，ソフトウェア構成を目指すことができるようになり，また社内部門間での，あるいは他社との情報共有が促進されることとなった。さらにデータ通信に関しても，インターネット技術を利用することが当たり前になり，実質的な標準化が実現されている。

標準をめぐる競争 標準技術の導入と利用が多くのユーザー企業において進められることによって，ベンダー企業間での標準技術をめぐる競争が激しさを増すようになった。ICT関連市場は勝者総取り型市場であり，マイクロソフトやインテルのように，競争を勝ち抜いて結果的に標準技術として確立された**デファクト・スタンダード**（de facto standard）を手にしたベンダー企業は，関連する製品，サービス，技術の開発がその標準技術を前提として行われるため，売り上げ規模の拡大に伴って利益率が向上する**収穫逓増**を実現できるといわれている。しかしその一方で，標準技術が標準としての地位を維持し続けられる期間は必ずしも長くなく，技術を継続的にアップグレードしなければならない場合も多い。またリムーバブル・ディスクの標準技術が，フロッピー・ディスクからUSBフラッシュ・メモリにとって代わられたように，一度確立された標準技術が別のものに代替されることも起こっている。

　他方，競争のリスクを回避し，技術開発の方向性をコントロールして，標準技術から得られる利益を広く共有するために，企業

や学術機関などによってコンソーシアムが結成され，そこでの協議によって決定される標準技術であるデジュリ・スタンダード（de jure standard）が制定されるという動きも活発化している。たとえば，W3C（World Wide Web Consortium）はWWW（the World Wide Web；the Web）に関する標準技術を定めるために設立されたコンソーシアムであり，ウェブサイトの記述言語であるXML（eXtensible Markup Language）などの規格を定めている。

　ソフトウェアの標準化の動向として注目すべきものにFLOSS（Free/Libre Open Source Software）がある。フリー・ソフトウェアとは，プログラムの変更や配布を誰もが自由に行うことができるものであり（したがって，ここでの「フリー」は無料という意味ではない），オペレーティング・システムのLinuxの台頭で有名になったオープン・ソース・ソフトウェアは，ソフトウェアのソース・コードを公開して，それに対する改善提案を広く一般から募るものである。FLOSSは無償で公開されることが多く，またたくさんのエンジニアの目がそのソース・コードに注がれており，アパッチ・ソフトウェア財団（ASF：Apache Software Foundation）のようなオープン・ソース・ソフトウェア・プロジェクトを支援する非営利組織の存在もあるため，ソフトウェアとしての品質も高いと考えられている。このため，多くの組織の情報システムの一部としてFLOSSが取り込まれ，事実上の標準技術として機能している場合もある。最近では，ビッグ・データの解析に力を発揮すると期待されているHadoopのように，企業が開発したソフトウェアに関する公開情報をベースにFLOSSを開発する例も見られる。

| ユビキタス環境 | ICTに関わる標準技術の確立は，標準技術に準拠したICT機器が組織や産業の

違いを超えて広く使われる状況を生み出している。各種のセンサーや監視カメラ，埋込型コンピュータがオフィスや生産現場で多数利用され，街中にも設置されるようになってきている。さまざまな店舗でPOS（Point of Sales：販売時点管理）やRFID（Radio Frequency Identification）（第7章4参照）が活用されており，また人々はスマートフォンをはじめとするモバイル機器やICカードを生活の利便性向上のために常用している。スマートウォッチなどのウェアラブル・デバイスの利用も拡大しつつある。

標準ICT機器が世の中にあふれている一方で，インターネットの利用を前提とした有線・無線のデータ通信のためのネットワーク・インフラストラクチャが整備され，インターネットに常時接続されるICT機器を介して「いつでも，どこでも」データ通信ができる**ユビキタス環境**が出現している。こうした中で，個人，組織，動植物，設備，機械など，あらゆるものがインターネットにつながる**IoT**（Internet of Things）あるいは**IoE**（Internet of Everything）への取り組みが組織のビジネス機会を拡大している（第7章1参照）。ICT機器から得られる多種多様かつ大量のデータが組織の大規模データベースに蓄えられ，それを解析することでビジネス上の有用な知見が得られるようになっているのである。

| イネーブラーとしての ICT | 現代のICTが組織ビジネスにとって重要な役割を果たしていることは，疑う余地がない。そこには2つの側面を見る

ことができる。

1つは，既存のビジネスの問題点を洗い出すことや，企業環境の変化によってどのようなプロセスの改善，イノベーションが必要とされているのかを理解するために，各種の分析ツールをはじめとする ICT を活用できるということである。

もう1つは，ICT がビジネスの仕組みに適切に組み込まれることによって，それを有効に機能させるということである。1990年代を通じて行われたプロセス・イノベーションあるいはプロセス・リフォームの議論の中で，このことは繰り返し強調され，ICT の活用を前提とするビジネス・プロセスの設計，構築が当然のことと考えられるようになった。

現代の ICT は，組織における高度で柔軟なビジネスのあり方の設計・構築と実施に十分なデータ処理能力とコミュニケーション能力を与える。このことによって ICT は，理想的なビジネス・プロセスの実現を可能にする要因，すなわち**イネーブラー**として認識されるようになっている。

ただし，ICT の導入にはそれ相応のコストがかかることも忘れてはならない。技術ハイプ，つまり ICT に関する誇大宣伝に踊らされたり，横並び意識でやみくもに情報システムを構築したりといったことを，経営者は避けなければならない。ICT は目的ではなく，あくまでも手段なのである。

3 データベース

ビジネス活動とデータ
ベース

企業をはじめとする組織におけるデータの収集，蓄積，処理は，業務や会計処理の正確で効率的な遂行，問題の発見，情報や知識の発見と創造といったさまざまな目的のために行われる。こうした多岐にわたる目的を達成するためのデータの処理ならびに活用を効率的に，また安全に実行するために，多くの組織ではデータベース・システムを構築している。

組織規模の拡大や，組織の活動範囲の広がり，また組織環境の不確実性の増大は，組織で取り扱われるべきデータの種類と量を増加させ，組織に対するデータ処理負荷を大きくする。データベース・システムの構築と活用はその対応策として最も有力なものである。また最近のビジネス実践に見られるように，組織が顧客への個別的対応を行ったり，情報共有をベースとしてパートナー組織と提携したりする場合，顧客情報などに関するデータベースを整備することがその前提となる。

データベース管理システム

一般に**データベース**とは，コンピュータ・システムの利用を前提として，企業におけるさまざまなアプリケーションの実行やデータ利用目的の達成に，的確かつ効率的に対処できるよう統合化され，組織化，構造化されたデータの集まりである。通常，データベースを整備する際には，データの冗長性を抑制すること，データの一貫性を維持すること，データのアプリケーションからの独立性を確保することが要求される（McLeod and Schell

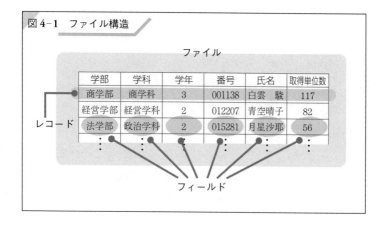

図4-1 ファイル構造

ファイル

学部	学科	学年	番号	氏名	取得単位数
商学部	商学科	3	001138	白雲　駿	117
経営学部	経営学科	2	012207	青空晴子	82
法学部	政治学科	2	015281	月星沙耶	56

レコード

フィールド

[2001] pp. 181-183)。

　データベースを構成するデータ単位はファイルと呼ばれる。ファイルはレコードの集まりとして，さらにレコードは個々のデータ項目であるフィールドの集まりとして定義される（**図4-1**）。各フィールドにはその属性（数値，文字列など）とサイズ（桁数，最大文字数など）が設定される。

　データベースの設計，構築や，データベースに格納されているデータの保守・管理，検索，問合せなどの処理を行うソフトウェアを**データベース管理システム**（DBMS：Database Management System）と呼ぶ。DBMS はデータベース・システムのユーザー・インターフェースを与えるものであり，少なくともデータ定義，データ操作，データ辞書の３つの機能を効率的に提供するものでなければならない。データ定義に関しては，個々のユーザーのデータ・ニーズに基づくデータ構造である外部スキーマ，外部スキーマを論理的に統合した概念スキーマ，データ記憶のためのデータ構造である内部スキーマとそれらの間のマッピングを定義

するデータ定義言語（DDL：Data Definition Language）の利用が可能になっていなければならず，データ操作については，ユーザーが検索，更新，追加といったデータ処理を行うための SQL のようなデータ操作言語（DML：Data Manipulation Language）が利用できることが要求される。また，データ辞書はデータベースに格納されているデータの定義やクロス・リファレンス情報を記録している「データのデータ」であり，DBMS はこの作成，利用，管理を実行可能でなければならない（Date［1990］pp. 31-45）。

| 関係データ・モデル |

データベース内のデータをどのように組織化，構造化するのかということについては，いくつかの方法がある。今日，最も多く利用されているデータベース構造は，関係データ・モデルに基づくものである。

これは関係と呼ばれる 2 次元の表の集まりとしてデータベース内のデータを記述するものであり，これらの表に対して，選択，射影，結合といった基本的なデータ操作を行うことによって必要なデータを獲得することができるようになっている（図4-2）。あらかじめデータ間の関係が定義されているわけではなく，少なくとも複数の表に同じデータ要素があれば，それらの表のデータ同士を関係づけることができるため，関係データ・モデルは，データ処理において高い柔軟性を実現できる。また，表という直観に訴えるデータ形式を採用しており，データ操作やプログラミングが比較的簡単であるため，エンドユーザーのデータ利用に適している（Laudon and Laudon［2000］pp. 236-239）。

関係データ・モデルのほかにも，階層型データ・モデル，ネットワーク・データ・モデル，オブジェクト指向データ・モデルといったデータ・モデルがあり，それぞれの特徴に応じて使い

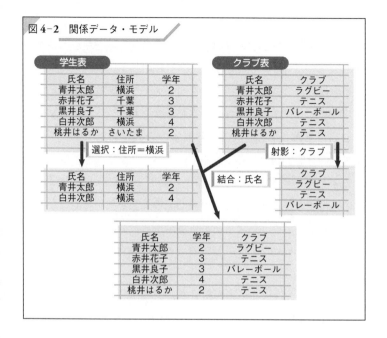

図4-2 関係データ・モデル

学生表

氏名	住所	学年
青井太郎	横浜	2
赤井花子	千葉	3
黒井良子	千葉	3
白井次郎	横浜	4
桃井はるか	さいたま	2

選択：住所＝横浜

氏名	住所	学年
青井太郎	横浜	2
白井次郎	横浜	4

クラブ表

氏名	クラブ
青井太郎	ラグビー
赤井花子	テニス
黒井良子	バレーボール
白井次郎	テニス
桃井はるか	テニス

射影：クラブ

クラブ
ラグビー
テニス
バレーボール

結合：氏名

氏名	学年	クラブ
青井太郎	2	ラグビー
赤井花子	3	テニス
黒井良子	3	バレーボール
白井次郎	4	テニス
桃井はるか	2	テニス

分けられている。たとえば，CAD（Computer-Aided Design：コンピュータ支援設計）データベースのような，マルチメディア・アプリケーションに対応し，またデータ間の関連が複雑になるデータベースを構築する際には，関係データ・モデルのような比較的構造の良いデータを扱うための方法を適用することは正しい選択とはいえず，オブジェクト指向データ・モデルが採用されるのが一般的である。

データ・ウェアハウス　組織における業務の遂行を支援することを主たる目的とするデータベースを業務データベースあるいは**基幹系データベース**と呼ぶのに対し，経営管理者の情報ニーズに応え，意思決定を支援するために業務デー

タベースや外部データベースからデータを収集して構築される
データベースを分析データベースあるいは**情報系データベース**と
呼ぶ。

　組織における意思決定にデータベース・システムが柔軟に対応
するためには、高度かつフレンドリなユーザー・インターフェー
スの利用を通じて、空間的、時間的に分散されたデータから意
思決定の目的に適合した1つのデータベースを構成し、それに対
する柔軟な処理を実行できることが必要とされる。コンピュー
タの処理能力の向上と大容量の補助記憶装置が利用可能になった
ことを背景に、こうしたデータ処理ニーズに対応するデータベー
スとして構築されるのが**データ・ウェアハウス**（DWH：Data
Warehouse）である。

　DWHでは、ユーザーの利用目的に沿った形で、すなわちサブ
ジェクト指向にデータが集められ、それらは処理された時間に
従って時系列に蓄積される。DWHはデータが更新されないとい
う意味で恒常的であり、また、あるデータ項目には一意の名前の
みが使用されるよう統合化されている。

　DWHには多次元データ分析の機能が備えられていることが
多い。これは多様な次元で構造化されたデータ（**図4-3**）を操作
することであり、ユーザーが自らの興味に基づいてデータを比
較、分析できるようにすることを通じて、ユーザーによる企業
データの総合的な利用を支援することを目的とする（Inmon et
al.［1997］pp. 183-184）。多次元データ分析のツールとして代表的
なものが、**OLAP**（On-Line Analytical Processing）アプリケーショ
ンである。OLAPには分析機能として、関連するデータをまと
めたりグルーピングしたりする統合、統合されたデータからそ

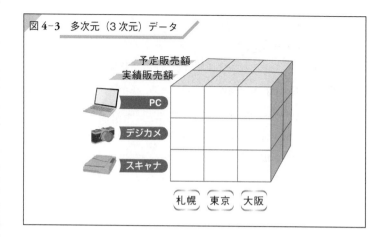

図4-3 多次元（3次元）データ

予定販売額
実績販売額

PC

デジカメ

スキャナ

札幌　東京　大阪

れを構成する個別のデータへと分析を進めるドリル・ダウン，さまざまな観点からデータ間の関連を検証するスライス＆ダイスといったものが備えられている。

ビッグ・データ　　　　ビジネス取引の電子化の進展と，検索エンジンやソーシャル・メディアなどのオンライン・アプリケーションの利用拡大，さらにはIoT/IoE機器の普及といった要因により，膨大な個人情報を含む，これまでに例を見ないデータ量（volume）とデータの生成速度（velocity），さらにデータの多様性（variety）の3Vをその特徴として持つ，したがってこれまで利用されてきたデータ管理と分析のためのソフトウェアでは太刀打ちできない超大規模データが生み出されることとなった。これがビッグ・データである。収集，蓄積，解析されるデータは不均質であっても，また非構造的なものであってもかまわず，「限りなくすべてのデータを扱い」，「量さえあれば精度は重要ではない」（Mayer-Schönberger and Cukier［2013］）

データ処理環境が生み出されてきている。ビッグ・データの活用がこれまでには得られなかったビジネス上の有用な知見をもたらすことに対して，多くの企業の期待と注目が集まっている。

　GAFAM（Google, Amazon, Facebook, Apple, Microsoft）や**FAANG**（Facebook, Amazon, Apple, Netflix, Google）などと総称される**巨大 ICT 企業**（Big Tech/Tech Giants）のデータベースには，それらが提供するサービスを人々が利用するたびに，個人の属性・状態・行動に関するさまざまなタイプの個人情報が蓄積される。SNS（Social Networking Service）に投稿されるテキスト，画像，映像や，検索キーワード，リンクのクリック履歴など，人々がこうした ICT 企業に与える個人情報は，必ずしも構造化されていない一方で，その全体の規模は天文学的な数に達する。そのため，ICT 企業では，巨大な規模のデータ・センターを構築し，そこに超大規模データベースを設置することが通例となっている。そしてハードウェアにおける技術革新と，近年の人工知能（AI：Artificial Intelligence）の飛躍的発展，とくに深層学習（deep learning）を中心とする機械学習技術における革新が，超大規模データベースの維持と解析を可能にしており，ビッグ・データの整備と，そこから抽出される有用な情報や知識が，組織の競争力を高める源泉になると期待されているのである。

データベースと知識　　ビッグ・データや DWH のような大規模データベースに格納されている大量のデータから知識を見つけ出す活動あるいはプロセスの全体は**KDD**（Knowledge Discovery in Databases）と呼ばれており，とくにその中の知識発見プロセスを**データ・マイニング**と呼ぶ。これは，組織にとって競争優位の獲得に結び付きうる重要な活動であ

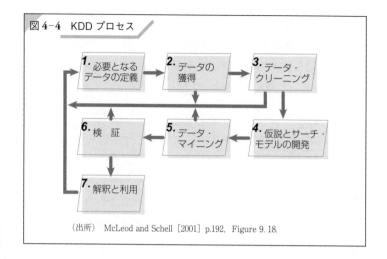

図4-4　KDD プロセス

1. 必要となるデータの定義 → 2. データの獲得 → 3. データ・クリーニング

6. 検証 ← 5. データ・マイニング ← 4. 仮説とサーチ・モデルの開発

7. 解釈と利用

（出所）　McLeod and Schell［2001］p.192, Figure 9. 18.

る。KDD によって見つけ出されることが期待されている知識は，それまで知られていない，また，通常のデータ処理では発見することのできないデータ間の隠れたパターンや関連性，推論ルールなどであって，しかもビジネスにとって有用なものである。たとえば，ウォルマートでは「ビールと紙おむつを並べておくと売上が伸びる」という知識を KDD によって発見している。

　KDD はデータベース技術や AI をはじめとする多方面の研究成果を取り込んだ試みであり，その実施には大量で複雑なデータ処理が必要とされる。KDD には**図4-4**に示されるような，さまざまなプロセスが含まれている。この中でも，データ・マイニングを意味あるものにするためには，**データ・クリーニング**あるいは**データ・クレンジング**が重要である。これは誤りを含む不完全なデータに修正をほどこすプロセスであり，その重要性は，GIGO（Garbage In, Garbage Out）という言葉が示すように，質の

悪いデータからは質の良い情報や知識が得られないということから ただちに理解されるであろう（Adriaans and Zantinge［1996］; McLeod and Schell［2001］pp.191-192）。

4 ネットワーク・コンピューティング

組織活動とネットワーク技術

組織においてコミュニケーションは，その活動を成り立たせるための不可欠な要素である。組織内での協働あるいは業務の円滑な遂行，組織間における取引の効率的な実施，組織内外での情報共有の推進，また，顧客との関係性の確立と維持といったことを実現するには，公式・非公式のコミュニケーション・システムが組織によって整備され，機能していることが前提となる。そして今日，組織にとって必要とされる，有効なコミュニケーション・システムの構築を可能にするのがネットワーク技術，あるいはデジタル・データの遠隔通信を行うテレコミュニケーション技術である。

　ネットワーク技術は，地理的に分散している事業所間や組織間でのコミュニケーションに見られるような組織活動の空間的な広がりに対応し，しかも即時性のあるコミュニケーションを実現する。多くの組織では，たとえば1つの事業所といった狭い範囲をカバーするネットワーク・システムである **LAN**（Local Area Network）を整備し，そこからインターネットを経由して他の事業所や他組織の LAN との間で情報のやり取りができるようにしている。この場合，自社の LAN からインターネットへ，あ

るいはインターネットから自社のLANへと情報が流れる際のセキュリティを確保するための仕組みであるファイアウォールを，LANとインターネットとの間に設置するのが通例である。

　ネットワーク技術の進展，普及と，光ファイバー・ケーブルの敷設や無線通信網の整備のような国や自治体，あるいは通信事業者などが行ってきたネットワーク・インフラストラクチャの整備は，組織にネットワーク技術を利用した低コストかつ高速のコミュニケーションを可能にしている。こうしたことを背景に，現在，ネットワーク技術をベースとするコミュニケーション・ネットワークの存在を前提としたビジネス・プロセスが実現されてきている。バーチャル・コーポレーションのように組織同士がネットワークで結び付くことによって単一の事業体として機能するものから，組織と事業上のパートナーとのビジネス活動を同期化するもの，さらには組織とその顧客との関係性管理を促進するものまで，さまざまな形態のものが運用されてきている。

インターネット

現代組織のビジネスにおいて，中心的なコミュニケーション・ネットワークとして機能しているのはインターネット（the Internet；the Net）である。そのためインターネットはビジネス・プラットフォームであると認識されている。

　「ネットワークのネットワーク」という意味を持つインターネットは，データ・コミュニケーションのために設定される一連のルールと手続きであるプロトコルの観点から見れば，**TCP/IP**（Transmission Control Protocol/Internet Protocol）という**パケット・スイッチング**，すなわち通信データを細かく分割して通信制御情報を付したもの（パケット）を個別に送受信する通信方式に

対応したデファクト・スタンダードの通信プロトコルを利用して，グローバルな規模でコンピュータを相互に接続した開かれたコミュニケーション・ネットワークであるといえる。インターネットにおいては，データやファイルの蓄積・交換・検索を統制する中央管理システムが存在しているわけではなく，この点でインターネットは自律分散システムであると特徴づけることができる。

インターネットの爆発的な普及をもたらす原動力となったのが，その代名詞ともいえる WWW である。WWW はウェブ（くもの巣）という言葉が示すように，ハイパーリンクによって互いを関連づけることのできる，閲覧可能なマルチメディア・データの集合体である。企業がインターネットで情報発信をする場合，WWW にウェブサイトあるいはホームページを開設し，そこに含まれる情報をユーザーに自由に閲覧させるのが普通である。ウェブページの記述には HTML（Hyper Text Markup Language），XML，Java などの言語が用いられる。

ユーザーはブラウザーと呼ばれるソフトウェアを使ってウェブページの閲覧と，ハイパーリンクをたどってページからページへと閲覧場所を移動するネット・サーフィンを行うことができる。それぞれのウェブサイトには URL（Universal Resource Locator）と呼ばれる WWW 上のアドレスが割り付けられており，ユーザーがウェブサイトにアクセスするには，そのサイトの URL を，ブラウザーを使用する際に指定する必要がある。その一方で，ユーザーが好みのサイトを検索できるよう，検索エンジンのサイトが公開されており，ユーザーは検索エンジンのページでキーワードを入力することによって，自分の閲覧したいウェブサイトを探すという作業に対するサポートを受けることができる。

現代組織の情報システム構築においては，積極的にインターネット技術をシステムに導入することによって，外部主体との相互接続性の確保と，情報システムの構築・運用に必要となる費用の削減を目指すことが多い。インターネットの利用の拡大と，それがビジネスや日常生活にもたらす多大な便益，そしてそこに存在するビジネス機会とリスクは，さまざまな主体によるネットワーク・インフラストラクチャの整備を促している。

　日本における公衆回線の利用に関する規制緩和（通信回線開放）や，2001 年に着手された e-Japan 戦略，2004 年から総務省主導で取り組まれた u-Japan 政策，またアメリカの NII（National Information Infrastructure）などは，政府主導で行われたネットワーク・インフラストラクチャの整備である。

　加入契約者に対してインターネット接続サービスを提供する企業である ISP（Internet Service Provider）は，多くのユーザーにインターネットを低価格で利用する機会を与えている。また，ASP（Application Service Provider）は，主として企業ユーザーを対象に，電子メールや ERP（Enterprise Resource Planning）のようなアプリケーション・パッケージのウェブ経由でのレンタル利用サービスを提供している。巨大 ICT 企業は，個人や組織がインターネットを簡便に利用するためのプラットフォームともいえるサービスを提供している。これらの企業の活動も，さまざまなユーザーのインターネット利用における環境整備の一環と考えることができる。

　すでに日本では，ブロードバンド（広帯域）・ネットワーク環境が整備され，多くの組織や家計が低価格の定額料金で大量の

データの送受信を高速で行うことが可能になった。光回線を使用した有線高速通信ならびに IEEE 802.11 規格の無線 LAN（WiFi）の使用が一般化され，第 5 世代移動通信システム（5G）の利用もすでに視野に入れられている。これに加えて**データ圧縮技術**を利用することによってマルチメディア・データであっても高速に通信することが可能になっている。代表的な圧縮技術には，静止画圧縮のための JPEG（Joint Photographic Expert Group）や動画圧縮に対応する MPEG（Moving Picture Expert Group），音声情報を圧縮する MP3（MPEG Audio Layer 3）などがある。ブロードバンド・ネットワーク環境においては，音楽や映像ソフトのオンデマンド配信はもとより，インターネットを介した遠隔教育（e ラーニング）や，遠隔手術も含めた遠隔医療なども問題なく行われるようになると期待されている。

またブロードバンド・ネットワークの普及に伴い，インターネットに接続されている機器のそれぞれに一意につけられている番号である IP アドレスは，**IPv6**（Internet Protocol version 6）の仕様に従って 128 ビットで表すことが可能になっており，IP アドレスが枯渇する事態は将来的にほぼ発生しないものと考えられている。

オープン・ネットワーク

ネットワーク技術を利用して広範囲にわたる主体とのスムーズなコミュニケーションを行う可能性を維持するためには，標準技術を導入したコミュニケーション・ネットワーク，すなわち**オープン・ネットワーク**を構築することが有効である。オープン・ネットワークの採用によって組織は，その情報システムと，供給業者，パートナーあるいは顧客の情報システムとの間で，人

手を介した追加的な操作をすることなしに，スムーズにデータ交換を行うことのできる**相互接続性**（interconnectivity）を確保することができ（Laudon and Laudon［2000］pp. 275-276），ネットワーク外部性（第3章参照）の恩恵を享受する可能性を高めることができる。

　オープン・ネットワークを構築するためには，**標準プロトコル**の採用が必要となる。すなわち，コミュニケーション・ネットワークによって組織内部門間や組織間を相互に接続し，データを交換するためには，ネットワークを構成するハードウェアやソフトウェアが共通のルールや手続きに従ってデータを送受信する必要がある。（Laudon and Laudon［2000］p. 269）。

　また，データ・フォーマットの標準化も重要である。標準技術仕様のネットワーク・システムを構築したところで，ネットワークによって接続されている組織内部門や組織それぞれが，取引処理にあたって異なるデータや帳票のフォーマットを持っているのであれば，データの変換や再入力が必要となり，合理化や自動化の足かせとなるばかりでなく，顧客価値を減少させてしまうからである（末松［1995］；圓川ほか［1995］）。

　企業間での標準データの交換は，主として商取引データを対象とする**EDI**（Electronic Data Interchange）や，主に技術データの交換に関する標準規約を定める**CALS**（Continuous Acquisition and Life-cycle Support/Commerce At Light Speed）といった取り組みによって具体化されてきた。これらは企業間での電子商取引（B2B EC：Business to Business Electronic Commerce）の発展に寄与してきている。

PC の機能向上とネットワーク技術の進
展を背景に，現代の組織における情報シ
ステム構築のスタイルは，メインフレー
ムをベースとする集中処理システムから，PC をネットワークで
結び付け，高い情報処理能力と処理の柔軟性の双方を確保しよう
とする分散処理システムへと，その主流が変化してきた。分散処
理システムの代表的な形態が**クライアント・サーバー・システム**
（C/S system：Client/ Server system）である。

図4-5 に示すように，C/S システムでは，ネットワーク管理
やデータベース管理のような重い処理，すなわち比較的高いコ
ンピューティング能力を必要とする処理を，それぞれ個別の，相
応の処理能力を持つコンピュータに担当させる形で分散化する。
ネットワーク管理を行うコンピュータは，システム全体に対して
ネットワーク管理機能を提供（serve）するのでネットワーク・
サーバーと呼ばれ，同様にデータベース管理を行うものはデータ
ベース・サーバーと呼ばれる。

これに対してエンドユーザーが操作する PC は，それぞれの
サーバーのクライアント（顧客）として，データベース利用や
ネットワーク利用などについての機能提供を必要に応じて各サー
バーにリクエストする。このときエンドユーザーは，サーバーの
存在を意識することなしに，透過的にサーバーが提供する機能を
手元の PC を介して使用することができる。また，ワープロや表
計算などの軽い処理を実行する場合は，個々の PC にインストー
ルされたソフトウェアをスタンドアローンで使用することになる。

C/S システムの登場は，組織情報システムにおけるダウンサイ
ジングの流れを本格化させ，また，それがもたらす情報システム

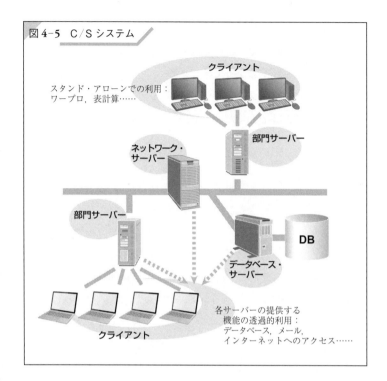

図4-5　C/Sシステム

クライアント

スタンド・アローンでの利用：
ワープロ，表計算……

部門サーバー

ネットワーク・
サーバー

部門サーバー

DB

データベース・
サーバー

各サーバーの提供する
機能の透過的利用：
データベース，メール，
インターネットへのアクセス……

クライアント

設計の柔軟性は，ICT の存在を前提とする組織の業務革新やプ
ロセス・リフォームへの取り組みを活発化させた。

　その一方で，C/S システムは，集中処理システムと同等の処理
能力を維持しつつ，情報システム・コストの削減を実現できる
ものと期待された。しかし，TCO（Total Cost of Ownership；第6
章参照）の観点からすると，これが必ずしも正しいとはいえない
ということが認識されてきている。インターネット技術が標準的
に利用されるようになっている今日では，情報セキュリティの観
点からも，ネットワーク端末としての機能に特化した PC である

ネットワーク・コンピュータのようなシン・クライアントを利用し，サーバーの機能を大幅に増大させた形での情報システム構築が行われることも多くなってきている。このことは，分散処理システムから集中処理システムへの回帰であるとみなすこともできる（Laudon and Laudon［2000］pp. 191-192；小笠原・小野寺［2002］72-76頁）。

P2P コンピューティング

C/S システムのアーキテクチャとは対照的に，**P2P**（Peer to Peer）システムとは，ネットワーク上のすべてのコンピュータが同等の能力をもち，それぞれのコンピュータから他のコンピュータにダイレクトにアクセスすることができるネットワーク・システムである（Laudon and Laudon［2000］p. 273）。インターネット空間あるいはサイバースペースは，多くのC/S システムから構成されているとみなすことができる一方で，この空間の中で P2P システムのアーキテクチャを有するさまざまなシステムが利用されるようになっており，「家庭や職場にあるマシーンが相互に直接接続され，グループを作り，協調して，ユーザーが作る検索エンジンや，バーチャル・スーパーコンピュータ，ファイル・システムとなる」（Oram［2001］p. 3）P2P コンピューティングの有用性が広く認識されるようになっている。

たとえば，暗号通貨に利用されている技術であるブロックチェーンは，P2P 型のコンピュータ・ネットワークの存在を前提としている。P2P 技術を利用して，非常に多くの PC に分散処理をさせることによって高い計算能力を確保するバーチャル・スーパーコンピュータによるデータ処理は，セル・コンピューティングやボランティア・コンピューティングなどとも呼ばれ，ゲノム

解析や暗号解読，はては地球外知的生命体の探索にまで利用されている。

<div class="tab">**クラウド・コンピューティング**</div>

超高速の演算処理ならびにデータ通信能力，そして超大規模記憶容量によって特徴づけられる近年の ICT 環境は，組織に「持たざる情報化」という選択肢を提供するに至っている。すなわち，組織はその情報インフラも，ハードウェアもソフトウェアも，組織自身が所有し，保守・管理するのではなく，インターネットを介して「サービスとして」利用することができるようになっている。これが**クラウド・コンピューティング**である。

　クラウド・コンピューティングにおいては，クラウド・サービスを提供するプロバイダが各種のサーバーやアプリケーション，大規模データ・ストレージ，セキュリティ環境を整備する。ユーザー組織は自らの情報戦略に合わせて，プロバイダから提供されるサービスをインターネット経由で必要なときに必要なだけ利用することができる。このことによって組織は必要とされる情報資源を高セキュリティかつ低コストで活用することが可能になると期待されている。クラウド・サービスには以下のようなタイプがある。

● IaaS（Infrastructure as a Service）：サーバーやストレージ，ネットワークなどのハードウェアや ICT インフラストラクチャをインターネット経由で提供する。かつては HaaS（Hardware as a Service）と呼ばれていたものの，インフラの提供が一般化したため，現在では IaaS という用語を使うことが多い。

● PaaS（Platform as a Service）：アプリケーション・ソフト

ウェアの開発や実行のためのプラットフォーム（DBMS, ミドルウェア, オペレーティング・システムなど）をインターネット経由で提供する。

● SaaS（Software as a Service）：アプリケーション・ソフトウェアをインターネット経由で提供する。SaaS で提供される代表的なアプリケーションには, オフィス・スイート（office suite：ワード・プロセッサ, 表計算, プレゼンテーションなどのオフィス業務に必要なアプリケーションをひとまとめにしたもの）や電子メール, グループウェアがある。

しかしその一方で, IoT/IoE 環境の進展は, IoT 機器を通じて集められるデータの量を爆発的あるいは指数関数的に増大させることになる。このため, 集められたデータのすべてをクラウド側のリソースに転送, 処理することは, コスト, 処理のスピードと柔軟性, 情報セキュリティの面で望ましくない状況が生み出されることも考えられる。そこで, 組織の必要に応じて選択された特定のデータについては, それをクラウドには送らず, 発生する, あるいは収集される場所, またはそこに近いエリアに置かれている機器で処理をするエッジ・コンピューティングを導入する必要があることも, 最近では議論されている（三菱総合研究所 [2016]）。

5 先端的 ICT

| AI／機械学習 |

ビッグ・データを解析し, 組織にとって有用な情報や知識を導き出すための手段としてAI が注目を集めている。AI は 1950 年代半ばから研究・

開発が始められ，社会・経済にブレイクスルーをもたらす技術として期待されてきた。その一方で，AIの開発が期待を裏切り続けてきたのもまた事実である。しかしながら，この10年足らずの間に，限定的な特定分野の知的課題に対処するための「**弱いAI**」の開発が進み，とくに深層学習を中心とする機械学習技術の驚くべき進展が実現された。そしてデータ処理・通信の超高速化と巨大なデータ容量が技術的に可能になり，実際にビッグ・データへのアクセスも可能になったこともあって，AIの利用範囲は急速に拡大しつつある。現在では検索エンジンや自動翻訳，画像認識，自動運転車（autonomous car），金融工学，行動ターゲティング，医療診断など，じつに幅広い分野にAIが利用されている。

機械学習は，コンピュータ・システムによって，与えられたデータから，そこに存在している「モデル」と呼ばれるある種のパターンあるいは傾向や法則，規則，ロジックを導き出すための技法である。統計学的あるいは確率論的発想に基づくデータ処理から数式で記述されたモデルを導出することが一般的で，そこで使われる計算アルゴリズムは脳機能の特性を模した数理モデルであるニューラル・ネットワークに基づくものである。ニューラル・ネットワークは入力層，隠れ層，出力層の3層からなり，**図4-6**に示すように，隠れ層を何層も重ねる構造を持つ計算アルゴリズムを採用している機械学習の仕組みが**深層学習**である（小林［2015］pp. 72-77；野村［2016］pp. 143-172）。機械学習の結果として得られたモデルを現実のデータに適用することで，ある事物の存在や事象の発生に関する判定やシミュレーションを行うことができる。

現在，画像認識や自然言語処理などのさまざまなAIアプリ

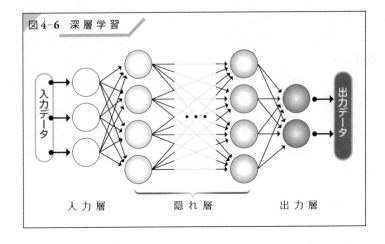

図4-6 深層学習

入力データ

入力層　　　　　　隠れ層　　　　　　出力層

出力データ

ケーションがライブラリ化あるいはモジュール化され，それを
API（Application Programming Interface）を介して利用すること
が可能な環境が整えられつつある。APIは外部のユーザーがア
プリケーションを利用する際の規約であり，通常オンラインで公
開されている。このことによって，ユーザー側はAIアプリケー
ションを一から開発することなしに，安価かつ簡便に利用するこ
とができる。その一方で，開発者側はAPIを公開することを通
じてAIアプリケーションの利用状況を把握し，アプリケーショ
ンの改善や革新，新規開発のための情報を得ることが可能となる。

ロボット　　高度化された機械学習機能を有するAI
を組み込むことによって，自律的で，よ
り柔軟な動作を実現することのできる**ロボット**の開発と利用が可
能となってきている。ロボットとは，「センサー，知能・制御系，
駆動系の3つの技術要素を有する，知能化した機械システム」（ロ
ボット産業政策研究会［2009］）であり，現在のICT環境において

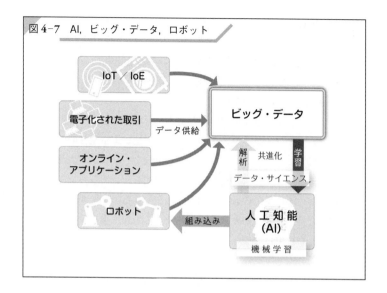

図4-7 AI, ビッグ・データ, ロボット

IoT／IoE

電子化された取引

オンライン・アプリケーション

ロボット

ビッグ・データ

データ供給

解析　共進化　学習

データ・サイエンス

人工知能（AI）

機械学習

組み込み

はIoT機器としてのセンサーを有し，また知能・制御系にAIを組み込んで，実際の動作を重ねていく中で周囲の環境を学習し，その動きを熟練させていくことのできる機械システムへと進化していくことになる。

　実際のところ，工場や倉庫，建築・土木現場のような，閉じた空間で，比較的環境変化の予測可能性が高い場所でのAIを組み込んだロボットの利用はすでにかなり進められてきている。その一方で，何が発生するのかについて予測可能性の低い，開いた空間での利用については，自動運転車や物流革命の一翼を担うと考えられている自律飛行ドローンに見られるように，まだ技術的に開発途上の段階にあるものが多く，またその実用を可能にするための法律が整備されていないことも多い。

　図4-7に示すように，ビッグ・データとAI，ロボットは共進

　ICT を活用したホワイトカラーの業務効率化あるいは生産
性向上はビジネスにおける長年の課題であり，1970 年代末か
ら 80 年代にかけてのオフィス・オートメーション・ブームを
皮切りにさまざまな形での取り組みが行われてきた。ICT の導
入によるオフィス・ワークの自動化の推進は，生産性の向上に
加えて，ペーパーレス・オフィスの実現と，ホワイトカラーを
ルーチン・ワーク（定型業務）から解放し，人間ならではの創
造的な仕事に多くの時間を割くことができるようにするという
効果を持つものであると喧伝された。しかし，現実には必ずし
もそうなってはいない。

　最近，オフィスの生産性向上ツールとして，ロボティッ
ク・プロセス・オートメーション（RPA：Robotic Process
Automation）が注目を集めている。これはホワイトカラーの
ルーティン・ワークを、ソフトウェア・ロボットあるいは AI
／デジタル・ワーカが代行することで自動化するシステムであ
る。RPA には，業務知識をルール・ベースに蓄積するための
ルール・エンジンや AI が組み込まれており，複雑なプログラ
ミングをすることなく，ホワイトカラー自らが，自分の業務を
自動化することが可能である。

　RPA 導入の効果としては，オフィスでの生産性向上，ホワ
イトカラーのルーティン・ワークからの解放，コスト削減，人
手不足の解消などがうたわれている。ただし，これまでのオ
フィスの自動化の経緯を考えると，ただ単に RPA を導入する
だけで，期待通りの効果が発揮されるわけではないと考えるの
が適当であろう。RPA の導入を組織的な成功に導くためには，
ホワイトカラーやオフィス・ワークそのものの概念を，ICT の
存在を前提として組織的に考え直す必要がある。

化の関係にある。すなわち，質量ともに充実したデータの存在がAIの機械学習の質を高め，このことがより良いデータ解析と有効なロボットの動作を実現する。このため，これらの先端的ICTの利用拡大は，それぞれの技術のさらなる発展をもたらすものと期待されている。

ブロックチェーン

ビットコインをはじめとする**暗号通貨**が良きにつけ，悪しきにつけ話題となる中で，その基盤技術となっている**ブロックチェーン**が，これからの社会・経済そして組織に対して持つ可能性について，改めて注目が集まっている。ブロックチェーンとは，分散型台帳技術とも呼ばれるもので，ボランタリーに参加している多数のコンピュータ（ノード）のネットワークによって運営される取引情報記録のための仕組みである。その特徴としては，①管理者としての機能を果たす中央集権的なコンピュータが存在しないこと，②取引記録の改ざんが著しく困難，あるいは実質的に不可能であること，したがって，③取引記録の信頼性が非常に高いこと，があげられる（岡田［2018］）。ブロックチェーンは「その内容が，個人・組織・国家機関などによって任意に変更されては困る」さまざまなデータの管理に適用可能な技術である。

たとえば，公文書にブロックチェーン技術が利用されるようになれば，行政に関する真正性の保証された情報の公開が可能となり，民主主義の進展に寄与するであろう。また企業の財務諸表，有価証券報告書，環境報告書などについてもブロックチェーン技術を使って公開されるようになれば，そうした企業活動に関する信頼できる公開情報の存在が，より公正な競争環境の実現と健全な資本主義社会の発展に寄与することになると考えられる。

| VR / AR / MR |

現在のところ，その利用範囲については限定的ではあるものの，将来的なビジネスでの活用が期待されている先端的ICTとして，一連のバーチャル・リアリティ（VR：Virtual Reality）応用技術あるいはクロス・リアリティ（XR：Cross(X) Reality）技術がある。

VRとは，コンピュータ・グラフィクス（CG：Computer Graphics）によって，現実を模した，あるいは空想的な視覚空間を作り上げ，その中に身を置いているような（没入的な）体験を人々に可能にさせるものである。VRを利用した，人工的な空間の中でのゲーム体験ができる施設がすでに稼働している。これに対してオーグメンテッド・リアリティ（AR：Augmented Reality）は，現実世界に対する視覚を，CGをそこに付加する形で増強（augment）するものであり，スマートフォン・アプリケーションの形でビデオ・ゲームや観光案内などに利用されている。ミックスト・リアリティ（MR：Mixed Reality）は現実世界の中にホログラムなどの人工的に作られた要素が組み込まれている視覚状態を作り出すものである。すでに医療や建築などへの応用が進められている。

VRやMRでは，ヘッド・マウンテッド・ディスプレイ（HMD：Head Mounted Display）のような電子ゴーグルを装着することが一般的で，また身体装着型センサーを利用することで人工的に作られた視覚要素を操作することもできる。その一方で，HMDが大きく重いことや，眼精疲労やVR酔いを引き起こすことが技術的課題として残っている。また，統合的なバーチャル・リアリティ空間の中で，ユーザーがアバターとして経済活動などに参加できるメタバースの構想が，新たなビジネス機会をもたらすものとして注目を集めている。

練習問題 EXERCISES

1 現在の標準化された ICT の技術的進展の方向性はどのような
ものであって，それを取り込むことが組織にとってどのような
意味を持つのかについて述べなさい。

> **Hint** 公共部門と民間部門の組織それぞれについて，また民間部
> 門の組織については営利組織と非営利組織について考えて
> みよう。

2 組織がデータベースを整備する際にどのような点に留意すべ
きであると考えられるか述べなさい。

> **Hint** データベースに格納されているデータの品質をどのように
> 評価できるのかについて，また最近のビッグ・データ環境
> と AI の能力向上にも注目しつつ考えてみよう。

3 AI やロボットのような先端的な ICT を組織のビジネスに組
み込む際に，何に気をつけなければならないのかについて述べ
なさい。

> **Hint** 新しい ICT への取り組みは，リスクも高いということに注
> 意しながら考えてみよう。

文献案内 REFERENCE

1 V. マイヤー゠ショーンベルガー，ケネス・クキエ（斎藤栄一
郎訳）［2013］，『ビッグデータの正体：情報の産業革命が世界
のすべてを変える』講談社。

●ビッグ・データとは何であって，どのような特徴を持つのか，また
それはビジネスや社会にとってどのような意味を持ち，どのような可
能性をもたらすのかについて，分かりやすく記述されている。

2 岡田仁志［2018］，『決定版　ビットコイン＆ブロックチェー
ン』東洋経済新報社。

●ビットコインとブロックチェーン技術についてやさしく丁寧に解説しており，この技術を理解したい初学者にとっては，格好の入門書となっている。

3 日経クロストレンド編［2018］，『ディープラーニング活用の教科書』日経 BP 社。

●日本国内における深層技術利用の事例を幅広く網羅しており，AI がこれからの組織ビジネスのあり方に対して，どのような可能性を開きうるのかについての洞察を得ることができる。

SUMMARY

05 | 本章で学ぶこと

　経営情報システムに関する多くの研究や実践書における認識とは異なり，本書はたんに ICT によって組織の情報的相互作用を効率的に行うことを経営情報システムとみなす技術決定論的発想に立つものではない。ICT を駆使することが困難な人間的な情報的相互作用をも統合的・整合的に体系化して，はじめて組織の情報的相互作用が効率的・効果的に行われるという視点に立って，経営情報システムへの役割期待が実現できるという点を重視している。

　本章では，経営情報システムをいかに設計・開発するべきかを，ICT の利用を前提にする伝統的な経営情報システムの設計・開発方法論の検討を通して理解を深める。

　まず，なぜ情報システム開発方法論が生まれたのか，その方法論の意義はどのようなものなのか，問題点はどこにあるのか，その問題点を克服するためにどのような変革の工夫がなされているかを明らかにする。

　そして，現在，われわれが期待する経営情報システムを構築するためには，現行の情報システム開発方法論にどのような工夫をしなければならないかについて，とくに重要になる点を明らかにする。

BMW，アジャイル開発で，自動車メーカーから テック企業へ

　2015 年に創立 100 周年を迎えるとともに，高級車販売で世界 No. 1 を 11 年間維持してきていた BMW では，新社長としてハラルト・クリューガー（H. Krüger）が就任した。彼は，2021 年には人が運転に介在しない「レベル 4」の自動運転車を市場導入して，自動車業界をリードするとともに，DX を徹底することによって，サービス事業へ転換することをスローガンとして掲げる。そのためにはエンジンの性能だけではなく，自動運転に関わるデジタル技術関連ソフトウェアの開発のスピードアップが鍵となるという認識を示す。すなわち，自動運転を実現するには，センサーなどハード部品の性能はもちろんのこと，そこから吸い上げられる各種データをいかにソフトで集中的に分析処理して有用な情報に転換するかが成功の鍵となるという考えで戦略策定を行った。

　そこで，自動運転に関連するソフト会社を買収するとともに，それまで採用してきたウォーターフォール型開発方法では，あらかじめ仕様を明確にして合理的にシステム開発を遂行するため，1 つのサイクルにかなりの時間を費やしてしまい，刻々と進展するデジタル技術の成果を反映することができず，競争力を失うことになるという判断に基づき，この開発方法の採用をやめた。それに代わって，計画段階では厳密に仕様を決めずにストーリーを整える程度にして，開発途中でも，それぞれの作業単位を小さく分け，また小人数のチームにより設計・実装・テストを繰り返して，随時，仕様や設計変更を柔軟に行うアジャイル開発方法を，その方法の原型ともいえるトヨタに学びつつ実践することにした。たとえば，高速道路における自動運転システムの開発では，車線維持や，車間距離の維持，車線変更などの機能ごとにチームを作り，それぞれ 2 週間ほどで設計・開発・テストを繰り返しては全体システムに組み込んでテストをし，ソフトを仕上げるのである。この方法で，BMW の首脳陣はこぞって，現時点では，Q（品質），C（コスト），D（納期）すべてにおいて同社の到達目標が実現されていると評価している。

1 経営情報システムの開発方法論

システム開発方法論　情報システム開発方法論と情報システム開発技法という言葉は，普通は何気なく同義語的に使用している。

システム思考を扱う研究領域では，本来，**方法論**（methodology）と**技法**（method）という概念は，厳密に区別される。方法論とは，思考のための「方法についての諸原理の集まり」あるいは「緩やかなガイドライン」であり，技法は，より具体的に「特定の結果が生み出されるような厳密で明細な行為のプログラム」（Checkland［1981］）である。したがって，技法は，使用者の特性に左右されず，ある所定の手続きを体系的に駆使すれば，必ず答えを導くものである。しかし，方法論は，むしろ方法を支える全体的な考え方や基本的枠組みであるために，対象や使用者の特性によって成果に違いを生むことになる。また，方法論は，有効性や効果を重視する考え方であり，技法は，使用者の特性に左右されずに精密性や正確性を重視している。

本章では，このような厳密な区別をしない。むしろ最近の情報システム実践におけるこれらの用語の一般的使用方法や理解を踏まえて，「情報システム開発方法論とは，情報システムの計画，分析，設計，構築，進化のための哲学，局面，手続き，ルール，技法，ツール，ドキュメンテーション管理技法，訓練方法などを組織化するためのガイドライン，あるいはそれらが組織化されたもの」というやや包括的概念として使用する。

1970年代初頭に至るまで，一般的な情
報システム開発方法論として認められた
ものは存在していなかった。当時は，組
織全体の情報システムをいかに構築・管理するかというよりも，
まだ処理能力・記憶容量に限界がある高価なコンピュータを効率
的に駆使して，定型的な個別業務や系統的業務群の情報処理を能
率化することが重要課題となっていたのである。

個々の情報利用者の要求や組織の有効性の向上に応えるよりも，
定型的・反復的に行われてきた既存の手作業の業務を，可能なか
ぎりコンピュータに置き換えて情報処理の能率性を追求しようと
していた。とくに情報システムやビジネス・システム全体のあり
方よりも，むしろプログラマーやオペレータ・レベルの属人的・
職人的スキルの問題と，コンピュータの持つ性能の限界という問
題が情報化推進における重大関心事となっていたのである。

たとえば，コンピュータの性能が制約されている状況では，属
人的スキルに依存して「十人十色」のプログラムが開発されるこ
とになる。そのために，開発スケジュールの遅れ，予算超過，メ
ンテナンス処理の増大，新規アプリケーション開発の遅れ・積み
残し（バックログ）などが生じる。これらの問題を解決し開発プ
ロジェクト全体を効率的に行うために，情報システム開発方法論
の必要性が高まってくる。

**伝統的な情報システム
開発方法論：ウォータ
ーフォール型開発法**1970年代初頭から中頃には，多くの支
持を得る情報システム設計開発の方法論
が現れる。これがウォーターフォール
（waterfall：滝）型システム設計開発法である。

この方法論は，システム理論，オペレーションズ・リサーチ

（OR）などを起源とする一般的な問題解決アプローチと同じ特性を持つものである。また，これまでの個々のプログラミング・レベルの工程を中心とする発想から抜け出して，システム分析，システム設計，システム開発の作業工程までも包含して体系化したものである。

ウォーターフォール型開発法は，まず，情報システム化の計画を立て，ユーザーの具体的な情報要求を明確にしてから設計開発に取り掛かり，完成させた情報システムが安定的稼働に至るまでの一連の作業工程について，効率的・効果的な管理を可能にする作業単位（ステップや局面〔フェーズ〕）に分割し，各局面の作業を順序的に遂行させるアプローチである。各ステップは，その前段階のステップを完了させることによってはじめて着手されるという**ステップ・バイ・ステップ**の発想が採用されている。まさに上流から下流に向かって，成果物を順次，流し落とす，「滝」の流れのように作業局面を展開することから命名された設計法である。各ステップの終了や，次のステップの開始・終了は，情報システム運営委員会，プロジェクト管理者，ユーザーなど関係者の確認・評価に基づいて判断される。

ウォーターフォール型開発法の局面

図 **5-1** はウォーターフォール型開発法の典型的なものである。

(1) システム計画

情報システム化すべき問題状況の認識と，それに対応する情報システムの提案が妥当か否かについて，経済的，技術的，組織的，制度的等々の視点から**予備調査**（実行可能性研究：feasibility study）を行って，システム計画とプロジェクト計画を作成する。

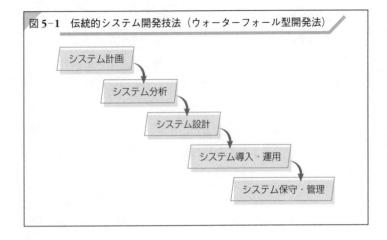

図5-1 伝統的システム開発技法（ウォーターフォール型開発法）

システム計画

システム分析

システム設計

システム導入・運用

システム保守・管理

(2) システム分析

　計画された情報システム提案について，システム計画段階以上に詳細かつ具体的に実行可能性研究を行って，情報要求を明確に定義するとともに，システムの機能・性能，運用等々も明確に定義して要求定義書を作成する。

(3) システム設計

　システム設計の段階は，論理的設計（外部設計）と物理的設計（内部設計）とからなる。**論理的設計**は，システム・ユーザーの視点から，その情報要求に応えるアプリケーションの入力，出力，プロセス，それを支えるデータ・モデルなどを明確に規定する。**物理的設計**は，論理設計の仕様をどのように実際のハードウェアやソフトウェアによって実現するかを明確に規定するものである。これらの結果が外部・内部設計仕様書として文書化される。

(4) システム導入・運用

　プログラミング，テスト稼働，新ハードウェアやソフトウェア

の購入，ユーザー教育訓練，監査・コントロール手続きの確立，運用記録管理等々の活動が含まれる。プログラム設計仕様書，テスト計画書・報告書，移行計画・報告書などが作成される。

⑸　システム保守・管理

システムが稼働後においても，所定の効果や品質が維持されているかどうかをレビューするとともに，不完全かつ不正確な設計やプログラミングによって引き起こされる欠陥や，予期しえない環境変化による情報要求への不適合の改善・修正を行う。

> **ウォーターフォール型開発法の適合環境と問題点**

ウォーターフォール型開発法は，トップダウン・アプローチによって，情報システム開発の全体的構成をステップ・バイ・ステップにブレークダウンするなど，手続き的に厳格な設計方法によってシステム開発プロジェクトのコントロールと管理を効率的・効果的に行うことを可能にする。単発的・臨時的処理要求がさほど発生しない定型的・反復的で大規模な基幹業務の情報化には，大いに適合する。これらの業務は環境変化が生じても安定しており，具体的な設計作業の前に情報要件をはじめとするシステムの基本特性が容易にかつ明確に識別できるからである。しかし，以下のような問題点も存在する。

⑴　システム開発の長期化

現状を分析し，要求を徹底して分析しシステム全体の機能と構成を明確にしてからステップ・バイ・ステップによって取り掛かるために，稼働局面に至るまでにかなりの長期間を要する。多くは，設計開発に１年以上を要する大規模なシステムを対象とすることが多い。その間でも環境は絶えず変化するためにシステムが完成して稼働した段階には，すでに環境が変化しており，実状に

適合しないこともある。

(2)　ユーザー自身の認知・分析能力の欠如

現状の分析において，システムの機能要件を確定して設計を行う SE（System Engineer）がいかにユーザーの要求を汲み取ろうとしても，ユーザー自身が SE のように問題を構造的に分析する能力を持っていない場合もあり，必ずしも情報要求が明確にならずに適切なシステムとならない場合がある。

(3)　ユーザー自身の理解不足

ユーザーは，SE によって随時提示・確認される多機能のシステムをどのように作るかを記述した仕様書を容易に理解できないために，稼働段階に至ってシステムを利用して，はじめて不適合があることに気づくことが少なくない。また稼働段階までに時間を要するために，すでにユーザー自身の「心境の変化」や学習によって，新たな情報要求が発見されたり，追加されたりする。

(4)　システムの柔軟性欠如の問題

現状の業務システム・レベルの情報要求分析をもとに全体システムの構成と機能を明確にして，各サブシステムやモジュール（装置，システム，プログラムなどを構成する機能的にまとまった最小単位）を設計しているために，設計開発プロセスの途中で，あるサブシステムやモジュールなどを一部仕様変更しようとしても，全体への影響が大きく現実的に困難な場合がある。また基本的に業務システム・レベルの分析をもとにして設計するために，マネジメント・レベルの情報要求に，随時，柔軟に適合させることにも限界がある。

2 情報システム開発方法論の革新

1980 年代に入るとウォーターフォール型開発法に潜在している問題を解決するためのアプローチ法や技法が登場してくる。しかしこれらは、それだけで情報システム全体を構築する基幹の方法論となるには問題や限界があり、そのために、基本的にウォーターフォール型開発法を基幹に据えて、補完的に活用されることが多い。

構造化設計アプローチ は、最初にシステムの全体機能を明確に確定してから、それを機能的に独立性の高い単位（サブシステムやモジュール）に順次ブレークダウンする、「全体から部分へ」を基本的発想としている。プログラム・レベルでの構造的設計アプローチを発展させたものである。しばしば**モジュラー設計法**や**トップダウン設計法**と呼ばれる特性を持っている。

特定のサブシステムやモジュール内のエラーの修正、機能の改善、さらには機能増幅作業を、他のサブシステムやモジュールに影響を与えずに容易に行うことができる。

なお初期のウォーターフォール型開発法は、どちらかといえばボトムアップ設計と呼ばれる特性を持っていた。これは、まず個々の機能を検討してから、順次、「部分から全体へ」という「積み上げ」の発想によって、全体の機能を包括的に規定する方法である。どちらかといえば、現状を尊重して、システムを現状に適合させる方式である。容易にかつ短期間に具体的システム化が可能であるが、機能の重複が生じて、個々の機能の修正や改善、

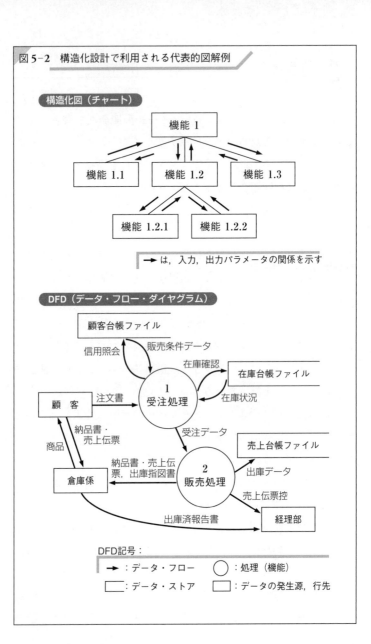

図5-2　構造化設計で利用される代表的図解例

構造化図（チャート）

機能 1

機能 1.1　　機能 1.2　　機能 1.3

機能 1.2.1　　機能 1.2.2

→ は，入力，出力パラメータの関係を示す

DFD（データ・フロー・ダイヤグラム）

顧客台帳ファイル

信用照会　　販売条件データ

在庫確認

在庫台帳ファイル

顧客　　注文書　　1 受注処理

在庫状況

納品書・売上伝票

商品

受注データ

売上台帳ファイル

納品書・売上伝票，出庫指図書

倉庫係　　2 販売処理

出庫データ

売上伝票控

経理部

出庫済報告書

DFD記号：
→ ：データ・フロー　　○ ：処理（機能）
▭ ：データ・ストア　　▭ ：データの発生源，行先

機能増幅をしようとすると，時間を浪費して各サブシステムや
モジュールの全体的整合性を失う危険性がある。トップダウンの
構造化設計法は，構造化図などを利用してこの問題点を克服する
（図5-2の上段の図）。

| データ中心アプローチ |

　　　　　　　　　　　　　データ中心アプローチ（data-oriented
approach）は，設計の中心に処理機能を
据えるのではなく，処理されるデータそのものを中心に据える方
法である。つまり，最初にユーザーの情報要求を分析するのでは
なく，ユーザーの要求する情報を生み出すすべてのデータを洗い
出して，その構造を分解し，関連づけて貯蔵しておく。ユーザー
の要求する情報を生み出す処理プログラムは，たんに貯蔵されて
いるデータを要求情報に整える変換機能にすぎないという発想の
設計アプローチである。データの流れはDFD（データ・フロー・
ダイヤグラム）として図解されることが多い（図5-2の下段の図）。

　このアプローチは，第1に，組織環境が変化して，それに対応
するために現実の経営活動を改善しようとしても，経営活動が
関連する事象とその事象ごとに蓄積される属性の種類（entity：
たとえば，製品，顧客，販売員，債権者，取引価格，担当者など）は，
変化せずに安定的・固定的であり，その内容だけが変化するとい
う仮定に立っている。

　第2に，組織全体の事象の分析を行い，データの標準化をし，
データ・モデルとして構造化して貯蔵しておけば，将来において
ユーザーの情報要求が変化しても，随時，弾力的に対応できると
いう仮定に立っている。

　データ中心アプローチにおいて採用される代表的かつ標準的
な設計図としてE-R図（Entity-Relationship Diagram）がある（図

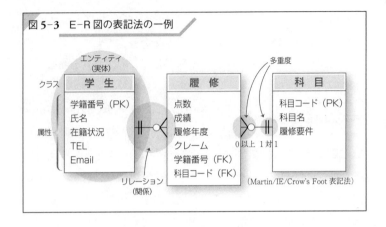

図5-3　E-R図の表記法の一例

エンティティ
（実体）

多重度

クラス　　　　学　生　　　　　　履　修　　　　　　科　目

　　　　　学籍番号（PK）　　　点数　　　　　　　科目コード（PK）
　　　　　氏名　　　　　　　　成績　　　　　　　科目名
属性　　　　在籍状況　　　　　履修年度　　　　　履修要件
　　　　　TEL　　　　　　　クレーム　　　　0以上　1対1
　　　　　Email　　　　　　　学籍番号（FK）
　　　　　　　　　　　　　　科目コード（FK）　（Martin/IE/Crow's Foot 表記法）

リレーション
（関係）

5-3）。システム設計においては，ほかにも後述する UML などの
図的表現技法があるが，E-R 図は「エンティティ＝モノ」と「リ
レーションシップ＝関係」の組み合わせに焦点をおいてシステム
のデータやデータ間の関係や構造を記述することから，E-R 図
による展開がそのまま物理データベース上に変換できるという利
点を有している。

　初期のウォーターフォール型開発法は，基本的に**プロセス中心
アプローチ**（process-oriented approach）を採用する傾向があった。
とくに処理機能と処理のフロー（流れ）そのものに注目する。ま
ずユーザーの情報要求を明らかにして，その機能を実現する全体
的処理フローを構成する。これを構造的に細分化して各機能単位
にシステム開発をしている。

　その結果，特定の機能群ごとにデータを貯蔵しているために，
臨時的な情報要求や要求変更に柔軟に対応することができない。
また機能群単位にデータ・ファイルやデータベースが複数化して
くるとデータが重複し，データの更新時期のずれから同一データ

項目でありながら内容が異なることもある。

　データ中心アプローチは，このような問題点を解決する可能性を持っている。しかし，経営活動に関連する事象の識別，定義，グループ化，全体的見直しという作業プロセスは，かなりの経験と時間を要する。

演繹的アプローチと
帰納的アプローチ

　演繹的アプローチ（deductive approach）は，現状分析によって情報システム機能を確定するのではなく，まず理想的な「あるべき姿」としてのシステムの機能・目的を確定して，それを実現する理想的なシステムを描き出し，これを目標として現状の制約条件を踏まえて実行可能なシステムを設計していく方式である（図5-4）。

　このアプローチは，現状に制約されないために，全体的に首尾一貫した効率的・革新的システムの創出を可能にする。しかも理想的システムのモデル化で提起された特定問題に限定して現状分析を行うので，分析の時間・コストに無駄が生じない。

　しかし，現実を意識せずにあるべき姿を描き出すことから開始するために，稼働段階に至ってはじめて致命的ともなる例外や矛盾が発生して，現実に適合しない危険がある。またユーザーの教育訓練に時間・コストを費やし，稼働後しばらくは能率が低下する。

　初期のウォーターフォール型開発法は，**帰納的アプローチ**（inductive approach）を採用していた。これは，むしろ現実の姿を重視する。現状を徹底的に調査，分析し，問題点・改善点を抽出し，現状という枠から大きく逸脱することなく，できるだけあるべき姿に近づけようとする方法である。現状に関する客観的か

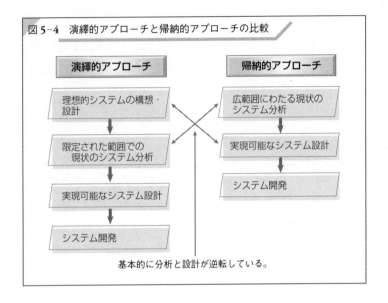

図5-4 演繹的アプローチと帰納的アプローチの比較

演繹的アプローチ

理想的システムの構想・設計

↓

限定された範囲での現状のシステム分析

↓

実現可能なシステム設計

↓

システム開発

帰納的アプローチ

広範囲にわたる現状のシステム分析

↓

実現可能なシステム設計

↓

システム開発

基本的に分析と設計が逆転している。

つ詳細な事実の分析結果に基づいて情報システムを設計するため，堅実な改善が可能である。しかも極端に革新的なものとならないため，訓練に多大の時間とコストを費やさない。しかし，現状から出発するために革新的システム案の可能性が低く，「つぎはぎ細工」レベルの改善効果しか生まない危険性がある。

オブジェクト指向アプローチ

1990年代に入ってプロセス中心アプローチの限界を克服するために注目され始めたデータ中心アプローチも，基本的にはプロセス中心アプローチと同様に，データと処理手続きを分離する発想であり，人間の本来の現実世界における情報処理の発想と異なっている。データや処理手続きをそれぞれ独立であるかのように扱う発想ではなく，データとその処理手続きとを一体として扱う発想の方が，人間の自然な情報処理思考に適合するので

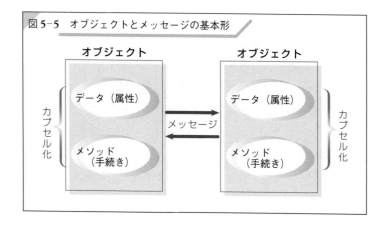

図5-5　オブジェクトとメッセージの基本形

オブジェクト　　　　　　　**オブジェクト**

データ（属性）　　　　　　データ（属性）

メッセージ

メソッド　　　　　　　　メソッド
（手続き）　　　　　　　（手続き）

カプセル化　　　　　　　　　　　　　カプセル化

ある。現実世界の人間の発想をそのままコンピュータの仕組みに置き換えることによって，プロセス中心アプローチとデータ中心アプローチの問題点や限界を克服するための方法論として，オブジェクト指向アプローチが注目され始める（図5-5）。

　このアプローチは，**オブジェクト指向プログラミング**を起源とする。

　あらかじめデータとそれを処理する手続き（メソッド）を一体化（**カプセル化**）したものを一括して**オブジェクト**として登録，貯蔵することが基本になる。システム設計者やプログラマーは，データをどのように処理するかをまったく意識せずにブラックボックスとして扱う。システム開発は，あらかじめ貯蔵されている多数のオブジェクトをアプリケーションのための部品であるかのように集めて，オブジェクト間での作業依頼（メッセージ交換）を規定するという方法で行われる。カプセル化されることによって，オブジェクトの強固性が高いために，特定のオブジェクトを変更しても関連するオブジェクトに影響を与えず，また誤った操

作がデータに加えられることがない。

　設計開発の各局面は，基本的にウォーターフォール型開発法と同じように，段階的に展開される。しかし，統一性・一貫性のあるオブジェクトにより，分析と設計の局面間においてウォーターフォール型開発法で生じやすいギャップが存在しない。両局面の間においても作業の逆戻りが容易である。分析の局面において，設計局面やプログラミング局面のスケルトンの検討も可能になる。また，ユーザーは現実世界をオブジェクトとして捉え，システムの分析・設計者は，ソフトウェアのモジュールをオブジェクトとして捉えつつも，同一のモデルであることから要求者と開発者の相互理解が容易になり，各局面においても試作モデルを作り，機能や操作性を試行錯誤的に確認し，ユーザーの要求や評価を反映して完成させるプロトタイピングの発想により，システムの的確性を高めることができる。

オブジェクト指向の統一モデリング言語（UML）

オブジェクト指向の分析や設計が実践され始めた時点では，効率的な分析と設計を進めるための設計書などの記述法は百家争鳴の感があった。これでは分析・設計・開発に関わる関係者やユーザーとの間でのコミュニケーションの効率化ができず，議論を進める中でシステム要件を明確にし，システム全体の理解を深め，改善すべき問題点などを明確にすることができなくなる。そこで，ソフトウェア・システムの分析・設計，開発，実装に至る作業での文書を，図的表現を駆使して作成する国際的な業界標準の図的表記法が開発された。これが UML（Unified Modeling Language）である。現在では，UML の構成要素（表5−1）である，たとえば，ユース・ケース図（図5−6）や，シーケンス図（図5−

表 5−1　UML の種類

	種　類	特　性
振る舞い図	ユース・ケース図	利用者の視点からシステムが提供する機能と外部環境（利用者，その他システム）との関係を表現。
	シーケンス図	イベントが生じたときにどのような流れで実行されるかを時系列的に表現する。
	コラボレーション図	システム同士の関係性・相互作用を視覚的に表現する。
	ステートマシン図	オブジェクトの生成から消滅までのライフサイクルにおける状態の遷移と変化を表現する。
	アクティビティ図	業務や処理の流れを表現する。伝統的な処理フロー図と同じ発想。
構造図	クラス図	システムの対象領域やシステム（クラス）の静的な構造や関係性を表現する。
	コンポーネント図	ソフトウェアを構成するコンポーネント，およびその間の依存関係を視覚的に表現する。
	配置図	ソフトウェアを実際のプラットフォームやネットワーク・ノード上のどこに配置するかを表現する。
	パッケージ図	モデル要素（クラスやオブジェクト）をグループ化したパッケージ間の依存関係を表現することで論理的なグルーピングをするための図。

（出所）　UML 1.0 を参考に作成。

図 5−6　ユース・ケース図

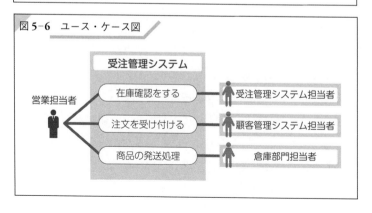

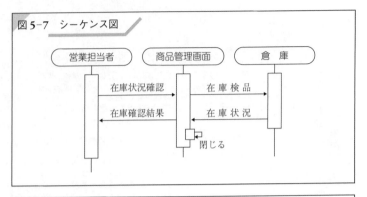

図5-7　シーケンス図

営業担当者　　　商品管理画面　　　倉　庫

在庫状況確認　　　　　在庫検品

在庫確認結果　　　　　在庫状況

閉じる

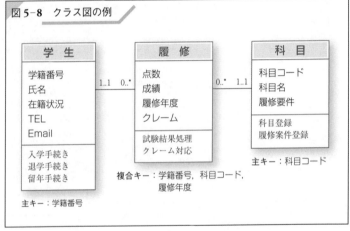

図5-8　クラス図の例

学　生

学籍番号
氏名
在籍状況
TEL
Email

入学手続き
退学手続き
留年手続き

主キー：学籍番号

1..1　0..*

履　修

点数
成績
履修年度
クレーム

試験結果処理
クレーム対応

複合キー：学籍番号，科目コード，
　　　　　履修年度

0..*　1..1

科　目

科目コード
科目名
履修要件

科目登録
履修案件登録

主キー：科目コード

7），クラス図（図5-8）などは，オブジェクト指向のアプローチにとどまらず，現代のシステム設計全般，ならびにビジネス・モデルの改善や再構築などにおいても標準的な表記法として利用されるようになっている。UMLでは「言語」という表現が使われているが，これはプログラミング言語ではなく，あくまでも設計に関わる仕様を記述するための「記法」である。

3 現代の情報システム開発方法論

「設計・開発と運用・管理」,「技術変革と組織改革」との一体化の発想

現代の情報システム設計方法論は,情報システムの設計・開発局面が終了したならば,その完成した情報システムが実装されて,運用管理局面での利用・運用を通じて,組織構造やビジネス・プロセスの改善・改革がその結果として実現されるという仮定をとらない。つまり,伝統的なウォーターフォール型開発法のようなステップ・バイ・ステップで展開する発想はとらない。絶えず変化しているビジネス環境では,あらかじめ情報システムの機能要件を明確に確定してから設計・開発に取り掛かることができないからである。試作的あるいは(一部)完成している情報システムを利用しながら,試行錯誤的に機能要件を明確化しては,設計・開発(システム機能の改善や機能の増幅)を展開せざるをえない。

　さらに現代の情報システム設計方法論は,ウォーターフォール型開発論と異なり,情報システムの設計・開発局面において組織構造やビジネス・プロセスそしてコンテキスト(ビジネス主体が認識するビジネス環境)などを所与としたままで(安定していると仮定をして),システムの機能要件を確定して,利用環境との相互作用には留意せずに設計・開発を自己完結的に行うことは少ない。実際には,システムの設計・開発をしながら,同時にそのシステム機能を効率的・効果的に発揮させるために,組織構造やビジネス・プロセス,さらにはビジネス環境(たとえば,取引慣行,市場構造など)までも改善・改革している。

このような設計のあり方は，伝統的な**利用前の設計**（designing before using）という発想に対して，「**実行しながらの設計**（designing through using; designing in action）」あるいは「**利用による設計**（designing by using）と称される。さらには，「**実行前の学習**（learning before doing）」に対応させて，「**実行による学習**（learning by doing）」に基づく設計・開発とも称される。このような設計・開発の論理基盤は，第 12 章で学ぶ組織体の情報的相互作用における人的・組織的・社会的要因をも重視する，社会技術的アプローチ，社会構成主義的アプローチ，そして社会物質性の見方を基盤に据えているといってよい。

　経営情報システムは，動的なビジネス環境に受動的に適応してたんに組織内の情報的相互作用の効率的・効果的遂行をするだけでなく，ビジネス・プロセスやビジネス環境（コンテキスト）との関係性をも積極的に再構成して，能動的な環境適応の実現を支援するものである。このような発想のシステム設計方法論として，現在は，アジャイル開発法，そしてその延長線上に位置する後述の DevOps，BizDevOps などの開発法が注目され，実践が進んでいる。

アジャイル開発法　動的な環境では，ウォーターフォール型開発法のような，あらかじめ時間をかけて詳細な分析のもとにシステムの機能要件を明確に確定（要求定義）してから，それをブレークダウンしてシステム開発に取り掛かるやり方には限界がある。今日のように動態的なビジネス環境では，完成して利用する段階に至ると，すでに環境条件が変化してしまっており，所定の効果を生まないことが少なくない。また利用している中で，はじめて本当に自分が必要とする機能が具体

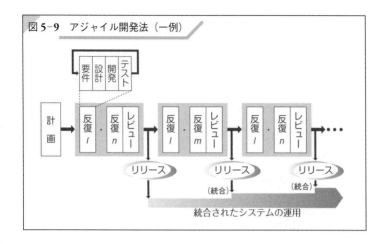

図5-9 アジャイル開発法（一例）

要件・設計・開発・テスト

計画 → 反復1・反復n・レビュー → 反復1・反復m・レビュー → 反復1・反復n・レビュー → ・・・

リリース　リリース（統合）　リリース（統合）

統合されたシステムの運用

的に確定できるにすぎず，利用に先立って必要な機能をあらか
じめ明確には確定できないことが少なくない。このために，現在
では，設計・開発が終了したら利用するという順序的なプロセス
を前提とせずに，利用しながらシステムの機能や仕様の設計変更
をして対応しようとする**アジャイル（俊敏な）・ソフトウェア開
発**（agile software development）法が提唱されるに至っている。
これは，その後の改善・機能増幅を見込んだコアとなる試作品
（プロトタイプ）を反復的・試行錯誤的に開発して利用しながら評
価・改善を繰り返して最終的な完成システムに仕上げる**プロトタ
イピング法**の発想と，企業の現場が自ら作業をしながら業務の効
率化や安全性を向上させるために，職場単位で作業経験をベース
に知恵を出し合って現場主導で迅速に問題解決をする，全社的改
善運動やトヨタの「カンバン方式」あるいは「リーン生産方式」
の理念や各種技法を参考にして構築された開発法である。

　アジャイル開発法とは，システムの仕様や設計の変更が当然生

じるという認識のもとに，はじめから厳密な要求分析に基づく仕様（機能項目）や計画（ストーリー）の設定をしない。アジャイル開発法の中では**スクラム**（Scrum）という技法が代表的なものであるので，その特性を中心にしてこの開発法への理解を深める。

　まずは，おおよその仕様をストーリーとして洗い出し，それをリスト化して開発の優先順位づけをする。これを，1〜2週間で開発可能な作業単位（**イテレーション**，**スプリント**などともいう）に分割して，10名弱の小人数の自律的な開発チームに割り振る。各チームは，そのタスクを設計―開発―テスト―実装・レビューという一連の作業を反復的に繰り返して完成させ，リリースする。リリースは，その都度，「動く」システムとして，すでに稼動している全体システムに反復漸進的，増分的に，俊敏に統合されて利用に供される。なお，アジャイル開発法は，計画段階でのストーリーの機能項目のすべてをシステム化させることが本来の目的ではない。各レビューとリリース後に，随時，ユーザーとの密接なコミュニケーションとともにコンテキストや環境の変化に応じて，組み込まれた機能と未着手の機能，新たに創発された機能を見直して，これらの機能を選択的かつ補完的にシステムに統合する。したがって，完成したシステムは，当初計画したストーリーの機能がすべて組み込まれているとは限らない。

　アジャイル開発法では，スクラムという開発技法以外に次のような技法も利用されることがあるが，その基本的理念は，スクラムと同じである。

(1) **ユーザー機能駆動開発**（FDD：Feature Driven Development）

　ユーザーが主体になってベスト・プラクティスを中心にして価値ある機能（feature）を明確にし，選定をして実際に動作するシ

ステムを反復的に開発する手法である。

(2) **エクストリーム・プログラミング**（XP：extreme programming）

システムの開発や管理の経験を重視して構成された，ユーザーも含むメンバーにより，計画にこだわらず状況の変化に柔軟に対応して，機能の設計・実装・テストを反復的に繰り返して開発をする方法である。

(3) **リーン・ソフトウェア開発**（lean software development）

トヨタ生産方式やリーン生産方式の理念のもとに具体的，因果論的な実践手続きではなく，試行錯誤を含む学習を通じて現場に適合するシステムを開発する。

なお，アジャイル開発方法論と伝統的なウォーターフォール型設計方法論の特性比較は，**表5-2**のように集約できる。

> **アジャイル開発を支える思考方法：デザイン思考**

アジャイル開発を効果的に推進するためには，**デザイン思考**（Design Thinking）という複雑な問題を解決すための思考方法・価値観が重要になる。

デザイン思考は，デザイナーが作品を制作するときの思考方法や手順をビジネスの変革に活用していこうとする考え方や価値観のことである。具体的には，**表5-3**に示されているデザイン思考の5段階によって展開される。エンジニアが顧客のところ（ユーザー・サイド）へ出向き，顧客を現場で徹底的に観察して理解して，顧客とともに試行錯誤的に顧客の価値を実現するための問題や要求を見つけ，それを解決するアイディア（ストーリー）を創出してプロトタイプを作成し，現実の場でのテストを反復的に繰り返して問題解決への迅速かつ漸進的な接近をしようとする思考法である。従来のようにICTの進展や業務特性を中心に発

表5-2　ウォーターフォール開発とアジャイル開発の特性比較

	ウォーターフォール開発	アジャイル開発
システムの機能要件（基本的仮定と発想）	開発や利用に先立ってあらかじめすべての機能要件が確定できると仮定する。designing before doing の発想	完成された機能単位ごとに評価し，利用しながらはじめて機能要件が確定できると仮定する。designing through doing の発想
適合する環境と機能特性	環境は比較的安定しており，システム機能特性が明確にできて安定している。	環境が常に変化しており，それに応じてシステム機能特性が絶えず変化している。
顧客（利用者）の対応	システム全体が完成して，評価・利用段階に至って顧客の反応や評価をフィードバックする（手戻り工数が大きい）。	小単位に機能分割して開発・評価・実装するので，顧客の反応や評価を早めにフィードバックして変更がなされる（手戻り工数が少ない）。
プロジェクト管理	全体の企画・設計を済ませてから開発や実装を行うので，日程，進捗，コスト管理が容易である。	機能分割をして小単位で設計→実装→テスト→実行を繰り返すため，日程，進捗，コスト管理が難しい。
担当者特性	設計，開発，運用工程をそれぞれ専門的に情報処理技術者が分掌する。	機能単位ごとに設計，開発，運用の全工程を担う多能工的な技術者が担う。

想するのではなく，そこで仕事をする顧客の人間としての行動を重視する発想である。

　デザイン思考は，アジャイル開発法を展開する際のストーリーを構想する企画段階，さらにはアジャイル開発法の全体プロセスを支える価値観として，大いに補完的役割を果たす。なぜならば，アジャイル開発法そのものにおいては，企画段階で，顧客の価値

表5-3 デザイン思考の5段階

段階	内容
第1段階：共感 （Empathise）	現場で顧客の気持ちになって，その思考と要求の本質を理解する。
第2段階：定義 （Define）	顧客の要求が満たされない具体的状況を明らかにし，問題点と目標を明確にする。
第3段階：概念化（Ideate）	ブレーン・ストーミングにより多数のアイディアを創造して，評価して選択する。
第4段階：試作 （Prototype）	アイディアを迅速にイメージ図や模型そして寸劇などで具現化し理解を深める。
第5段階：テスト（Test）	アイディアが意図した通りに機能するか顧客の反応をフィードバックしてアイディアとその具現化を見直してより良くする。

を実現するための，顧客にとっての問題を明確にして解決することを可能にする高次のアイディア（ストーリー）の見つけ出し方が提示されていないからである。

　なお，デザイン思考の各段階は必ずしも連続的，順序的に展開されるとは限らない。各段階は反復的に繰り返されることもあれば，同時的に行われることもある。またこの思考方法は，ソフト・システム方法論の発想であることは容易に推定できよう。

アジャイル開発の開発環境

　一般に，アジャイル開発法は，現状では，動的な環境下における情報システム開発プロジェクトにおいてシステムの品質の向上（Quality），費用削減（Cost），納期の短縮（Delivery）というQCDを主たる目的として，大いに実践されつつある。欧米ではすでに2015年の時点で，組織体の半分以上の開発チームが

　この開発宣言は，2001 年に伝統的ソフトウェア開発技法の限界を認識した欧米のソフトウェア開発方法論者 17 名によって，現代のソフトウェア開発のパラダイムとして発表された。今日では，アジャイル開発法の理念や考え方を示すものとして一般的に受け入れられている。

《アジャイル・ソフトウェア開発宣言》

- プロセスとツールよりも個人と相互作用
- 包括的なドキュメントよりも動くソフトウェア
- 契約上の交渉よりも顧客とのコラボレーション
- 計画に従うよりも変化に対応

（下線部に一層の価値を求める）

《アジャイル宣言の背後にある原則》

　アジャイル・ソフトウェア開発における考え方と行動規範を 12 の原則として提示する。

- ソフトの早期，継続的納品で顧客満足を優先する。
- 開発の終盤であろうと要求内容の変化を歓迎する。
- 納品サイクルは短くして動くソフトウェアを納品する。
- 利用者側と開発側は日々協力をする。
- 意欲ある人材を支援してプロジェクトを編成する。
- フェイス・ツー・フェイスを重視する。
- 動くソフトウェアであることが進捗の確認手段である。
- アジャイル・プロセスは，持続可能な開発を促進する。
- 技術卓越性と良い設計に絶えず留意し，機敏性を向上させる。
- 技能の簡潔性が本質的である。
- 自己組織化チームとして編成する。
- 定期的にチームのあり方を見直し，調整をする。

（各原則は，概略）

アジャイル開発を採用している割合は34％で，アジャイル開発を採用している組織は97％に上っている（VersionOne第12回アジャイル年次報告）。日本では，アジャイル開発のルーツが日本でありながら，それを導入している組織は37％で，未導入の組織は45％である（PMI日本支部［2016］）。しかし，アジャイル型開発法も大幅な仕様変更や日程，コスト，品質などのプロジェクト管理における問題が少なくない。したがって，情報化対象の特性に応じて，各々長短を持つウォーターフォール型開発法とアジャイル開発法の両方法を使い分けるか，両方法を補完的に組み合わせる方法によって開発が展開されていくだろう。

　アジャイル開発が進展している要因として，まずは，その効果的な実践を可能にするための，自社内の技術環境を駆使して主体的に運用する**オンプレミス環境**から，経済的なクラウドやプロバイダーのサーバーをネットワークにより借用，共用する**ホスティング環境**が整備されてきていることをあげることができる。そして，単純なパラメータの設定や自動化，いわゆる**ノンプログラミング**により，組織およびビジネスのルーティンやルールを，適時に俊敏に，かつ経済的に情報システムや技術に埋め込み，「構造化」，「標準化」，「可視化」を可能にして設計，開発，テスト，構成，**デプロイ**（環境整備も含めてソフトウェア・システムを利用可能にすること）などの一連の局面の自動化や構成管理を可能にするミドルウェアなどのプラットフォームが整備されてきていることも指摘できる。たとえば，ERPをはじめとする**エンタープライズ・アプリケーション（EA）**，そして統合的パッケージ，個別の業務アプリケーション，ウェブシステムなどを，1つのシステムとして統合する**EAI**（Enterprise Application Integration）など

の連携基盤（ミドルウェア），ネットワーク上に公開されているインターフェースや再利用可能なソフトウェア（部品）を組み合わせて連携させる **SOA**（Service-oriented Architecture），ウェブアプリケーションを中心に柔軟かつ迅速なシステム化の実現を可能にする**超高速開発ツール**（Ultra-Rapid development tool），ビジネス・ルールを業務アプリケーションから切り離し，ルール・エンジンによって，ビジネス・ルールを登録・管理・実行する **BRMS**（Business Rule Management System）が整備されてきている。

　さらには，動いているシステムを壊さずに，高速に，着実に，自動的に機能を増幅させていく **CI**（Continuous Integration：**継続的インテグレーション**），本番環境への実行プログラムに迅速に変更するためのビルド，テスト，デプロイ（配置・展開）など一連の局面をパラメータの設定程度で可能にする **CD**（Continuous Delivery：**継続的デリバリー**）等々のミドルウェアがシステム開発の共通基盤として充実してきている。CI/CD は，ソフトウェアの修正変更を常にテストして，自動で本番環境にリリース可能な状態にするソフトウェア開発の手法ともいえる。複数の開発者間で実装したソース・コードを常に最新の状態に保ち，アプリケーション全体で正しく機能する状態を維持するとともに，テストの実行忘れや，技術環境に依存するテストをなくすことによって，開発サイクルの期間を短縮化し，品質の良いシステムのリリースと運用を可能にする。

　なお CI/CD のプロセスでは，継続的にビルド，テスト，デプロイを繰り返すため，起動の早い**コンテナ**と称するサーバーの**仮想化技術**（*Column* ❺ 参照）を利用することで，その短縮を可能

　従来のサーバーの仮想化技術は，1台の物理的サーバー上に，仮想化ソフトウェアを利用して複数の仮想のサーバーを設けて，そこにOS環境とアプリケーションを1つのまとまりとして設定している。そして，各々の仮想サーバーを独立したサーバー環境として，そこで個別にOSやアプリケーションの実行を可能にする仕組み・技術である。

　それに対してコンテナと称される仮想化技術は，大幅な軽量化を実現している。物理的サーバーで稼働するホストOS上に論理的な区画（コンテナ）を作り，それぞれに独立したOS環境を提供するが，実際に動作するのはあくまで物理的サーバーにおける単一のOSである（従来と異なり仮想サーバー上にOSを据えないので大幅に軽量化される）。アプリケーションの動作に必要なライブラリなどもコンテナ内に閉じ込めることで，あたかも個別のサーバーのように使えるようにしている（図5-10）。コンテナ単位でシステムを構成する機能を開発し，これをブロックのように組み合わせて1つのシステムとして完成

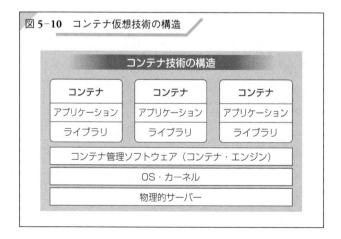

図5-10　コンテナ仮想技術の構造

コンテナ技術の構造

コンテナ	コンテナ	コンテナ
アプリケーション	アプリケーション	アプリケーション
ライブラリ	ライブラリ	ライブラリ

コンテナ管理ソフトウェア（コンテナ・エンジン）

OS・カーネル

物理的サーバー

させ，またあるアプリケーション機能に不具合があれば，コンテナ単位で迅速に機能の改善・増幅を可能にする（可鍛性が高い）。これにより，開発，テストを短期間に反復するアジャイル開発そして DevOps などを展開する基礎要素技術としてますます重要になっている。

にしている。本番環境であり，可搬性の高いコンテナを駆使することによって，テストや本番環境の差異にも容易に対応できる。コンテナは，アプリケーションの開発やリリースの迅速かつ効率的な遂行を可能にする基盤要素技術として，CI/CD と連動してアジャイル開発，そして DevOps（後述）による開発方法を効率的・効果的に遂行することを可能にする。

(1) DevOps

DevOps と BizDevOps
への動き

最近はアジャイル開発法の浸透とともに，その理念を共通にする **DevOps** という設計開発・運用管理法が生まれ，定着しつつある（**図5-11**）。日本での調査結果はないが，欧米では48％の組織が DevOps に取り組み，38％が計画中である（VersionOne 第12回アジャイル年次報告）。これは，本来的にシステム機能の増幅を担うことを職務とする開発（development）側と，むしろシステムの安定的な稼動を担うことを職務とする運用（operations）側とが，伝統的な対立的構造の中での情報化実践を推進する限界を克服させようとするものである。両者の垣根を取り外して，協調・連携によってソフトウェアの開発，テスト，構成，デプロイそしてリリースなどの局面を反復的に繰り返して「利用（運用）プロセスにおける

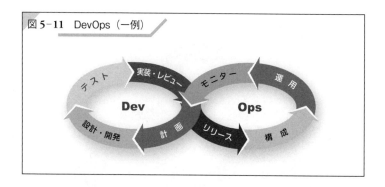

図5-11　DevOps（一例）

設計」を徹底しようとするものである。アジャイル開発法を効果
的・効率的に展開するアプリケーション・パッケージやミドル
ウェアに加えて，反復的開発によるソフトウェアのバージョンを
管理する「構成管理ツール」などで整備されたプラットフォーム
を駆使して，俊敏かつ反復的に開発をして環境適応性を高めよう
とする。

　DevOps は，ビジネス上の価値およびユーザーの利便性を継続
的に維持し，向上させようとする開発方法ではあるが，DevOps
の実践では，ビジネス価値やゴールをどの程度実現するかよりも，
むしろ高機能化したミドルウェアを駆使する自動化による俊敏性
と安定性の確保のみがクローズアップされる傾向がある。

(2)　BizDevOps

　DevOps の上記の欠点を克服するために，最近は，アジャイル
開発とともに DevOps のようにビジネス価値のある情報を提供
する情報システムの開発・運用側（DevOps チーム）との協調・
連携だけでなく，システムを利用するビジネス側（Biz：ビジネス
チーム）にも外延的かつ積極的に拡大して，よりいっそう，組織

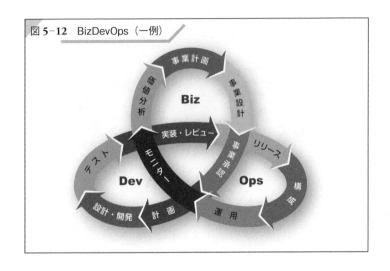

図 5-12　BizDevOps（一例）

全体の協調・連携をとる BizDevOps が提唱され，実践が進められてきている（図5-12）。この方法論は，設計・開発と利用・運用のオーバーラップ的展開だけでなく，むしろビジネス側を積極的に統合して，協調・連携の組織文化の醸成とともに，組織やビジネス・ルーティンおよびルールの情報システムへの埋め込みに連動して組織ルーティンおよび業務システムの再構成をしつつ，ビジネスの価値やゴールをどのように実現するかに留意する方法である。情報システムが自己完結的にならぬように，積極的にビジネス・システムとの整合性に留意しつつ，設計・開発と利用・運用プロセスの反復的な繰り返しによって環境適応的な情報システムを実現しようとする方法論である。まだまだ方法論的には一般に受け入れられているとはいえないが，第 12 章で学ぶ社会技術的・社会構成主義的・社会物質的なシステム設計方法論による実践の枠組みになるであろう。

4 情報化戦略と組織・事業戦略との融合

すでに 1980 年代中頃以降, 情報システムによる持続的競争優位の実現という目的のもとに, ICT を駆使した情報システムを構築する設計開発方法論が多種多様に提示されてきた。これらの方法論に共通する特性は, ウォーターフォール型開発法の開発プロセスの上流工程に, 組織戦略や事業戦略と関連づけた情報戦略の策定局面を積み上げた, トップダウンによる合理的・分析的なアプローチであるという点である（図5-13）。

　この方法論では, 具体的なシステム設計・開発に先立って, たとえば第2章で学習した SWOT 分析（図2-1）, そしてポーターによって開発された**価値連鎖**（分析）（図2-4）, **5要因モデル**（分析）（図2-2）そして**重要成功要因分析**（CSF 分析：Critical Success Factor Analysis；図5-14）などの合理的分析技法を組み合わせることによって, 競争環境における経営戦略や情報戦略が客観的・合理的に策定できるという前提に立っている。

　SWOT 分析は, 企業自身の強み（S）と弱み（W）, 競争環境における自社の機会（O）と脅威（T）を戦略策定に関係する人々の議論によって明らかにする方法であり, 重要成功要因分析も, 自社が成功するための重要な機能や条件をインタビューによって絞り込む方法である。5要因分析は, 議論を通じて, 自社にとって, 顧客, サプライヤー, 代替品業者, 同業他社, 新規参入企業という5つの競争要因のどの要因と競争を展開し, どの要因との競争を回避するかについて明らかにする方法である。価値連鎖

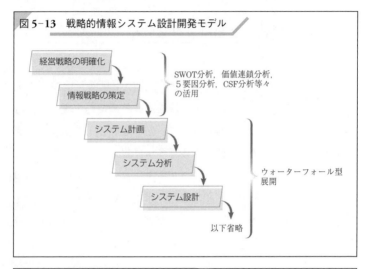

図 5-13　戦略的情報システム設計開発モデル

経営戦略の明確化

情報戦略の策定

SWOT分析，価値連鎖分析，
5要因分析，CSF分析等々
の活用

システム計画

システム分析

システム設計

ウォーターフォール型
展開

以下省略

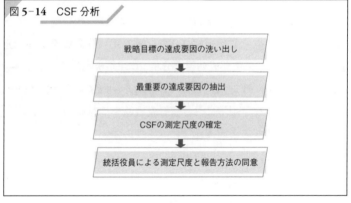

図 5-14　CSF 分析

戦略目標の達成要因の洗い出し

最重要の達成要因の抽出

CSFの測定尺度の確定

統括役員による測定尺度と報告方法の同意

分析は，顧客の価値を創造する活動の連鎖という視点から企業活動を分析して，どの活動で高い価値が創造（付加）されているかを図式上で明らかにして，価値活動の連結のあり方を競争優位の視点から探求するものである。しかし，これらの方法は，イン

タビューや議論を重視することからも明らかなように，じつに主観的な解釈によるトップダウン・アプローチの技法となっている。したがって，必ずしも経営戦略や情報戦略を客観的・合理的に明確化してブレークダウンできる保証はない。

創発的・革新的
アプローチ

経営戦略や情報戦略を創発的・革新的なものにしようとすればするほど，トップダウン・アプローチや合理的・分析的アプローチと称される技法を駆使する設計開発方法論では限界がある。日常的な業務活動や環境との日常的な情報的相互作用の中から，経営戦略や情報戦略の「種」をいかに吸い上げて情報戦略を策定して実行するかが重要になる。

　また，本来，これらの日常的な人的・組織的な情報的相互作用と，ICT による情報的相互作用とが補完し合うことにより，組織全体として有効な情報システムが実現する。したがって，ICT による情報システムは，業務活動や管理活動を支える人的・組織的要因との整合性を実現することによってはじめて有効に機能するのである。

　このような認識に立つならば，これからの情報システム開発方法論においては，まさに「情報技術と組織の同時進行的な相互適合のプロセス」(Walton [1989]) という考え方が重要になる（図5-15）。技術革新と環境変化が激しくなれば，ますます人的・組織的要因のあり方がICT による情報システムに影響を与え，ICT による情報システムが組織的要因に影響を与えるのである。「作って，使って，変えてみよう」という姿勢が情報システム開発における重要な鍵になる。

　また，このような情報システム開発方法論は，合理的な問題解

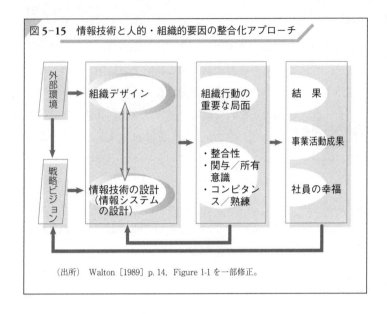

図 5-15 情報技術と人的・組織的要因の整合化アプローチ

外部環境 → 組織デザイン ⇅ 情報技術の設計（情報システムの設計）

組織行動の重要な局面
・整合性
・関与／所有意識
・コンピタンス／熟練

結　果

事業活動成果

社員の幸福

戦略ビジョン

（出所）　Walton［1989］p. 14, Figure 1-1 を一部修正。

決よりも解釈・学習を重視する**ソフト・システム方法論**（SSM）に基づく発想ともいえる。さらには情報システム設計者のみならずユーザー自身も主体的に参画するアジャイル開発法と軌を一にする方法論であり，ますます組織全体の情報システム開発方法論の核として重要な役割を果たすことになる。ウォルトン（R. E. Walton）の組織動学における**図 5-15** の概念図は，社会技術的・社会構成主義的・社会物質的な情報システム開発方法論の論理基盤としてもじつに適合的なものである。

練習問題

1 情報システム開発方法論は，なぜ必要になったのか述べなさい。

Hint 開発プロジェクトの管理の意義という視点から考えてみよう。

2 基幹系の情報システム開発方法論として問題点を認識されながらも，なぜウォーターフォール型開発法が常に核になるのか。

Hint 基幹系の業務や管理特性やプロジェクト管理の始点から接近してみよう。

3 アジャイル開発法の効果だけでなく問題点も整理しよう。

Hint 基本的にはウォーターフォール型開発法とアジャイル開発法の長短が逆であると考えて整理することができよう。

4 これからの情報システム開発方法論は，ビジネス・システム開発方法論あるいは組織開発方法論と独立的には展開できないという見解がある。その理由を明らかにしなさい。

Hint 経営情報システムは，情報技術を駆使する情報システムだけで自己完結的に構築するものではない点に注目してみよう。

5 情報システムの開発にあたって，なぜ現在を「脱方法論の時代」と呼ぶのか述べなさい。

Hint 標準化の意義と問題点，今日の組織や環境特性の複雑性や情報システムへの役割期待から考えてみよう。

 **文献案内**

[1] 情報処理推進機構（独立行政法人 IPA, SEC）[2013]，『「アジャイル型開発におけるプラクティス活用事例調査」の報告書

とリファレンスガイド』。

●日本における 59 の事例調査の詳細な結果とともにアジャイル開発法の詳細なガイドを行っている。ネット上にこのリファレンスガイドの解説がたくさんあるので参照されたい。

2 平澤 章 [2011]，『オブジェクト指向でなぜつくるのか：知っておきたい OOP，設計，関数型言語の基礎知識（第2版)』日経 BP 社。

●オブジェクト指向がプログラミングをはじめ，フレームワーク，デザイン・パターン，UML，モデリング，設計，アジャイル開発手法などのソフトウェア開発全体を支える総合技術となっているオブジェクト指向の全体像を平易に解説し，そこに含められる各種技術が何を実現しようとしているかを説明する評価の高い入門書である。

3 クリス・マーシャル（児玉公信監訳）[2001]，『企業情報システムの一般モデル：UML によるビジネス分析と情報システムの設計』ピアソン・エデュケーション。

●最新のソフトウェア開発環境で，いかにビジネス・プロセスを設計するかという視点からシステム工学的に緻密に解説した入門書である。

4 リチャード・E. ウォルトン（高木晴夫訳）[1993]，『システム構築と組織整合：「事例研究」SIS が創る参画のマネジメント』ダイヤモンド社。

●組織動学の視点から情報技術，組織戦略，事業戦略との整合性を重視してシステム開発方法論を提示した代表的書物である。

SUMMARY 06 | 本章で学ぶこと

　経営情報システムが適切に設計開発されたとしても，適切に運用管理されなければ意味がない。

　そこで本章では，まず情報システムを設計開発して運用管理する組織体制が，ICT や情報処理に関連するすべての作業を「丸ごと」担う伝統的な組織特性から，現在ではかなり変容してきていることを学ぶ。EUC の進展により情報システムの利用者が手元の PC 端末から設計開発や運用管理をすることや，また外部の設計開発や運用管理に関わる専門会社に依存する割合が高くなっていることを踏まえて，最近の設計開発と運用管理の特性について明らかにする。

　次いで，情報システムの設計開発と運用管理について，1 つのプロジェクト管理として情報システムのコストと効果をどのように計算するか，伝統的評価方法の限界を明らかにしてから，最近のコスト計算の方法と付加価値による効果計算の方法を学習する。

　最後に，情報システムの健全な設計開発と運用管理を実現することをさまたげる多種多様の脅威やリスクに対して，どのように対応すべきかを本来の経営情報システムのあるべき姿に照らして理解を深める。

　「二段階認証……？」。2019 年 7 月 1 日からコンビニエンス・ストア（以下，コンビニ）やネット・ショッピングなどでのスマートフォン決済サービス「セブンペイ（7pay）」をセブン＆アイ・ホールディングスのグループ会社を構成する「セブン・ペイ」という運営会社が事業として開始した。しかし 7 月 2 日にはコンビニでの顧客の不正利用が発覚し，7 月 4 日には他のカードからのチャージサービスと新規登録を一時停止した。冒頭の言葉は，社長の謝罪会見での記者の質問に対する絶句ともいえるつぶやきであった。

　二段階認証方式とは，利用者がスマホに ID やパスワードを入力すると，事業者側が登録されたスマホ宛てにショート・メッセージを使って 1 回かぎりのパスワードを送り，本人であることを確認し，" なりすまし " を防止する安全な仕組みとして定着している。セブン・ペイは，決済サービスとしては後発のために事業化を急いだのであろうか，すでに認証方法に問題があるという指摘にもかかわらず，Google や LINE など外部の ID でログイン可能な**連携認証方式**を採用して利用者の使いやすさを重視した。しかし外部 ID でログインしている他人のアカウントにパスワードなしでログインして，" なりすまし " が可能であること，また外部 ID やパスワードを知らなくともなりすましログインできるなど，外部 ID の認証方法や認証パスワードの再設定もかなり容易で甘いことが次々と判明して，外部 ID でのログインを遮断することになった。ついに 8 月 1 日に，システム上の認証レベル，開発体制，リスク管理体制の問題から当該事業の継続は困難という判断に至り，9 月 30 日をもって支払い，新規登録，チャージすべてのサービスを終了すると発表した。事業開始までは情報化実践に関するガバナンスがまったく機能せず，終了段階ではじめてガバナンスが機能したといえるだろうか。そしてコンビニ業界を先導し育ててきたセブン＆アイ・ホールディングスのグループのイメージや評判への影響は計り知れない。

1 情報化推進の組織体制

経営情報システムは，たんに ICT を駆使して情報処理の能率化や管理上の決定や判断を支援するだけでなく，競争優位の獲得・維持を支援し，組織を環境適応的にし，かつそれを抜本的に改革していくためのイネーブラーでもある。また，経営情報システムは，組織内・組織間の情報的相互作用を，可能なかぎり ICT に委ねて自己完結的に自動化を実現させようとするものでもない。第1章で学んだように，組織全体として人的・組織的に行われる情報的相互作用との相互補完的な関係の効率的・効果的な遂行を実現するものでなければならない。

したがって，情報化推進体制は，システム化計画，システム分析・設計・開発，そしてシステムの運用管理を伝統的に担ってきた情報部門や情報システム部長クラスに，責任と権限を全面的に委ねることは許されない。組織のトップ・クラス自らが，経営戦略策定の核となって情報システム化計画を指揮，調整し，その実施が円滑かつ効率的に展開されているかを，組織全体の視点から監督していくことが重要になってくる。

この機能を担うのが**情報システム運営委員会**（steering committee）である。この責任者を，**最高情報統括役員**（CIO：Chief Information Officer）と呼んでいる。CIO は，情報戦略の策定と実行管理だけでなく，経営戦略の策定や実行管理能力も備えていなければならない。ときとして組織の最高責任者自らが就くこともあるが，多くはナンバー2クラスの役員である。また ICT の戦

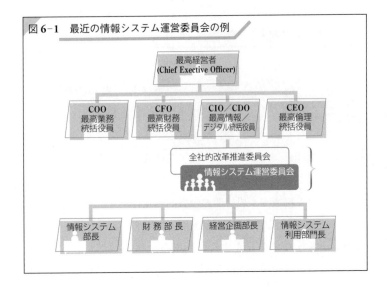

図6-1 最近の情報システム運営委員会の例

略的価値が認識されるとともに,「経営戦略会議」や「全社的改革推進委員会」などが実質的に情報システム運営委員会の機能を兼ねる傾向も現れている。

　最近は,DX に留意をして**最高デジタル統括役員**（CDO：Chief Digital Officer）という名称の役員が委員会を主導する傾向が現れている（**図6-1**）。さらには,企業倫理やコーポレート・ガバナンスの重要性が高まるとともに**最高倫理統括役員**（CEO：Chief Ethics Officer）が設置されて情報システム運営委員会に参加する先進企業も現れている。

　情報システム運営委員会の機能は,およそ次の通りである。

①情報戦略の策定

②システム・プロジェクトの目標・目的の評価と開発の優先順位の決定

③システム・プロジェクトの進捗評価と完了の決定

④システム開発設計・開発・運用プロセスの評価・コントロール

⑤開発資源の配分に関する調整と決定

　情報システム運営委員会は，CIO/CDO を委員長として，経営企画・経営戦略部門，情報システム部門，財務部門，そしてユーザー部門などの責任者（部長クラス）によって構成されることが多い。情報化と連動してビジネス・プロセス全体の改革を推進する全社的改革委員会として機能することも多い。なお，CIO/CDO のもとに，専門スタッフ・チームを設けて継続的に委員会機能の執行を支援させるか，情報システム部門の企画スタッフ・チームが支援をして，委員会の形骸化を避ける傾向がある。組織内部のシステム監査人や外部の情報戦略コンサルタントもオブザーバーとして参加することもある。なお，情報システム部門は，運営委員会の全体的方向づけと方針に基づいて職務を遂行し，運営委員会にコントロールされる。

情報システム部門の役割

　情報システム運営委員会のもとで職務を遂行する情報システム部門は，一般に以下の4つの機能に分掌されて組織化（チーム化，部門化）されることが多い。

(1) 情報化戦略の企画とプロジェクト計画策定

　経営戦略に照らして業務プロセスの全社的改革部門（支援チーム）と連動をして情報戦略の原案を策定するとともに，情報システム開発の全体プロジェクト計画を具体的に策定し，実行を管理する。情報戦略の原案は，情報システム運営委員会での検討を踏まえて微調整を繰り返すなど，委員会を支援する。委員会に専門

スタッフが存在する場合は，協調して作業を推進する。

(2) システムの設計・開発

情報システムを構成する個々のアプリケーション・システムの範囲，機能要件，日程，体制など，具体的なプロジェクト計画として具体化する。プログラムやデータベースの設計・開発，テスト，実装するまでを担う。関連して，ソフトウェア・パッケージの利用，ハードウェアの設置や外注なども担う。

(3) システムの運用・保守管理

運用管理では，ハードウェアやソフトウェア等のIT資産やネットワーク基盤の運用管理，データの入出力やバックアップの管理を主たる業務とする。保守管理ではシステムのアップデート作業，システムの不具合を監視して障害の原因究明およびその修正・復旧作業などが主たる業務となる。

(4) 現場ユーザーに対するヘルプ・デスク

情報システムにネットワーク化されているユーザー部門のPC，スマート端末などのメンテナンスやトラブルの問い合わせに対応し，トラブルの調査や解決を行う。またPCのセットアップ，OSのインストール，利用するソフトウェア，ハードウェアの教育訓練やマニュアル作成などを担うこともある。

なお，情報システム部門の業務分掌としては，上の(2)と(3)のようにプロセス的に職務分担をするのではなく，情報システム特性によって，定型的・制度的な情報処理をする「基幹系（あるいは勘定系）システム」と非定型的・管理的情報処理をする「情報系システム」に分けて，各々について設計・開発，運用保守のプロセス全体を一括して担う形式も少なくない。

最近は，情報システム部門の肥大化をさ
けて，小人数により，システムのライフ
サイクルの上流工程である情報戦略の企
画やシステム計画の局面に特化する傾向が現れている。伝統的に
情報システム部門の主たる機能であったシステムの設計開発そし
てシステムの運用保守は，可能なかぎり外部に委託する傾向があ
る。つまり自社では，情報戦略の企画やシステム計画の局面であ
る上流工程に特化しつつ，例外的にヘルプ・デスク機能だけを
担って，いわゆるシステム設計開発，システム運用管理やデータ
管理などを外部の専門会社に依存する**アウトソーシング**や**外部委
託方式**が多くなっている。

このような形態が進む背景には，次の点が指摘できる。

第1に，コンピュータ・アーキテクチャが汎用の大型コン
ピュータによる中央集中制御型システムから，経済的・技術的合
理性や操作容易性の高まった分散協調型システムに移行して，多
数のパーソナル・コンピュータを組み合わせたクライアント・
サーバー・システムそしてクラウド・コンピューティング環境で
の情報化が進み，オンプレミス環境での経済的負担を大幅に削減
し，俊敏で質の高い設計開発，運用保守管理ができる。

第2に，アプリケーション・システムの開発にあたって，そ
の分析，設計，開発，保守を支援する CASE（Computer Aided
Software Engineering）ツールや ERP パッケージ，さらには DX
の進展とともに定型的・反復的業務処理を中心に自動化・半自動
化を可能にする RPA を支援するパッケージのような統合ソフト
ウェアの性能が高まり，低廉化しつつある。これらのソフトウェ
アを利用することによって，迅速に，しかも経済的に高機能のシ

ステム化が可能になる。とくに蓄積された業務データをもとにして非効率，例外的な業務を可視化して，業務実態の全貌把握や改善ポイントの特定を迅速に行う**プロセス・マイニング**のツールを駆使することによって，RPAがいっそう的確に効率的に推進される。

第3に，ネットワーク・ビジネスとして**ASP**（Application Service Provider），それを支える**iDC**（internet Data Center）などと称する事業の利用が経済的に可能になる。ASPは，インターネットを介して情報システムを構成するアプリケーション・ソフトウェアを提供するサービス会社であり，iDCは，ウェブ・サーバーの運用管理の受託サービスをする会社である。また個別のサブシステムを集めて1つにまとめ上げ，それぞれの機能が正しく働くように完成させる**SIer**（Systems Integrator）というシステムの統合事業も定着してきている。これらのサービス事業を利用することによって，情報システム・コストを固定費から変動費的性格のものにして大幅なコスト削減を図ることが可能になる。同時に，迅速に高機能・高品質のシステム化が可能になる。さらにこれらのサービス会社のシステムは，オープン・ネットワーク環境での情報の漏洩，不正利用，破壊（消去）などを防止する機能が十分に備わっている。

アウトソーシングや外部委託方式は，システムの設計開発・運用管理プロセスの「丸投げ」的傾向があり，効果ばかりでなく，当然問題点も存在する。

本来，経営情報システムは，絶えざる改善・改革の中で試行錯誤しながら創発的に進展していくものである。改善されるべき問題点は，ビジネス活動を展開する利用現場においてこそ的確に識

別される。この情報を適切にシステムの改善・改革に反映するコミュニケーション・チャネルと，改善・改革に伴って創出された知識とノウハウを組織内に蓄積するメカニズムが存在しなければならない。アウトソーシングにおいては，次第に委託会社と利用現場との間に直接的コミュニケーション・チャネルが生まれ，システムの絶えざる改善・改革に伴う知識やノウハウも本社情報システム部門に蓄積されずに，徐々に受託会社側にのみ蓄積され始める。その結果，外部への依存度が高まり，情報システムの改善・改革を自らのイニシアチブで推進することを困難にさせる危険も潜在している。

2 情報化投資と評価

情報システム化の投資効果

経営情報システムがどの程度目的を達成できるか，その効果を評価することは管理上重要な課題である。しかし，かなり難しい問題を潜在させている。

　情報システムの実践書では，情報システムへの投資効果に関する評価は，収益性や生産性に関する指標（アウトプット）と情報システム・コスト（インプット）の比較によって簡便的・総括的に行う傾向がある。もちろん，情報システムの実証的研究でもこの類の指標を使用することが少なくない。

　収益性は，単純に売上高や営業利益，経常利益などの実数値だけでなく，より精緻に，売上高に対する利益の割合である売上高利益率（ROS：Return on Sales），総資本高に対する利益の割合で

ある総資本利益率（ROA：Return on Assets），投資高に対する利益の割合である投資利益率（ROI：Return on Investment）などが使用される。また情報システム・コストとしては，情報技術導入コスト，システム設計開発コスト，システム運用コストなどの総額を採用して，収益性指標と比較する傾向がある。また，これらのコスト総額を従業員数で除した1人当たり情報コストによって収益性指標と比較することも多い。

　このような評価指標は，基本的に情報システム化の効果が，能率性，経済性，生産性などの定量的に測定可能な効果だけでなく，意思決定の支援，企業イメージの向上，サービスの向上，顧客満足の向上，社員のモラールの向上などの定性的にしか測定できない効果も含めて，経営情報システムの企業経営への貢献を総合的に評価しようとする。このような評価指標が使用されるのは，これらの個々の定性的な効果項目には相互に関連し合って最終的に企業の利益構造の実現に結び付くものがあり，利益構造を実現したり，強固にしたりすることによってこそ組織の維持・発展を可能にするという理解が存在するからであろう。

> **収益性による総括的評価の問題**

しかし，このような情報システムの効果に関する総合的評価方法には次のような問題や限界がある。

(1)　タイムラグの存在

　情報システム化の推進は，全社的な大規模情報システムであればあるほど長期間を要する。そして，その効果が具体的に実現され始めるのもかなり先になる。大規模で高度な情報システムになればなるほど，投資時期と効果が現れる時期にタイムラグが生まれる。平均的に5年，あるいは情報システムの効果は，約2〜3

年先になって現れ始めるという実証結果も存在する。

⑵　ICT 以外との相乗的効果

　情報システム化の効果は，ICT を駆使する情報システムによって生まれる直接的な効果だけではない。ICT を駆使する情報システムは，人的・組織的要因との連動によって効果が現れるものである。人的・組織的要因の変革と連動することによって，言い換えるならば，ICT を駆使しない情報的相互作用の改革と整合性をとることによって効果が生まれる。単純に ICT を駆使する情報システムを自己完結的に構築しても，収益性や生産性にさほど貢献しないことが実証されている。

⑶　間接的・波及的効果の存在

　情報システム効果は，事務コスト，間接費の削減，処理の迅速化，仕損じ率の低下等，能率性，合理性，経済性に関わる効果のように，目に見えて測定可能な直接的効果だけではない。意思決定の支援，商品や企業イメージの向上，社員のモラールの向上，顧客の満足度の向上などは，目に見えずに測定が困難な効果である。

　さらには，思いもかけずに生じる波及的効果や間接的効果も存在する。たとえば，単純な業務プロセスの合理化のために情報システム化を推進したが，その結果，製品サービスの質的向上を実現し，顧客の信用を勝ちえて，競争他社との差別化に大いに貢献したといった場合もある。

⑷　収益性と情報化投資は無相関

　ICT を駆使する情報システムは，人的・組織的要因の情報的相互作用と連動することによって効果を生むものである。単独で効果を上げるのではない。したがって情報システムが収益性に重

大な影響を与えるとしても，情報システム化コストと収益性との間には直接的な相関関係が存在しないのである。現実にこの相関関係が存在しない点は，現在では統計的にも十分に実証されている。

情報システム化の
コスト問題

情報システム化のコストは，一般的に，情報技術の導入コスト，システムの設計開発コスト，システムの運用管理コストとして集約される。しかし，これまで情報システム化の効果に集約されるコストは，ほとんど目に見える直接的コスト分にすぎない。収益性と同様に目に見えない間接的コストも多く存在する。たとえば，全社的データベースのデータを机上のノート型パソコンに抽出して統計分析をするときに，隣席の同僚のサポートによって有用な情報が創出された場合，この同僚の本来業務の時間を消費しており，まさに情報処理コストが生じている。またシステム・ダウンをした場合に生じる機会損失も，コストとして認識できる。

従来のように，情報部門を中心に情報化が推進され，ICT も情報部門によって集中的に管理されている時代は，基本的に目に見える直接的に外部に支払われるコストを中心に計算してもさほど問題がなかったといえる。しかし，現在は，エンドユーザー・コンピューティング（EUC）が進展し，ユーザー自身も情報システム化に参加して，ICT も組織全体に分散されており，ますます目に見えない間接的なコストが多く生じていることが容易に推測できる。これまでの情報システム化効果の評価においては，このようなコストを十分に考慮してきたとはいえない。

このようなコストも正確に計算に反映すべきであるという視点

表 6-1　TCO の構成要素

要　　素	項　　目
ハードウェア／ソフトウェア・コスト	ハードウェア・コスト, ソフトウェア・コスト, リース料, 消耗品費等々のコスト
管理コスト	システム計画, システム管理, ネットワーク管理, セキュリティ管理等々のコスト
開発コスト	開発人件費, 開発外注費
サポート・コスト	ヘルプ・デスク費, 教育研修費, サポート人件費
エンド・ユーザー・コスト	ピア（仲間）・サポート・コスト, セルフ・サポートなどのコスト
通信コスト	回線使用料
ダウンタイムによる機会損失	計画および予期しないシステム・ダウン

（出所）　日本ガートナー・グループの「TCO & amp; ROIT Conference 99」
資料（1999）を参照。

からアメリカのガートナーグループによって提唱されたコスト概念が, **総保有コスト**（TCO : Total Cost of Ownership）である（**表6-1**）。

このようなコスト認識の発想は, 情報システム化の効果計算におけるコストの産出において重要となる。

付加価値評価の重要性　情報システムを総合的に評価するにあたって重要な点は, ICT による情報システムとそれ以外の人的・組織的な情報的相互作用との整合性の中で情報システム化効果が実現されるという認識に立つことである。すなわち, ICT による情報システムのコストや効果を独立的に扱わないことが重要になる。また, 短期的な収益性の実現だけで

はなく，将来的に組織を維持，発展させていく真の事業活動の姿を描き出す評価方法が必要になる。とくにコーポレート・ガバナンス（企業統治）が問われ，株主重視の経営が重要になった状況では，ますますこのような評価視点が重要性を増している。

　前述の売上高あるいは各種利益率による収益性や生産性評価に限界があることは明らかである。むしろ，情報システムを駆使して企業自身が新たに創出した**付加価値**（business value added）を中心に効果を測定することが考えられる。付加価値は，企業活動によって新たに付加した価値であり，基本的に売上高より外部からの調達購入費を差し引いたものである。外部に支払われた残りのものが企業活動によって生み出された価値になる。ICT のリース料や購入金額そしてアウトソーシング代などは，外部調達購入コストの範疇に入る。ICT を駆使して従業員を巧みに管理し，訓練し，動機づけて，それぞれの活動を支援，調整する管理コストこそが，自社での付加価値を生む真のインプットとして認識できる。

　ストラスマン（P. A. Strassman）は，かなり以前からこのような視点に立って優れた情報システム評価方法を提案しており，多くの支持を得ている（Strassmann [1990]）。彼は，売上高より外部調達購入費や税金額を差し引いた税引後事業利益から，さらに株主持分資本額を差し引いたものが，ICT を駆使して情報処理（管理活動）を行った結果としての付加価値（アウトプット）部分であると認識する。税金も資本コストも"レンタル料"のように理解するのである。また，販売および一般管理活動のために費やしたコストは，この付加価値を生み出すために費やされた管理コスト（インプット）に近似すると認識して，情報システム化効果

の評価指標である**情報生産性指標**（IPI：Information Productivity Index）を提案する。

$$情報生産性指標 = \frac{税引後事業利益 -（株主持分 × 資本コスト〔\%〕）}{販売費および一般管理費（＋研究開発費）}$$

　なお，税引後事業利益から資本コストを控除した値は，企業が最終的に株主へどの程度の企業価値を提供できたかを計る**経済的付加価値**（EVA：Economic Value Added）と同じ発想である。

　情報生産性指標は，情報システム効果の評価に有効であることが実証されており，コンピュータ専門誌の評価においてもかなり採用されている。またキャッシュフロー（とくに投資額を控除するフリー・キャッシュフロー〔FCF〕）も評価のアウトプットとして採用されることがある。

3　情報セキュリティ

情報システムの脆弱性（ぜいじゃく）　ICT は，次のような弱点が相互に影響し合って，情報システムを取り巻くさまざまな脅威を生むことになる。

　第1は，データや情報およびその処理プロセスを肉眼で見ても理解することが不可能である。

　入力されたデータは，肉筆と異なり没個性化されたデジタル信号によって処理され，貯蔵される。改ざんデータや誤謬（ごびゅう）データが混入したり，あるいは複写されても，その発見が困難である。またデータは集中管理によって効果的に利用されるが，逆に磁気媒

体によって大量のデータが容易に持ち出されたり，一度に容易に破壊されたり，盗難や改ざんの危険も存在する。

第2に，情報ネットワーク・システムは，端末やパソコンから中央のコンピュータの貯蔵データやプログラムに直接的にアクセスし，操作することができる。そのために，広域化・多点化したシステムであればあるほど，不正侵入の危険性が増大する。たとえば，データやプログラムの不正利用，改ざん，破壊（消去），漏洩，プライバシーの侵害などが生じる危険が高い。また広域化によって通信経路が長くなることは，自然災害，事故が生じる危険も増大する。また，もし中央のシステムがダウンすると，その影響は組織や社会全体に一挙に拡大する危険もある。

| 情報セキュリティ・マネジメント |

情報セキュリティとは，情報システムを取り巻くさまざまな脅威から組織にとって資産となる情報，つまり情報資産の「機密性（confidentiality）」，「完全性（integrity）」，「可用性（availability）」を確保することである。なお情報資産だけでなく，情報システムや社会的信用を含む概念として使用することも多い。

(1) 機密性の確保

正当なアクセス権を持っている人だけが情報資産を使用できる状態にしておくことである。端末のパスワード設定，ファイルに対するアクセス権の設定，パスワードの暗号化，データ保管エリアへの立ち入り制限などの対策がとられる。

(2) 完全性の確保

情報資産が正当な権利を持たない人により変更されないように正しい情報のまま保管，維持する内容にしておくことである。アクセス履歴や変更履歴を残すとともに，アクセス操作を制限する。

表6-2　セキュリティ対策

種　　類	例　　示
物理的対策	●自然災害に対する建物，構造，設備，装置に対する対策 ●入退出監視装置，無停電装置
管理的対策	●運用管理規程，操作マニュアル，バックアップ体制などの整備 ●内部統制手続き・組織の整備
システム対策	●ID，パスワード，電子認証，暗号化など，バックアップ・システム ●ファイアーウォール，セキュリティ・ソフトウェアの導入など
人 的 対 策	●セキュリティ教育訓練 ●情報倫理教育 ●カウンセリング，医療衛生管理

(3) 可用性の確保

　情報資産を，アクセス権のある人のみが，必要とするときに安全に使用できることである。電源対策，システムの二重化，データのバックアップ，災害復旧計画などの対策がとられる。

　これらの対策は，物理的・技術的対策だけで十分ではない。さらに管理的対策，人的対策によって総合的に講じなければならない。情報システムがICTに依存しない情報的相互作用との整合性の中で機能を発揮する点から考えても当然のことである（表6-2）。

　またこれらの対策は，組織目的に照らして損害や悪影響をもたらす事象である**脅威**（threat）に対応するというよりも，むしろそれらの損害や悪影響が具体的に発生する危険性（発生確率）の高い**リスク**（risk）に対応することになる。すべての脅威に対応

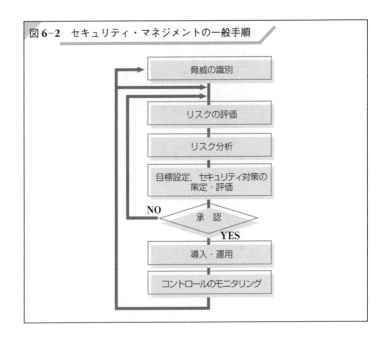

図6-2 セキュリティ・マネジメントの一般手順

脅威の識別

リスクの評価

リスク分析

目標設定，セキュリティ対策の策定・評価

承認　NO　YES

導入・運用

コントロールのモニタリング

しようとしても経済的に見合わないからである。このような自然災害，障害，故意・過失等々のリスクを未然に防止し，また発生したときには，その影響を最小にするようにコントロールすることを**情報リスク・マネジメント**あるいは**情報セキュリティ・マネジメント**と呼んでいる。これらのマネジメントの手順は，基本的に図6-2のように展開される。

セキュリティ対策の機能

セキュリティ対策の機能は，抑制，防止，検知，回復機能の4つに分類される。これらの機能を組み合わせることによって，有効なセキュリティ対策がなされる。

(1) **防止・抑制機能**

損害を生じさせる可能性のある行動や機会を物理的・システム的・管理的対策によって事前に封じ込める機能である。たとえば建物・部屋の安全強化，システムの二重化，外部からシステムへの不正侵入を防御するファイアウォールの設置，ネットワーク上の利用者が「本人」であることを確認する電子認証などによるアクセス・コントロール，暗号化などである。抑制機能とは，自然災害というよりも，人間の意識や感情に働きかける人的対策によって犯罪や事故・エラーが生じないようにすることである。たとえば，情報倫理やセキュリティに関する教育訓練があげられる。

これらが，リスクや損害が発生後にそれを検知して回復させるような対策よりも有効であることはいうまでもない。しかし，完全に防止，抑制することは不可能であるのである。防止・抑制対策は，これらの対策をとらなかった場合に発生するであろう損失と防止・抑制のために費やすコストを勘案して実施する。

(2) **検知・回復機能**

事故および損害の発生を速やかに検知して，回復のための直接的な情報提供をするとともに，間接的には，防止・抑制機能改善のためのデータを提供する。たとえば，不正アクセスに対するアラームや記録機能，ワクチン・ソフトウェアのセットアップなどである。回復機能は，検知されたリスクや損害そして波及的影響を最小限に抑えて，迅速に本来の機能を回復させる各種のバックアップ対策がとられる。

検知・回復機能も，防止・抑制機能と同様にコスト・パフォーマンスや重要性を考慮して検討しなければならない。また検知・回復機能は防止・抑制機能と一体になって情報システムに組み込

まれることが多い。

リスクは損害や悪影響といった事象が発生していない状態であるのに対して，**インシデント** (incident) とは，事故や災害に至らなかったが実際に情報資産が損なわれてしまった状態，たとえば，運用停止（業務停止），情報消失・破壊，不正アクセス（改ざん，盗聴，なりすまし，踏み台），情報漏洩などの事象の発生である。情報セキュリティ・マネジメントは，事故や災害が発生した場合に，その速やかな検知・回復を図るのはもちろんのこと，インシデントへの対応もリスク分析に基づいて物理的，管理的，システム的，人的なセキュリティ対策を組み合わせて運用していくことが重要な課題となる。

表**6-3**から明らかのように，インシデントは，まず組織外部からの**サイバー攻撃**が大きな脅威となって発生する。

ウィルス感染，外部からの侵入（不正アクセス）によって，情報漏洩（取得），改ざん，破壊，なりすまし，コンピュータ不正利用，不正プログラムの埋め込み，踏み台として利用される。さらにはサーバーのパフォーマンスを極端に低下させて，システム・ダウンに追い込む。たとえば，**標的型攻撃**では，金銭や知的財産などの重要情報の不正取得を目的として，攻撃者がなんらかの形で標的となるメール・アドレスを取得し，そこに**フィッシング・メール**（詐欺メール）を送信して，メール本文で仕組まれたフィッシング・サイトへ誘導して ID やパスワードなどの情報の不正取得を行う。**ランサムウェア** (ransomware) は，データを抜き出したり，装置を正常に作動させなくするなどの悪意のある**マルウェア**の一種である。これに感染すると，制限を解除する

表6-3　社会的影響の強い脅威

順位	「組織」向け脅威	組織外部	組織内部
1	標的型攻撃による被害	○	
2	ビジネス・メール詐欺による被害	○	
3	ランサムウェアによる被害	○	
4	サプライ・チェーンの弱点を悪用した攻撃の高まり	○	
5	内部不正による情報漏えい		○
6	サービス妨害攻撃によるサービスの停止	○	
7	インターネット・サービスからの個人情報の搾取	○	
8	IoT 機器の脆弱性の顕在化	○	
9	脆弱性対策情報の公開に伴う悪用増加	○	
10	不注意による情報漏えい		○

（出所）　情報処理推進機構（IPA）セキュリティセンター『情報セキュリティ 10 大脅威 2019』10 頁より作成。
https://www.ipa.go.jp/files/000072668.pdf（2021 年 2 月 4 日）

ため，身代金（ransom）の要求が生じる。**DoS 攻撃**（特定のサーバーなどに大量の要求を出して過大な負荷をかけ，サービス停止に追い込む）や DoS 攻撃を多くのコンピュータを踏み台にして特定のサーバーにいっせいに過大負荷をかけて，サービス停止に至らせる **DDoS 攻撃**が脅威を大きくしている。

　また外部からの脅威は，サーバー攻撃以外でも，台風・地震といった自然災害，停電，火災，盗難，輸送中の紛失など，また組

織内部における不正や不注意によって，情報漏洩，情報消失，破壊が生じてインシデントの要因になる。

情報セキュリティ・ポリシーとコンティンジェンシー・プランニング

情報セキュリティ・ポリシーは，組織体が実施する情報セキュリティ対策の方針や行動指針のことである。これには，職務規定，プライバシー・ポリシーなどの組織全体のルールと整合性をとって，保有する情報資産をどのような脅威，インシデントの発生から，どのように守るかの基本的理念や考え方，情報セキュリティの管理体制，運用規定，基本方針，対策基準・留意点などを具体的に記載する。これによって社員の情報セキュリティに対する意識の向上や，社会からの信頼性の向上にも貢献する。とくに運用基準や対策基準の具体化にあたっては，少なくとも次の点のルール化とその徹底を図る。

- 情報・PC・USB メモリーの持ち出し・搬送
- 社内ネットワークへの機器接続
- 修正（更新）プログラムの適用
- セキュリティ・ソフトの導入および定義ファイルの最新化
- 定期的なバックアップ
- パスワードの適切な設定と管理
- 不要なサービスやアカウントの停止または削除
- PC 等の画面ロック機能の設定
- ソフトウェアのインストール
- 不審メールの取り扱いルール

なお情報セキュリティ・ポリシーを徹底して前述の防止・抑制対策をとっても，現実には，情報システムの機能が低下あるいは停止することによって，組織に多大な損害や打撃を与えるような

緊急かつ不測の事態が生じることがある。このような事態が生じた場合に，損害を軽微に収め，速やかに以前の状況に戻すために，どのような行動をとるべきかをあらかじめ策定しておく必要がある。この計画策定を**コンティンジェンシー・プランニング**（不測事態対応計画，緊急時対応計画の策定）と呼んでいる。応急・復旧処理を行う手順が示された行動マニュアルを作成，維持し，効率的に遂行する過程をも含意している。セキュリティの検知・回復機能と密接に関連し，また現状の防止・抑制機能を適切に評価することによって具体的に策定される。

4 システム監査と情報セキュリティ監査

監査の定義・目的 コンピュータやその他情報通信技術を駆使して情報システム化が進展するとともに，事故やエラー，コンピュータ犯罪，プライバシーの侵害，災害等によるリスクがますます増大してくる。いかに企業活動の麻痺や社会的混乱を起こさせないように情報化を推進するかが重大な課題になる。また情報システム化は多大な投資を伴うために，情報システムがコスト効果の点から妥当か，システム化の目的を達成しているかを評価してコントロールする必要性が増大してくる。

これらの問題を解決し，情報システムのみならず社会全体の健全な発展を図るために，システム監査と情報セキュリティ監査の必要性が高まっている。

「**システム監査**とは，専門性と客観性を備えた監査人が，一

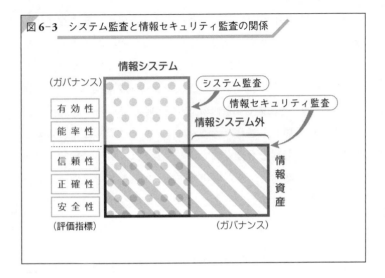

図6-3 システム監査と情報セキュリティ監査の関係

情報システム

（ガバナンス）

システム監査

情報セキュリティ監査

情報システム外

有効性

能率性

信頼性

正確性

安全性

情報資産

（評価指標）

（ガバナンス）

定の基準に基づいて情報システムを総合的に点検・評価・検証
をして，監査報告の利用者に情報システムのガバナンス，マネ
ジメント，コントロールの適切性等に対する保証を与える，又
は改善のための助言を行う監査の一類型である。

　また，システム監査は，情報システムにまつわるリスク（以
下『情報システムリスク』という。）に適切に対処しているかど
うかを，独立かつ専門的な立場のシステム監査人が点検・評
価・検証することを通じて，組織体の経営活動と業務活動の効
果的かつ効率的な遂行，さらにはそれらの変革を支援し，組織
体の目標達成に寄与すること，又は利害関係者に対する説明
責任を果たすことを目的とする。」（経済産業省「システム監査基
準」の前文，2018 年）

　他方，**情報セキュリティ監査**は，「情報セキュリティに係るリ

表6-4　システム監査と情報セキュリティ監査

	システム監査	情報セキュリティ監査
監査目的	ITガバナンスの実現，情報システムの信頼性・安全性の確保，効率性の向上	情報セキュリティ確保のための管理，運用の有効性
監査対象	情報技術による情報システム	情報資産（情報技術による情報システムを含む）
監査人	システム監査人	情報セキュリティ監査人
基準 （経済産業省）	システム監査基準（行為規範） システム管理基準（判断尺度）	情報セキュリティ監査基準（行為規範） 情報セキュリティ管理基準（判断尺度）
監査報告の役割	保証，助言	保証，助言

スクのマネジメントが効果的に実施されるように，リスク・アセスメントに基づく適切なコントロールの整備，運用状況を，情報セキュリティ監査人が独立かつ専門的な立場から検証又は評価して，もって保証を与えあるいは助言を行うことにある。」（経済産業省「情報セキュリティ監査基準」2003年）と定義される。

　両監査は，それぞれ独立的に遂行できるものではなく，目的，対象，方法も相互に密接な関連を持っており，いずれもリスク・マネジメントやコントロールが適切に整備・運用されて，効果を上げているか否かを監査する**保証型監査**と，保証をするよりもむしろ改善提案をする**助言型監査**とからなる。また監査目的にはさほどの違いはないが，システム監査では，情報セキュリティ監査と同じように信頼性や安全性の確保を目的とするとともに，さらには，そのもとで情報システムの効率性・有効性の向上を目的と

しつつ，後述する IT ガバナンスの実現に寄与するものである。

監査の担当者と対象　いずれの監査であろうと，監査は，本来，監査対象から独立した客観的立場から行われるものである。妥協やお手盛りの点検・評価，保証，助言・勧告であれば，その意義を失うからである。したがって，情報システムの企画，開発，運用や情報資産の管理に関係なく，それぞれの専門的知識と技能を備えて，監査対象から独立した第三者としての**システム監査人**，**情報セキュリティ監査人**が行うことになる。公認会計士による財務諸表監査のように組織外部の専門家による法定の外部監査ではなく，組織内部もしくは外部の専門家による任意の内部監査である。

システム監査の対象は，システム監査基準では，ICT による情報システムであるのに対して，情報セキュリティ監査の対象は，ICT による情報システムだけでなく，より広く情報資産全体のセキュリティである。**情報資産**とは，ICT によって処理されたものだけでなく，個人的メモであろうが組織内にあるすべての情報を包含する。なお監査対象となる情報システムも，たんにハードウェアとソフトウェアによって物理的に構成されるシステムそのものだけではない。さらに入力，処理，出力そして利用に至る情報処理に関連する業務と担当者，情報システムの企画・開発者，運用管理者，利用者によって構成される全体として認識しなければならない。

いずれの監査も，それぞれの目的に照らして，ICT による情報システムあるいは情報資産を監査対象とするだけで，関連する他の人的・組織的要素や現象から独立的に監査を行っても限界がある。ICT に関連しない人的，組織的な情報的相互作用も情報

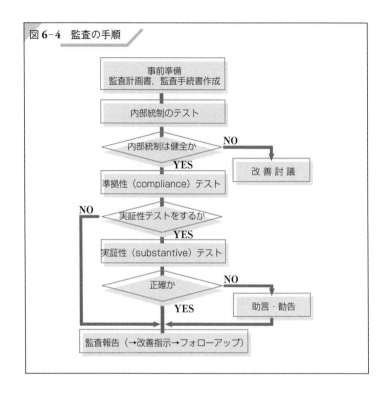

図 6-4　監査の手順

```
        事前準備
  監査計画書, 監査手続書作成
          ↓
     内部統制のテスト
          ↓
   内部統制は健全か ──NO──→ 改善討議
          │YES
  準拠性 (compliance) テスト
          ↓
   実証性テストをするか ──NO──┐
          │YES              │
  実証性 (substantive) テスト  │
          ↓                  │
       正確か ──NO──→ 助言・勧告
          │YES              │
          ↓←───────────────┘
  監査報告 (→改善指示→フォローアップ)
```

システムとして，ICT による情報システムとともに企業情報システムを構成するものとして認識し，監査対象とすることが重要になる。

監査業務の一般的手順　情報システム監査あるいは情報セキュリティ監査，どのような監査であろうと，監査の実施にあたっては，次のような手順で展開される。

まずは，事前評価を行い，監査テーマ・目的，対象，期間などを決めて監査計画，監査手続書を作成する。点検・評価にあたっては，信頼性や安全性を確保するために，たとえば経済産業省で

策定された「システム監査基準」,「システム管理基準」などを参考に整備された内部統制手続きの妥当性・健全性をテストする(**内部統制のテスト**)。

次いで,内部統制テストの結果,内部統制手続きが妥当である場合には,その手続きを遵守しているか,十分に機能しているかの**準拠性テスト**を行う。内部統制手続きそのものに問題がある場合は,以後の監査は行わずに,まずは内部統制手続きの整備を助言・勧告する。

準拠性のテストの結果,問題があれば,情報化実践現場での**実証性テスト**によって処理結果の妥当性を検証する。

監査の結果は,監査報告書の形式により,経営者をはじめとする関係者に対して,問題点の改善のための助言や勧告を行う。またシステム監査では,改善案が的確に推進されているかを評価して,それが円滑に進むようにフォローアップをする。

5 情報化実践のガバナンス

伝統的な情報化実践は,特定の業界,特定の製品やサービスを前

ガバナンスの必然性

提にして,いかに顧客満足を実現するかの発想で経営戦略を策定し,ビジネス・プロセスの合理的・効率的遂行を支援,つまり企業の受動的環境適応を支援してきている。

これに対して,現代の DX における情報化実践は,たんなる特定業界の特定製品やサービスを前提にして顧客の満足にとどまらず,個々の顧客にとっての価値を創出し,顧客の経験価値の向上

を実現しようとする。そのために，たとえ競争関係にある同業者であろうと，また他の業界の企業や顧客価値の創出に関連する各種団体であろうと，ビジネス・エコシステムとして競争と協調をしながら，各々の自律性を保持しつつ各々が保有する資源の補完的組み合わせを可能にするビジネス・モデル（バリュー・ネットワーク）の構築と運用管理の支援を行う。

　さらにエコシステムとして業界構造や取引慣行までも変化させるようなビジネス・モデルの変革をするなどの能動的環境適応も支援することが重要になる。これは，エコシステムとしての企業その他組織体が，全体として不確実な環境下では，たんに受動的に環境適応をするだけでなく，能動的に自己組織化し，自らを維持，発展させる**サイバネティックス**と同じ発想である。

　サイバネティックスの語源がギリシャ語の「kybernetes：舵取り」であり，ガバナンスの語源も「舵取り，統治」を意味するラテン語（gubernare）である。なお，ガバナンスは，一般に，コーポレート・ガバナンスとして企業の不正行為の防止と競争力・収益力の向上を総合的に展開する経営者の行動規範としての側面に焦点を合わせてきた傾向がある。しかし，ガバナンスは，サイバネティックスと語源が同じであることから，サイバネティックス的視点からその特性を捉えることができる。

　すなわち，情報化実践におけるガバナンスとは，とくに動的な環境下においてビジネス・モデルや業界構造を再構築し，顧客価値を再構成，再提案して，企業価値を増大させることを支援する情報化戦略のもとで，経営者が戦略の具体的な実行プロセスをまとめ治めることである。情報化実践においてもたんなる受動的環境適応だけでなく，能動的環境適応の支援を重視するガバナンス

が重要となる。

　なお情報化実践におけるガバナンスは，これまでは **IT ガバナ**
ンスと称されることが多い。しかしこの概念は，IT（ICT）シス
テムそのものをガバナンスするかのような誤解が生まれる。IT
システムは，人間による情報システムとの整合性によりはじめ
て機能するものである。そこでこの点を重視して**情報システム**
(IS)・ガバナンスという場合もある。さらにはサイバー・システ
ムとフィジカル・システムの融合を意味する DX を意識して，**デ**
ジタル・ガバナンスと称することもある。

ガバナンスの機能と
実現の原則

　　　　　　　　　　　　　情報化実践におけるガバナンスは，経営
者あるいは取締役会という経営者層に
よって適切に策定された情報戦略のもと
に，情報システムの企画，開発，運用，保守に関わる管理プロセ
スを，経営戦略との整合，価値の提供，リスクの管理，資源の管
理，成果の測定の視点から評価し，指示し，モニターすることで
ある。

　IT ガバナンスに関する国際標準である ISO/IEC38500 シリー
ズおよび日本での規格である JISQ38500，また IT ガバナンス
とともに情報システムの設計開発・運用管理やセキュリティ
などのあり方を先導する国際的団体である ISACA（もともと
は Information Systems Audit and Control Association の略語）の
COBIT 5 などの標準，枠組み・ガイドラインが密接な連動を
とって，IT ガバナンスおよび IT マネジメントに関する包括的
な枠組み・ガイドラインを公表している。いずれの枠組み・ガイ
ドラインでも，基本的に，ガバナンスの機能を，評価（Evaluate），
指示（Direct），モニター（Monitor）の頭文字をとって **EDM モデ**

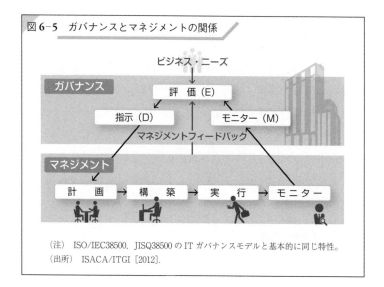

図6-5 ガバナンスとマネジメントの関係

ビジネス・ニーズ

ガバナンス

評　価（E）

指示（D）　　　モニター（M）

マネジメントフィードバック

マネジメント

計　画　→　構　築　→　実　行　→　モニター

（注）　ISO/IEC38500, JISQ38500 の IT ガバナンスモデルと基本的に同じ特性。
（出所）　ISACA/ITGI［2012］.

ルとして特徴づけている。ISACA の COBIT 5 と称する枠組み・ガイドラインでは，この EDM モデルを図6-5のように展開している。

評　　価……情報システムの現在と将来のあるべき姿を比較分析し，情報システムの管理者に期待する効果と必要な資源，想定されるリスクを見積もる。

指　　示……情報化戦略を実現するために必要な責任と資源を組織へ割り当て，期待する効果の実現と想定されるリスクに対処するよう，情報システム管理者を導く。

モ ニ タ ー……現在の情報システムについて，情報システム戦略策定で見積もった効果をどの程度満たしているか，割り当てた資源をどの程度使用しているか，および想定したリスクの発現状況についての情報を得られるように，情報システム

管理のあり方を整備して，管理者の評価と指示のために必要
な情報を収集する。

　なお，IT ガバナンスの対象はマネジメント層の情報システム
に関わる計画，構築，実行，モニターの局面である。各局面は，
情報システムの管理における **PDCA** (Plan–Do–Control–Action)
サイクルともいえる。またガバナンスは，あくまでもマネジメン
ト・レベルを統治するのであって，最下位層の情報システムに関
わる業務管理 (operational control) レベルではないことに留意し
なければならない。

ガバナンス成功の原則　情報システムのガバナンスを成功に導く
ため，経営者あるいは取締役会は，次の
6つの原則を採用することが望ましい。JISQ38500 によると次の
6つに集約される（ISO/JEC38500 もほとんど同じである）。IT は
本書でいう情報システムと読み替えてよい。

原則1：**責任** (responsibility) ……組織内の個人および部門は，
　　IT の供給および需要の両面の役割について，その責任を理
　　解して受け入れる。処置に責任を負う人は，その処置を遂行
　　する権限を持つ。

原則2：**戦略** (strategy) ……組織の事業戦略は，IT の現在お
　　よび将来の能力を考慮する。IT の戦略計画は，その現在お
　　よび進行中の事業戦略のニーズを満たす。

原則3：**取得** (acquisition) ……IT の取得は，適切で継続的な
　　分析を基礎として，明確で透明性のある意思決定に基づいて
　　行う。また短期的および長期的の両面で利益，機会，コスト
　　およびリスクのバランスのとれた決定に基づいて行う。

原則4：**パフォーマンス** (performance) ……IT は組織を支援し，

現在および将来の事業のニーズに合うサービス，サービス・
　　レベルおよびサービス品質を提供する点で目的に適合する。

　原則 5：適合（conformance）……IT は，必須であるすべての
　　法律および規制に適合する。方針および指針は，明確に定義，
　　実施および強制される。

　原則 6：人間行動（human behavior）……IT の方針，指針およ
　　び決定は，プロセスにおける人間のすべての現在および発展
　　するニーズを含み，人間行動を尊重する。

　なお，情報セキュリティに関するガバナンスも重要になる。こ
れは，情報システムのガバナンスと同様にその対象は情報セキュ
リティ・マネジメント層の PDCA サイクルである。ガバナンス
の機能は，評価（E），指示（D），モニター（M）の機能に加えて，
セキュリティに関する要求と報告をするステークホルダーとの
「コミュニケーション」の４つの機能で構成される。また成功の
６つの原則も ISO/IEC38500 と基本的に同じである。しかし，「責
任」は経営者にあることは当然のことなので，６原則から第１原
則を省き，原則２として「リスクに基づく取り組みを採用する」
を原則として，ISO/IEC27014 として 38500 を参考にして規格化
されている。

　なお ISO/IEC38500，JISQ38500 に密接に関連する COBIT 5
は，**COBIT 2019** としてさらに洗練され，情報システム部門
がイニシアチブをとる情報化実践に対する伝統的な企業 IT ガ
バナンスではなく，ユーザー部門がイニシアチブをとるような
全社的なデータと情報と AI，IoT，モバイル，クラウドなどの
全情報通信技術を包括して「**I & T の全社ガバナンス**（EGIT：
Enterprise Governance of Information and Technology)」として認

識をして，枠組みやガイドラインの平易さと使い勝手を高めている。またとくに最近のDX（デジタル・トランスフォーメーション）の動きに対応していることから，本書でいう現代の経営情報化実践やガバナンスを先導する内容であろう。

［情報セキュリティ・ガバナンスの原則（JIS27014）］

原則1：組織全体の情報セキュリティを確立する。

原則2：リスクに基づく取り組みを採用する。

原則3：投資決定の方向性を設定する。

原則4：内部および外部の要求事項との適合性を確実にする。

原則5：セキュリティに積極的な環境を醸成する。

原則6：事業の結果に関するパフォーマンスをレビューする。

 練習問題　　　　　　　　　　　　　　　　　　　　EXERCISES

1　経営情報システムの最高責任者が，なぜICTに関する知識と経験の豊富な情報システム部長と兼任してはいけないのか。その問題点を整理しよう。

　　Hint　経営情報システムがたんなるICTによる情報システムではないこと，および本来の役割期待を思い出そう。

2　アウトソーシングや外部委託方式の長所と短所について，情報戦略と基本計画を策定するトップ階層レベル，情報システム部門の専門技術者，ユーザー部門の利用者の視点から洗い出してみよう。

　　Hint　問題の発見，斬新な改革の策定，教育訓練，知識ノウハウの蓄積，余剰人員の扱い等々から考える。

3　なぜ直接的にICTやソフトウェアに投資した額と売上高に

よって情報システム化の評価をする方法に限界があるのか答え
なさい。

Hint なぜ TCO や付加価値重視の効果計算が提唱されることに
なったのかを考えてみる。

4 システム監査を有効にするために，情報システム部門に ICT
に関する知識と経験の豊富な人材をシステム監査人として据え
ることは妥当か否か考えなさい。

Hint 監査の本来の機能を思い浮かべること。

5 IT ガバナンスあるいは情報システム・ガバナンスの具体的内
容を明確にしなさい。

Hint ガバナンスは，組織のオペレーショナル・レベルの情報シ
ステムの構築や運用管理に関わる作業そのものを統治する
ことではないこと，また IT あるいは情報システムのマネジ
メントではないことに留意しなさい。

文献案内 REFERENCE

[1] ポール・A. ストラスマン（末松千尋訳）[1994]，『コンピュー
タの経営価値：情報化投資はなぜ企業の収益向上につながらな
いのか』日経 BP 出版センター。

●古い文献であるが，収益性と ICT との間には相関関係がないとい
うことと，付加価値による評価の有効性について実証的に，かつ説得
力をもって展開している。

[2] 内山悟志・遠藤玄声 [1998]，『TCO 経営革新：情報化投資の
経営価値を問い直す』生産性出版。

●情報システム化のコスト計算に関するガートナー・グループの提唱
する TCO をわかりやすく展開した書物である。

[3] 経済産業省 [2018]，『システム監査基準』，『システム管理基

準』

https://www.meti.go.jp/policy/netsecurity/downloadfiles/
system_kansa_h30.pdf

https://www.meti.go.jp/policy/netsecurity/downloadfiles/
system_kanri_h30.pdf

●平成 30 年に改訂された基準である。平成 16 年の改訂ではガバナンスが具体的に展開されていなかったのが明確にされ，ISO/IEC38500，JISQ38500 そして ISACA の COBIT 5 との整合性を図っている。

[4]　原田要之助［2016］，「AI のガバナンスについて：IT ガバナンスの系譜からの考察」『情報セキュリティ総合科学』第 8 巻，50−70 頁。

●情報化実践に関わるガバナンスとシステム監査，情報セキュリティ監査との関係について，ISO や JIS の規格と関係づけて平易に解説している。

[5]　遠山曉［2001］，「情報技術による企業革新」池上一志編『現代の経営革新』（中央大学企業研究所叢書）中央大学出版部，3−32 頁。

● ICT と収益性・生産性との関係に関する文献サーベイと，日本においても ICT と収益性・生産性には相関関係がないことを実証分析している。

[6]　ISACA［2012］，*COBIT 5: A Business Framework for the Governance and Management of Enterprise IT*, Isaca.

● IT ガバナンスと IT マネジメントとの関係を最も簡潔に説明している。ISACA 日本支部にて，その後の DX を意識して使いやすさに留意した「COBIT 2019」の翻訳が刊行されているので，利用されたい。

第7章

情報通信技術を活用した ビジネス・イノベーション

SUMMARY

07 | 本章で学ぶこと

　本章では，現代の企業が持続的な競争優位を確保するために必要とされるビジネス・イノベーションを，いかにICTを利用して実現しうるのかについて学ぶ。

　企業を取り巻く競争環境はめまぐるしい変化を続けている。情報化やグローバル化といった言葉はすっかりおなじみのものとなり，ビッグ・データ環境が整備される中でデータ経済が出現しているといわれている。企業はこうした変化がもたらすさまざまな環境の圧力に対応し，それをビジネス機会として活かすことで，競争に勝ち抜いていかなければならない。そのための有力な方策として，さまざまなタイプのビジネス・イノベーションが注目を集めている。

　とりわけICTの活用と関連して重要なのがプロセス・イノベーションである。プロセス・イノベーションの焦点は徹底した顧客志向にあり，そのためには顧客への製品・サービスの提供における他社に対する先行性と，顧客ならびにパートナー企業との良好な関係性を実現できるビジネス・プロセスの構築が必要とされる。こうしたプロセスの構築，そして，そのさらなる改善，革新のためのイネーブラーとして，ICTの活用が今日の企業には求められている。

　ただし，イノベーションを実現することは，どのような企業にとっても決して容易なことではなく，またその効果を持続させることもたやすいことではない。それは企業にとって終わりのない活動であると理解されなければならないのである。

　メインフレームと呼ばれる大型計算機が主流であった時代に, コンピュータ産業のチャンピオンといえば, 長い間, IBMであった。同社の情報システムは, 多くのユーザー企業を囲い込むことに成功し, 1960年代後半から圧倒的なマーケット・シェアを誇った。

　コンピュータのダウンサイジングが進み, 破壊的技術としてのPC (Personal Computer) の性能が急速に進展するにつれて, コンピュータ産業の盟主の座をIBMから奪い取ったのがマイクロソフトであった。同社はMS-DOSやMS-WindowsをPC用のオペレーティング・システムのデファクト・スタンダードとすることに成功し, 市場における独占的地位を築いた。じつはこのきっかけを作ったのがIBMであった。同社が1981年に発表したIBM PCのオペレーティング・システムにはマイクロソフト製品が採用されていたのである。またIBMは1984年に発売された, 現在使われているPCの原型ともいえるPC/ATの内部仕様をオープン・アーキテクチャとして一般に公開していた。そのため低価格のPC/AT互換機を販売するメーカーが多く現れた。こうしたIBMの姿勢は, コンピュータの主役はあくまでメインフレームであり, PCはローエンド製品でしかないという認識の表れであった。

　一方, PC市場においてマイクロソフトに一敗地にまみれたのがアップルであった。先進的なアーキテクチャを誇る同社のMacintosh PCは, 固定的なファン層をつかみながらも, Windows PCに太刀打ちできず, シェアを拡大するには至らなかった。しかし, 携帯電話という破壊的技術が徐々に進化し, 多機能携帯電話がインターネット端末として市場に受け入れられてきたところで, その最終形ともいうべきスマートフォンのiPhoneを2007年に発表し, 携帯電話市場の状況を一変させ, あわせてタブレットPC市場でもトップ・シェアを握るに至って, アップルはコンピュータ産業における巨大企業となった。スマートフォンの機能の向上には目を見張るものがあり, コンピュータ市場からデスクトップPCやラップトップ (ノート) PCが駆逐される日も近いかもしれない。

1 現代のビジネス環境

経済の成熟化と顧客志向経営

現在，多くの先進国においては，経済の成熟化という現象が見られる。すでに先進諸国のマクロ経済政策は安定的な経済成長をターゲットとするものになっている。

　経済成長期における所得水準の上昇と，大量生産システムによる日用品価格の低下は，生活水準の向上をもたらし，多くの家計で生活必需品がすでにそろっているという状況を生み出した。これに加え，都市化の進展，女性の社会進出，少子化，高齢化社会といった要因が絡み合って，多様なライフスタイルが出現することとなった。

　多様なライフスタイルは多様な消費者嗜好を意味し，かつてのような大量生産・大量消費を企業は期待することができなくなった。より多様化する顧客ニーズに対応するために，企業には，採算が取れる範囲で，製品・サービスを個別化すること，すなわち**カスタマイゼーションやパーソナライゼーション**が要求されるようになり，**顧客志向の経営**が必要とされている。

　細分化・分散化された成熟市場における競争は，製品・サービスのライフサイクルの短縮化をもたらした。企業は多品種少量の製品・サービス供給を，ダイナミックに変化する顧客の要求により柔軟に対応しながら，あるいはそれを先取りする形で行う体制を整えなければならなくなっている。

1950年代から着々と進行してきた企業
情報化の意味するところは，1990年代
半ば以降のインターネットの爆発的普及
によって劇的に変化した。標準技術の浸透とネットワーク・イン
フラストラクチャの整備を背景として，ウェブ上で多種多様な
サービスを展開することが，技術的にはもちろん，ビジネスとし
ても現実的なものになってきた。インターネットがビジネスの基
盤環境，すなわちビジネス・プラットフォームとしての地位を確
立したのである。

企業も顧客もインターネットを通じて「つながっている」こと
の競争における意味を理解することは，今日の企業にとって重要
である。これを前提とするとき，マスとしての顧客は，それぞれ
異なる要求を持つ顧客，すなわち個客となる。個々の顧客が抱え
る問題に個別に対応するソリューションとしての製品・サービス
を供給することが，顧客との長期にわたる良い関係を可能にし，
企業の持続的な競争優位獲得の足がかりとなりうるのである。

さらには，顧客を企業が行うビジネスの一部として取り込む
形でのプロセス設計もより容易になる。現代のICT（Information
and Communication Technology）は顧客情報の収集，処理，活用，
トランザクション処理の自動化のみならず，個々の顧客との対話
を促進することもできる。

他の企業との協働や提携も，ネットワークを利用したコミュニ
ケーション・システムを構築することでスムーズに行うことがで
きる。今日の競争環境では，他企業との柔軟なビジネス・パート
ナーシップを確立することが非常に重要であり，競争相手の企業
とですら，時と場合によってはパートナーとして手を組むことが

ある。

インターネットをはじめとする標準化されたICTの今日の企業経営における意義は，企業活動のさまざまな局面で，企業がとりうる行動の選択肢をこれまで以上に広げ，不確実な環境の多様性に対応できるだけの多様性を企業にもたらすことにある。もちろん，どのような選択肢を選ぶのかは経営者の戦略的決定であり，ICTをいっさい利用しないという決定もありうる。しかしながら，現代のビジネス環境において，ICTが企業業績への無視することのできない影響力を持っていることも，また事実なのである。

グローバル化

先進国経済の成熟化は，有望な市場や低コストの生産拠点を国外に求める企業の動きを活発化させている。多くの企業がグローバルに分散化された市場環境のもとで活動しており，企業ビジネスは国境を越え，まさに**グローバル経済**あるいはボーダーレスなビジネス環境が出現している。

グローバルでボーダーレスな経済を加速させている1つの要因はインターネットである。インターネットが作るサイバースペースでは，企業は高いコストをかけることなく時間と空間を克服することができる。企業が一国にとどまらず，世界中にビジネス機会を求めてその活動範囲を広げようとするとき，またグローバルなパートナーシップを築き上げるとき，必要とされるグローバル・コミュニケーションを実行可能にするのは，インターネットのような標準化された，世界をカバーするネットワーク環境である。

グローバル経済を実現可能にしたもう1つの要因は，リアル・

スペース（実空間）においてグローバルに展開する，**ロジスティクス・システム**の存在である。物流インフラが整備され，輸送技術と保管技術が向上し，フェデラル・エクスプレス（FedEx）が展開しているハブ・アンド・スポークのような，高度なロジスティクスを実現するビジネス・モデルが考案されることによって，物理的製品を，品質を損なうことなくスムーズに移動することが可能になるのである。

　また，1989年11月のベルリンの壁崩壊に端を発する東西冷戦構造の終結によって，ほとんどの国や地域が市場経済を受け入れることになった点も，グローバル経済の進展に寄与している。

| データ経済の出現 |

今日のIoT（Internet of Things）/IoE（Internet of Everything）環境は，ビッグ・データの名のもとに，古生代における生物の多様性の劇的な増大になぞらえて「カンブリア爆発」と形容されるほどの膨大な量の，多様なデータが日々刻々と生み出され，蓄積されていく状況を生み出している。そして，こうしたデータが「**新たな原油**」として処理・解析され，さまざまなビジネス機会と経済的価値をもたらす原動力になると期待される**データ経済**が出現している。

　生産設備や建築機器，また道路・橋梁などの社会インフラストラクチャに設置されたセンサーなどのIoT機器から収集されるデータは，政府機関や企業などの関連する組織に共有されることで，適切なメンテナンスを行うことが可能となり，故障や事故を未然に防いで経済損失を回避することができる。また，個人の属性，状態，行動に関するテキスト，画像，映像などの個人データは，モバイル機器の普及とソーシャル・メディアの利用の拡大によって，ほぼリアルタイムに企業のデータベースに大量に収集・

蓄積されるようになっている。これを解析することで個人のプロファイリングを正確に行うことが可能になっており，精度の高いターゲット・マーケティングが実現されている。

2 イノベーションをめぐる議論

シュンペーターの「5つのイノベーション」

イノベーションは組織を従来からの延長線上にはない新たなステージへと導く活動であり，経済そして社会全体を大きく発展・変革させる契機をもたらす。漸進的な改善では解決できない問題状況にブレイクスルーをもたらすイノベーションの重要性は広く認められている。成熟経済の中で変化し続ける顧客ニーズに迅速かつ的確に対応することを求められる現代企業においては，さまざまな意味でのイノベーションの実現が求められている。

イノベーションを，**創造的破壊**をもたらす生産要素の**新結合**すなわち新たな組み合わせとして定義し，企業家が取り組むべき課題であると指摘した**シュンペーター**（J. A. Schumpeter）は，その類型として以下の5つを提示している（Schumpeter [1934]）。

①新たな生産物あるいは既知の生産物の新種を世に送り出すこと。

②生産物の新たな生産方法や販売方法を導入すること。

③新たな市場を開拓すること。

④原材料や半製品の新たな供給源を獲得すること。

⑤独占的地位の形成や打破といった新しい産業構造を実現すること。

これらはそれぞれ, ①製品, ②生産工程ならびにセールス, ③マーケティング, ④サプライ・チェーン, ⑤産業のイノベーションに対応している。いうまでもなく, いずれのイノベーションについても, それを現実のものとすることは決して容易ではない。また, イノベーションが誰によって, どのように実現されているのかについても, じつに多様な状況が存在している。その一方で, 現在のICTならびにその利用環境が, イノベーションの実現をさまざまな形で可能にしているのもまた事実である。

オープン・イノベーション

組織は, イノベーションを実現するための資源をどのように確保すべきなのであろうか。現在のように, 細分化され, しかも短期間に変化する顧客嗜好に対応することを求められる一方で, ICTを利用して低コストで組織間あるいは組織と個人間でのつながりを確保することができるビジネス−技術環境においては, イノベーションに必要なすべての資源を自前で調達するという考え方は必ずしも正しくない。たしかにイノベーションは組織の競争優位の源泉となりうるものであり, したがってそれに関する情報をできるかぎり組織内にとどめるべきであるという発想もできよう。しかし, そうした**サイロ**的な思考に陥らず, 組織外部に存在する利用可能な資源を積極的に取り込んで, 求められるイノベーションを, 時期を逃さずに実現することも, 現代の組織は視野に入れるべきなのである。

チェスブロウ（H. W. Chesbrough）は基礎研究から製品開発に至るまでのすべてのイノベーション・プロセスを組織内部で垂直統合的にまかなう自前主義のクローズド・イノベーションに対して, 組織外部に存在する技術や知識を活用する**オープン・イノ**

ベーションの重要性を主張している。彼によればオープン・イノベーションとは，企業が自分たちの技術を進歩させようとする際に，内部のアイディアだけではなく，外部のアイディアを使うことができるし，また使うべきであり，同時に市場への経路も自社からのものであっても，他社からのものであっても，同等に重要であると考えるパラダイムである。このパラダイムは，それぞれの組織がそのビジネス・モデルに基づき，組織の境界線を越えた技術や知識の流通と利用を活性化させることで，それらが特定の組織に囲い込まれているときよりも，はるかにその価値を増大させ，イノベーションの実現を促進することを示唆している（Chesbrough［2003］；［2006］）。

ユーザー・イノベーション

一般的に，新製品の開発や既存製品の改良・改善の担い手は，すなわち製品イノベーションの源泉となっているのは，顧客が何を必要としているのかを探り当て，それを満たそうとする，大規模製造業者に所属するエンジニアやマーケター，そしてときには個人発明家や起業家であると考えられている。しかしこのことは必ずしも正しいわけではない。製品イノベーションの源は多様であり，分野によっては，むしろ既存の製品に何が足りないのかを誰よりも熟知している組織ならびに個人ユーザーや，サプライヤーであることも多い。フォン・ヒッペル（E. von Hippel）は幅広い事例研究から，工業製品ならびに消費財における，こうした「常識破り」ともいえる結論を導き出している（von Hippel［1988］）。

彼によれば，ICT の進展と普及がイノベーションの「民主化」を進行させている。すなわち，ICT を利用することで，創造的

なユーザーは，**ユーザー・イノベーション**のためのコミュニティを形成し，豊かな知的コモンズ（共有地）を作り上げることを通じて，イノベーションに関するアイディアを共有することができ，それによってますます新しい製品・サービスの開発に取り組むことができるようになっている。製品イノベーションをリードするユーザーは，市場のトレンドを他に先駆けて把握しており，そうしたユーザーが開発した製品は，大規模製造業者の商品開発の基礎ともなっている。また，家計部門からのユーザー・イノベーションは，それに携わる多くの人々が商業的関心から離れており，知的財産権を要求することもなく，イノベーションの結果を「フリーな財」として自由に流通させることが多いため，社会の幸福の増進に寄与している（von Hippel［2005］；［2017］）。

フォン・ヒッペルの議論をオープン・イノベーションの文脈で読み直せば，企業は他企業のみならず，創造的な個人ユーザーの知識を積極的に取り込む努力をすべきだということになる。イノベーションにおける企業にとっての潜在的なパートナーは組織とは限らず，個人もまたそうなのである。オープン・ソース・ソフトウェアとして，エンジニアの無償でボランタリーな知識供与によって開発された Linux の成功は，企業事例ではないものの，このことの正しさを示唆している。またアプリケーションの開発と利用とを一体化する動きが，たとえば生成 AI システムのようなオンライン・アプリケーションの開発で見られるようになっている。

イノベーターのジレンマと両利きのケイパビリティ

優良企業における優れた経営が，技術と市場構造の破壊的変化に直面したときに，企業を失敗に追い込み，業界リーダーの地位を失わせるというパラドキシカルな現象に焦点を当て，イ

ノベーションの議論に新機軸を打ち出したのが**クリステンセン**（C. M. Christensen）である。彼は，組織が労働力，資本，原材料，情報をより価値の高い製品・サービスに変えるプロセスを「技術」と呼び，エンジニアリングや製造，マーケティング，投資，経営管理などにおける技術の変化をイノベーションと定義している（Christensen [2000]）。

　イノベーションには，既存の製品・サービスの，それまで主要な市場で評価されてきた性能を向上させる**持続的技術**（sustaining technology）の開発に基づく**持続的イノベーション**と，少なくとも開発当初の段階では主流市場での製品・サービスの性能を引き下げる効果を持ち，その価値や用途が不透明ではあるものの，従来とは異なる価値基準を市場にもたらす**破壊的技術**（disruptive technology）による**破壊的イベーション**とがある。市場におけるリーディング企業は上位顧客のニーズに応え続けることで成長を目指すため，持続的イノベーションにほとんどの資源を費やすことになる。実際，持続的技術をめぐる競争で勝つのは，既存の優良企業である。他方，典型的には低コスト・低性能の技術としてスタートする破壊的技術を有する新規参入企業は，その収益性の低さゆえに優良企業が興味を示さない，既存市場におけるローエンドの顧客や新市場を対象にビジネスを開始する。そして，提供する技術の性能を改善し続けていくことで徐々に上位の顧客層へとビジネスの対象を広げ，ついには低コストで上位の顧客ニーズにも合致した品質の製品・サービスの提供を実現することで市場のリーダーシップを奪取する（Christensen [2000]；Christensen and Raynor [2003]）。

　自社の持続的成功のために重要な，最も収益性の高い顧客が求

める製品・サービスに積極的に投資し，持続的イノベーションを達成するという論理的かつ的確な経営者の意思決定が，優良企業に破壊的技術の脅威を見誤らせ，市場でのリーダーシップを失わせることを**イノベーターのジレンマ**という。これに対応するための処方箋として，クリステンセンは，優良企業の経営者が，破壊的技術をもとにした新規の独立したビジネスを立ち上げる役割を負う自律的な組織を設立し，その技術を必要とする新規顧客の中で活動させることを提唱している（Christensen [2000]）。

これに対して**オライリー**（C. A. O'Reilly）と**タッシュマン**（M. L. Tushman）は，漸進的な改善と顧客への細心の注意，決めたことをきちんと実行することが成功要因となる成熟ビジネスで成功をおさめると同時に，スピード，柔軟性と失敗に対する許容が成功のために必要となる新規ビジネスにおいても競争に伍していける**両利き**（ambidexterity）のケイパビリティを組織が有することで，イノベーターのジレンマを乗り越えることができると主張している。組織は，急速に変化する環境の中で組織内外の能力を統合，構築，再構成する能力，すなわち組織の**ダイナミック・ケイパビリティ**（Teece et al. [1997]）を活用して，成熟市場と新規領域の両方で競争できるようにならなければならない。そのためには，成熟事業における既存の資産とケイパビリティを活用し，必要なときにはそれらを新たな強みを作り出すために再構成することのできる，そしてそうした意志のある「両利きのリーダー」の存在が必要とされる。ここでリーダーたちには，うまくバランスをとり，両立させることが難しい以下の2つの課題に，同時に取り組むことが求められる。すなわち，市場と技術が変化する中で組織が取るに足らない存在にならないために，①いかにして，効

率をさらに向上させることによって既存の資源とケイパビリティを有効に活用しうるのかと、②将来に備えていかに十分な調査・探索を行っていくことができるのか、を問い続けていかなければならないのである（O'Reilly and Tushman [2016]）。

3 プロセス・イノベーション

プロセス・イノベーションの戦略的重要性

製品・サービスそのもののイノベーションではなく、**プロセス・イノベーション**、すなわち製品・サービスをどのように顧客に提供するのかということについてのイノベーションが広く注目を集めるようになったのは、比較的最近のことである。たとえば**アッターバック**（J. M. Utterback）は、組立型製品および素材型製品の製造業における企業研究を通じて、産業におけるイノベーションの動態的モデルを示した（Utterback [1994]）。彼によれば、産業がどのような発展段階にあるかによって、そこにおける製品イノベーションとプロセス・イノベーションの相対的な重要度と発生率が変化する。すなわち、製品コンセプトが確立されていない流動期においては、多くの企業が市場で多様な製品を提供し、製品特性をめぐる競争に参加する。そのため製品イノベーションの発生率が高くなる。市場における支配的地位を勝ち取る製品の特性であるドミナント・デザインが出現すると、製品イノベーションの重要性は低下し、大量のかつ効率的な生産を可能にするためのプロセス・イノベーションが活性化される移行期へと移る。そして市場の成熟に伴って大量生産システムの維持が重要

な固定期へと移行し，どちらのタイプのイノベーションの発生も低下していく。

　他方，現代の競争環境はプロセス・イノベーションの相対的重要性を多くの産業において高めてきている。この点について，**ストーク**（G. Stalk Jr.）らによる次のような指摘は示唆に富んでいる（Stalk et al.［1992］）。

　安定した市場環境における競争は「ポジション争い」であり，競争優位の鍵はどこで競争するのかを選択することにある。しかし，市場が分散，あるいは拡散してしまうと，ある市場セグメントを占有することが難しいだけではなく，価値を持たなくなる。製品ライフサイクルが短縮化されれば，既存の製品セグメントを支配することよりも，新製品の創造とその迅速な開発が重要になる。グローバル化によって競争相手は増大し，国内市場におけるシェアの価値は低くなる。このようなダイナミックな事業環境では，戦略もよりダイナミックにならなければならず，競争は「どのような手を打つかの争い」となり，その成否は市場動向の予測と変化し続ける顧客ニーズへの迅速な対応にかかってくる。こうした環境では，戦略のエッセンスは企業行動のダイナミクスにあり，目標となるのは，顧客の目から見て他社を差別化する，模倣困難な組織のケイパビリティを識別し，作り上げることである。

　企業戦略を構成する要素は，製品と市場ではなく，ビジネス・プロセスである。ケイパビリティは戦略的な理解に基づくビジネス・プロセスの集まりである。ケイパビリティをベースにする競争企業は，長期にわたる収益を求めて，鍵となるビジネス・プロセスを識別し，それを中心的に管理し，重点的に投資する。

　ストークらの前提としている市場環境は，今日の市場環境との

共通点を多く持つものである。その点で，彼らの議論は，現代の企業経営におけるビジネス・プロセスの戦略的重要性に対する論拠を与えてくれるものと考えることができる。

顧客志向経営とプロセス

高い情報処理能力とグローバルなコミュニケーション能力を提供するICTの恩恵を享受できる現代の企業では，よりきめ細かく個々の顧客のニーズを把握することが可能になっている。

その一方で，顧客の側も，高い品質，適正な価格，すばやい応答，納得のいくサービス，そして製品・サービスの的確なカスタマイゼーションを求めるようになってきており，これに応じて，企業が提供するものは，たんなる製品・サービスではなく，それに差別化要因となりうるサービスと情報を付加して一体化させたものになりつつある。

こうした中で，企業は，全体としての適正な規模と収益性を確保しながら，個別の顧客に対して，どのようにして，どのような製品・サービスを生産し，それをどのように提供するのかという戦略的決定を行い，そしてその決定を実行するためのケイパビリティを獲得し，保持して，プロセスを作り上げなければならない。このことは，場合によっては，漸進的なプロセス改善では達成不可能であるかもしれず，イノベーティブなプロセス設計のアイディアを必要とするかもしれない。こうした徹底した顧客志向のビジネス・プロセスが，顧客の目から見て卓越したものであれば，そこに競争優位性が生み出されるのである。

タイム・ベース競争

企業の競争優位の源泉として1980年代末から注目され始めたのが時間，すなわち顧客への即応性である。**ストーク**（G. Stalk, Jr.）と**ハウト**（T.

M. Hout）は，日本の製造業を分析して，その強みが時間を戦略的武器とするタイム・ベースの競争優位性にあることを指摘した（Stalk［1988］；Stalk and Hout［1990］）。

彼らによれば，1970年代後半に日本企業は，競争戦略の焦点をコスト・ベースの戦略からフレキシブル生産を軸とする多様性ベースの戦略へと移行させ，低コストと多様性の両者を追求するようになった。この多様性ベースの戦略が**タイム・ベース競争**という新たな局面を生み出したのである。すなわち，多様性を目指す組織的取り組みの中で，企業には顧客要求への即応性という，時間をベースとして競合他社を差別化できる能力が育成されていった。

タイム・ベース競争の対象は生産のみならず，流通，販売，製品イノベーションにまで及ぶ。新製品の開発ならびに市場投入までの時間を短縮することは，技術進歩を他に先駆けて取り入れる能力を確保することを意味する。顧客への応答時間の短さは顧客満足の向上に直結するため，生産，流通，販売，およびイノベーションにおける時間管理が戦略的意味を持つことになる。

プロセスと持続的競争優位

これまで，現代の競争環境におけるビジネス・プロセスの改善，イノベーションの必要性について述べてきた。しかしながら，プロセス・イノベーションに成功したからといって，そこからただちに長期にわたる持続的な競争優位が得られるわけではない。現在のように技術環境や競争環境における変化の激しい時代においては，**持続的競争優位**とは，ビジネスのあり方を変化させずに長期にわたる競争優位を持続させることではなく，能動的に自らの組織の，またビジネス環境の変化を引き起こしつつ短期

的な競争優位を継続的に確保することにほかならない。この意味で，プロセス・イノベーションは一度かぎりのものではなく，むしろ継続して繰り返し行われるべきものなのである。

実際，ネット・ベースの情報環境のもとでは，ビジネス・プロセスの構築に必要なケイパビリティを調達すること，すなわちソーシングがほとんどの企業においてより容易になっており，開発当初はイノベーティブなプロセスであっても，それがときを経るにしたがって競合他社に模倣され，陳腐化し，また，ときには環境との不適合を起こして企業活動への足かせとなることもある。

大きくなる見込みの乏しい成熟市場というパイの分け前をめぐって競争する現代の企業にとって，その競争優位性を持続的に維持することはまさに重要な課題である。それでは，持続的な競争優位を得るための鍵として考えられるものは何なのであろうか。

| 先行性とアジリティ |

企業が顧客をひきつけるためには，まず何よりも顧客への他社に先駆けた迅速な対応が必要とされる。時間的な先行性が競合他社に対する，追いつくことのできない，あるいは追いつくにしても高いコストを必要とする優位性を築く可能性を持つのである。

ゴールドマン（S. L. Goldman）らは，ダイナミックに変化する市場環境において積極的に変化を取り入れ，顧客への機敏な対応を行うことによって収益と成長をもたらす，企業にシステムとして備えられた能力を**アジリティ**（agility：機敏性，俊敏性）と呼んだ（Goldman et al.［1995］）。

成熟経済の中で多様化する顧客の要求は，企業が予測できない形で現れ，しかも常に変化し続けており，企業がこれに対応していくことは容易なことではない。しかし，このことは顧客がビジ

ネス機会を提供しているのだともいえる。競合他社よりも機敏に顧客要求に対応し続けることで，企業は持続的に顧客をひきつけることができる。

先行性がプロセスの改善やイノベーションに対して持つ意味は2つある。1つは，顧客の嗜好，要求の変化に継続的に，しかも迅速に，他社に先行して対応することが可能なアジリティを発揮できるプロセスの構築を企業が目指すべきだということである。そしてもう1つは，有効なプロセス構築そのものをアジャイルに（機敏に）行うことができる柔軟性を企業が持たなければならないということである。

顧客との関係性

競合他社に先行して顧客の要求に応えていくことは，企業の競争優位獲得にとって非常に重要な要素である。しかしながら，顧客への対応が的外れなものであっては，それがいかに迅速に行われようとも意味がない。企業は，個別の顧客についての知識に基づき，的確なソリューションを顧客に提供することによって，はじめて顧客満足を達成することができる。そして，これを継続的に，しかも他社に先行して行うことによって，顧客の企業に対する**信頼**（trust）と**忠誠**（loyalty）を生み出すことができる。

信頼と忠誠は，顧客と企業との対話を促進する。豊かな対話は，的確なソリューションの提供と新たなビジネス機会の発見ならびに創造を促し，企業と顧客との良好で長期的な関係性の構築を可能にする。こうした関係性が持続的競争優位を生み出すのである。

企業は，多様な顧客との多様な関係性をダイナミックに維持することのできるプロセスを，十分な収益性を確保しながら構築していかなければならない。このことは，そうしたプロセスに必要

とされる柔軟な生産能力，提案能力，情報処理能力といった**ケイパビリティ**の確保と育成を通じた，たゆまぬプロセスの改善とイノベーションによって可能となる。

4 現在のICT環境におけるビジネス・イノベーション

組織内ビジネス・
プロセスの変革

標準化されたハードウェアとソフトウェア，そしてインターネットを利用することを前提とする今日のICT環境は，組織ビジネスのあり方に大きな影響を与えてきている。たとえば，ネットワーク技術を有効に利用したビジネス手法で，すでに大きな成果を上げている例としては，小売業における**POS**（Point of Sales）データを利用した物流・在庫管理をあげることができる。これは究極的には，POSで収集される顧客データをもとに，小売店舗における**JIT**（Just-in-Time）物流あるいはゼロ在庫を目指すものである。現在では，POSシステムがスマートフォン・アプリとして提供されるようになっており，小規模の小売店であってもこうした仕組みを安価に利用できるようになっている。また，商品などに関する電子情報を格納し，それを近距離無線通信することのできる**RFID**（Radio Frequency Identification）を利用した販売・在庫管理，商品開発なども進められている。この技術はセンサーやカメラなどと組み合わせて，小売店舗の無人化にも使われようとしている。

　ICTを活用して組織全体の経営資源活用の最適化を図る手法・考え方としては，**ERP**（Enterprise Resource Planning）があ

る。これは会計，人事，製造，購買，在庫，販売，流通などの業務ならびに管理を統合的に実施することを目指すものであり，ICT によって組織内の部門間での業務・管理データの流通と共有を可能にすることを通じて，経営状態の**見える化**（可視化）や業務効率の改善，コスト削減に結び付けようとする。すでに多くの商用 ERP パッケージが販売されており，またクラウド環境で SaaS（Software as a Service）として提供されているものや，オープン・ソフトウェアとしての ERP も存在しており，中小企業であっても組織内ビジネス・プロセスの変革にこうした手法を導入できる環境が整えられている。

　一方，IoT 環境の整備とともに，その重要性が再認識されているのが **PLM**（Product Lifecycle Management）である。PLM は製品の企画・構想から設計，開発，製造，サービス，廃棄に至るまでのライフサイクル全体において，関連する情報を ICT を活用して統合的に一元管理し，収益を最大化する試みである。IoT 機器を用いて，たとえば生産現場や製品メンテナンスに関する情報をリアルタイムに PLM システムに送り込むことで，PLM プロセスのさらなる効率化，高度化が図られると期待されている。

組織間ビジネス・イノベーション・モデル

現在の ICT 環境は，組織内はもちろん，パートナー組織間での，さらには組織と顧客間でのデータ共有を技術的に，かつ経済的に可能にしている。パートナー組織間でデータを共有化し，有効利用する手法として注目を集めているのが **SCM**（Supply Chain Management）である。これは，サプライ・チェーン上に存在するパートナー企業間で，ネットワークを利用して，典型的には顧客データを共有化し，それに基づいてサプライ・チェーン全

体の活動を可能なかぎり最適化させようとするものである。特定の組織の活動のみが最適化されるのではなく，サプライ・チェーンに参加するすべての組織が恩恵を受ける **win-win** の関係を築くことが目指される。ここで**サプライ・チェーン**とは，ある製品・サービスに関して，原材料の産出から最終消費者による消費までの経路を，「供給業者→メーカー→卸売業者→小売業者」のように，企業活動に対する投入物を供給する（あるいは企業活動からの産出物を需要する）組織の連続として見たものである。

ICT が可能にする組織間パートナーシップに参加できるためには，組織は標準 ICT を導入する必要がある。こうした技術的同質性を有する一方で，組織は他の組織からパートナーとして選ばれるに値する，いいかえれば他の組織の目から見て，競合組織を差別化できていると認識される，したがって競争力の源泉となる特異なケイパビリティあるいは**コア・コンピタンス**（Hamel and Prahalad ［1994］）を有していなければならない。そして今日の ICT 環境においては，組織はこうしたケイパビリティに特化する形で自らの資源をその強化に集中させ，ビジネスを行ううえで必要な他の資源については，他の組織から調達するという，選択-集中-協調型のビジネスのあり方を模索できるようになっている。

他方，技術，市場そして顧客嗜好の素早い変化は，標準として導入すべき ICT のリニューアルと，コア・コンピタンスの継続的な強化あるいは見直しを組織に要求することになる。こうした環境では，組織間パートナーシップは必ずしも長期にわたるものとは想定できず，むしろアジャイルな顧客対応を実現するために，柔軟な離合集散を前提としたパートナーシップの構築と，適切な

タイミングでの解消・再構築を，組織は視野に入れる必要がある。

**組織−顧客間での
関係性管理**

組織にとって，顧客との良好な関係性の
構築と維持が，その持続的な競争優位獲
得の鍵であることはよく指摘されてい
る。その一方で，組織と顧客との間の情報の非対称性が完全に
解消されたとはいえないものの，インターネット環境の整備と，
SNS（Social Networking Service）のような個人間での情報共有を
簡便に実現できるオンライン・アプリケーションが普及したこと
もあって，組織が提供する製品・サービスの良し悪しや，組織そ
のものの信頼と評判（reputation）に関する情報を，ときとして
顧客が組織よりも多く持っている状況が発生してきている。その
ため，現在では，組織が顧客との関係性を思うままにコントロー
ルすることは難しくなってきており，そのことを踏まえたうえで，
顧客との継続的な良い関係性を維持することに組織は取り組まな
ければならない。

　ICT を用いた顧客関係性管理のためのビジネス手法として，多
くの企業に取り入れられているのが CRM（Customer Relationship
Management）である。これは，関連する企業間での顧客データ
の共有とその分析を通じて，適時・的確な製品・サービス情報の
提供やリード・タイムの短縮などを実現することで顧客が体験す
るサービスの質を向上させ，顧客満足を高めることによって，顧
客との長期的な関係性を好適に維持しようとするものである。と
りわけマーケティングの領域においては，ビッグ・データ環境の
中で AI（Artificial Intelligence）システムを活用した正確なデータ
解析に基づく，カスタマイズあるいはパーソナライズされたサー
ビスの提供が行われるようになっており，「個客」対応の促進と

いう形での CRM が積極的に推進されてきている。

　また，顧客がインターネットを利用して組織ビジネスに参加し，顧客自身が組織との関係性を自己管理できる仕組みも広く導入されている。すでに多くの組織のウェブサイトでは，顧客が自分自身のアカウントとパスワードを使ってログインすることで，実質的に個別のウェブページを持ち，カスタマイズされた表示内容に基づいてサービスを受けられるようになっている。こうしたサービスが顧客満足を向上させ，顧客の組織に対する忠誠心を高めれば，顧客はたとえば住所変更などが発生したときには，自ら進んでその情報を組織に提供することで，組織との良い関係性を維持しようとする。

新しいビジネス・プロセス像

キーン（P. G. W. Keen）とマクドナルド（M. McDonald）は，インターネットを顧客やパートナー企業との関係性のインターフェースとするビジネス環境での，新しいビジネス・プロセス像を描き出している（Keen and McDonald [2000]）。彼らによれば，ビジネス・プロセスは，繰り返し実行されるビジネス・ルールの集まりであり，従来のように活動のフローとして直線的にではなく，顧客を中心とするハブ・アンド・スポークとして理解されるべきである。そこで必要とされるケイパビリティは，企業内やパートナー企業からソーシングされ，顧客の要求にはバーチャルに統合された企業体が対応する。ここで，ビジネス・ルールとは顧客の要求に応えるために当事者間のインタラクションをどのように行うのかを定めたものであり，それは企業ならびにパートナー企業の役割と責任を決定する。

　ソーシングにはさまざまなオプションがある。技術ベースのも

のとしては，企業と顧客との日常的なやり取りをソフトウェアに
処理させる「ソフトウェアへの埋め込み」，ある業務のベスト・
プラクティスを提供するパートナー企業にネット経由でメッセー
ジを送ることで，その業務を遂行してもらう「アウト・タスキン
グ」，パートナー企業の製品・サービスへのアクセスを，自社の
ウェブサイト上でリンクを張ることによって顧客に可能にし，こ
れによってパートナー企業のケイパビリティを自社のケイパビリ
ティとして取り込む「イン・ソーシング」がある。

　また，顧客との関係性における，例外的な，すなわちプロセス
を構成するビジネス・ルールの範囲外にある要素は，柔軟で高い
対応能力を持つ従業員が担当する。例外処理を他社に例を見ない
ほどの高いレベルで行うことができれば，企業と顧客との関係性
は向上する。これまでの議論をまとめたものが**図7-1**に示され
ている。

　ビジネス・プロセス構築とは，企業のビジネス・ルールの組み
合わせを設計し，ソーシングを選択し，その実現をコーディネー
トすることである。企業は顧客との関係性における価値を生み出
すために，必要なケイパビリティを提供するさまざまな利害関係
者との結び付き，すなわちバリュー・ネットワークをウェブサイ
トの背後に構築しなければならない。

**困難を乗り越えて：
終わりのない活動と
してのプロセス・イ
ノベーション**

キーンはプロセス・リフォームの実践に
おいて，ビジネス・プロセスのリフォー
ムには成功しても，ビジネスには成功し
ないという**プロセス・パラドックス**が存
在していることを指摘した（Keen [1997]）。このことは，プロセ
スの改善やイノベーションが一筋縄ではいかないものだというこ

図7-1 現代的ビジネス・プロセス

従業員

企業A
ルーティン業務
ソフトウェアへの埋め込み

例外処理対応

A社ホームページ
HomePage
click
click
click

顧客

アクセス,
カスタマイゼーション

製品・サービス

パートナー
企業X
A社ホームページ
HomePage
Powered by X社

アウト・タスキング

イン・ソーシング

パートナー
企業Y

とを雄弁に物語っている。その理由としてはいくつかのことが考えられる。

第1に，改善やイノベーションの対象となるプロセスそのものの設定の問題がある。直線的な活動のフローとしてビジネス・プロセスを把握しようとするときにもまして，多様なソーシングに依存するビジネス・ルールの集まりとしてプロセスを考える場合，その境界線は常に曖昧になりがちである。

第2に，プロセス評価の問題がある。組織においていくつかの

プロセスを明確に認識したとしても，すべてのプロセスが改善あるいはイノベーションの対象となるわけではないため，プロセス改善とイノベーションの必要性に関する評価枠組みが必要となる。しかしながら，複数の組織をまたがるプロセスの場合，この枠組みは1つの組織だけの観点では容易に決定できないかもしれない。

第3に，プロセス・リフォームへの取り組み時期の見極めの問題があげられる。ある特定のビジネス・プロセスを変革するという試みは，早すぎれば変化に対する組織内からの抵抗が激しいであろうし，時期を逃せば手遅れになるかもしれない。

第4に，プロセス改善とイノベーションへの取り組みの頻度の問題がある。どれほどの間隔で，プロセスの見直しを図ることが適当なのかを的確に評価することは困難である。

プロセス・イノベーションには困難がついてまわる。しかし，現代の経営者は，今日の競争環境におけるプロセス・イノベーションの重要性と必然性を十分に理解しなければならず，また環境のダイナミックな変動が，それを組織にとって終わることのない活動にしていることを明確に認識しなければならないのである。

 練習問題 EXERCISES

1 現代の組織がビジネス・プロセスを構築するとき，どのようなことに気をつけなければならないかについて述べなさい。

Hint 現在のビジネス環境が顧客を中心として物事を考えることを組織に要求している，ということを念頭において考えてみよう。

2 今日，なぜプロセス・イノベーションが組織に求められてい

るのかについて説明しなさい。

Hint 現在のビジネス環境の中で，製品・サービスのイノベーションとプロセス・イノベーションが，企業の持続的競争優位にどのような影響を与えるのかについて比較検討してみよう。

3 現在の経済・市場・技術の環境の中で，組織が持続的競争優位を得るために求められることは何かについて述べなさい。

Hint インターネットをはじめとする標準 ICT の存在を前提として，組織にどのような取り組みが必要とされているのかについて注意しながら考えてみよう。

文献案内 ━━━━━━━━━━━━━━━ REFERENCE

[1] P. G. W. キーン，M. マクドナルド（仙波考康ほか監訳・沢崎冬日訳）［2001］，『バリュー・ネットワーク戦略：顧客価値創造のe リレーションシップ』ダイヤモンド社。

● インターネットがプラットフォームとして機能する今日のビジネス環境において，ビジネス・プロセスをどのように構築するのかを学びたいのであれば，本章でも取り上げたこの本を読むとよい。

[2] C. M. クリステンセン（伊豆原弓訳）［2001］，『イノベーションのジレンマ（増補改訂版）』翔泳社。

● 優良企業が持続的に優良であり続けることの難しさを理解したいのであれば，この本をはじめとするクリステンセンの一連の著作を読んでみるとよい。

[3] C. A. オライリー，M. L. タッシュマン（入山章栄監訳）［2019］，『両利きの経営：「二兎を追う」戦略が未来を切り拓く』東洋経済新報社。

● 豊富な事例に基づいて，企業が両利きのケイパビリティをいかに確保し，長期にわたるリーディング・カンパニーの地位を維持できるの

かについて論じている。

第8章　ネット・ビジネス

SUMMARY　　　　　　　　　　**08**｜本章で学ぶこと

　1990 年代半ば以降，ネット・ビジネスは急速な進展を続けている。現代の企業は，多かれ少なかれ，ウェブサイトをさまざまな利害関係者との接点とするネット・ビジネスに取り組んでいる。個人消費者を対象とするネット・ビジネスにおいては，スマートフォンのようなモバイル機器を企業と顧客との接点とするモバイル・ビジネスが拡大してきている。

　ドットコム企業の出現からニュー・ビジネス論が一世を風靡した時期にふくらんだネット・ビジネスに対する過度の期待は，ネット・バブル崩壊という事実の前に後退を余儀なくされることとなる。しかし，ネット・ビジネスはその後も着実な進化をとげ，グーグル，アマゾン，フェイスブックなどはすでにテック・ジャイアントと称され，市場における地位をゆるぎないものにしている。この背景には，インターネット技術の急速な発展と普及が，個人ネット・ユーザーのビジネスへの積極的な参加と関与を促し，個人の知識と経験を組み込んだビジネスのあり方が実現されてきたことと，さらにそれを推し進めて「自動化された監視と制御」というビジネス・モデルが確立されてきたという状況が存在している。また，ネット・ビジネスを支える技術の開発も継続的に進められ，新たなビジネス・スタイルの提案がなされてきている。

　本章では，現代経済をけん引するネット・ビジネスの諸相について，1990 年代半ばから今日までの流れを踏まえつつ，シェアリング・エコノミーの動向も含めて解説する。

　イートーイズ（eToys.com）は，玩具の販売を中心にビジネスを行うネット企業として1997年に設立された。当時流行のリアル・スペースに店舗を持たないドットコム企業のひとつとして，順調に業績を積み重ねていくものと期待された。

　しかし，2000年4月のネット・バブル崩壊までにイートーイズの赤字は2億ドル以上にふくれ上がっていた。玩具の実店舗販売を展開しつつオンライン販売に参入したトイザらスとの競争は激しく，2000年にトイザらスがアマゾンと提携してオンライン販売部門を強化すると，実店舗販売のチャネルを持たないイートーイズの競争上の劣位が明らかになってきた。また，1999年のクリスマス商戦では致命的ともいえるプレゼントの遅配を発生させた。

　その後，イートーイズでは商品の自社配送の仕組みを整えたものの，ネット専業の小売店は実店舗販売をしている小売店に比べて遅配発生率が高いという外部機関による調査結果が報告され，また，顧客との対面の取引がないために一度失われた信用を取り戻すことは容易ではなく，2001年3月に倒産した。イートーイズは倒産後に玩具小売のKBトーイズに商号やロゴ，URL，商標といった無形資産を含めて買収され，KBトーイズのオンライン部門となった。

　イートーイズの苦難の物語はネット・ビジネスが必ずしも従来のビジネスに比べて簡単で成功率の高いものではないことを教えてくれる。また，ネット・ビジネスにおいては，ICTの高度な利用そのものよりもむしろ，それが競争において企業に優位性をもたらすよう機能するためのリアル・スペースにおける有効な仕組みを，ICTの導入と同時並行的に整備することが重要であることを示唆しているのである。

1 ネット・ビジネスの萌芽

　1990 年代後半になると，インターネットがビジネスのプラットフォームになるということが多くの企業ではっきりと認識されるようになった。受発注処理を中心とする**電子商取引**あるいは**e コマース**（EC：Electronic Commerce）にとどまらず，その他のさまざまな企業活動をネット上で展開する**e ビジネス**（Electronic Business）の実現に向けて，企業はインターネットを積極的に活用するようになってきている。

　図 8-1 に示すように，現在の e ビジネス環境において企業は，企業内のビジネス・プロセスや，顧客，パートナー企業，供給業者，あるいは政府といったさまざまな利害関係者（ステークホルダー）との間でのビジネス・プロセスにおいてインターネット技術を利用することができる。EC はその主体に応じて，**B2B**（Business to Business：企業間），**B2C**（Business to Consumer：企業-個人消費者間），**B2E**（Business to Employee：企業-従業員間）に分類され，また電子政府化に伴って，ネットを介した許認可申請などといった，企業と政府との間の G2B（Government to Business）取引も行われるようになってきている。また最近では，メーカーが小売を通さずに，自社の製品を EC サイトで直接消費者に販売する **D2C**（Direct to Consumer）取引も増加している。

　B2B ならびに B2C EC のための e マーケット・プレースや，ネット・オークションやフリマアプリのような **C2C**（Consumer to Consumer：個人消費者間）EC を行う環境を提供するプラッ

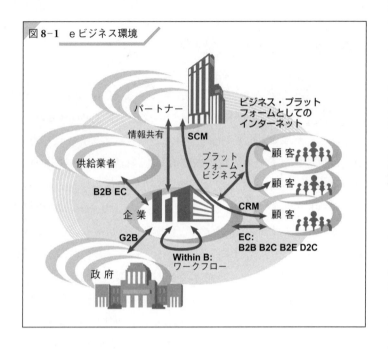

図8-1　eビジネス環境

ビジネス・プラット
フォームとしての
インターネット

パートナー

情報共有　　SCM

供給業者

プラット
フォーム・
ビジネス

顧客

B2B EC

企　業　　　　CRM　　顧客

顧客

G2B

EC:
B2B B2C B2E D2C

Within B:
ワークフロー

政　府

トフォーム・ビジネス（國領［1999］）も盛んである。さらに
は，パートナー企業間におけるロジスティクスを最適化するた
めのSCM（Supply Chain Management）や，顧客との関係性を確
立，維持するためのCRM（Customer Relationship Management）
といったICT ベースの経営イノベーション手法の導入を多くの
企業が試みようとしている。

ドットコム企業の出現　　インターネットの発展と普及に歩調を合
わせるように，1990 年代半ばに，さま
ざまなネット・ビジネスが立ち上げられた。アマゾン（Amazon.
com：書店），イーベイ（eBay.com：ネット・オークション），オー
トバイテル（Autobytel.com：自動車販売），ヤフー（Yahoo.com：

ネット検索）などのいわゆる**ドットコム企業**はこの時期に創業が始められた。また，証券会社のチャールズ・シュワブはオンライン・サイト Schwab.com を立ち上げ，これによってリテール取引高で証券最大手のメリルリンチを抜いたことが注目された。

すでに 1980 年代末までには，EDI（Electronic Data Interchange）や CALS（Commerce At Light Speed）といった，企業間での商取引に付随して発生する情報交換を標準化し，効率向上を図るための枠組みが提案されており，多くの企業で EC への取り組みが行われていた。なかには，ボーイング社のように，当時主流であった専用回線を使用するのではなくインターネットを介したウェブ EC（Web-based EC）に着手するところも現れた。専用回線を利用した EC に比べ，ウェブ EC は取引相手の飛躍的な広がりと，それによるコスト削減ならびにビジネス・ニーズへの即応性がメリットとして考えられていた。その一方，これを実現するためには，取引相手の認証や自社システムへの外部からの侵入防止，第三者によるデータの閲覧・盗用・改ざんの阻止といった**情報セキュリティ**上の問題を解決しなければならなかった。またこのことは，EC を B2B から B2C へと拡大するためにも必要とされるものであった。

ネット・セキュリティの向上

こうした情報セキュリティの問題は，1990 年代中頃までに RSA 暗号方式のような公開鍵暗号技術の利用が一般に広がることによって，完全ではないにせよ解決されたとみなされることになる。**公開鍵暗号**とはもとの文章（平文）を暗号化して，普通に読んでも意味の通らない文章（暗号文）に変える（暗号化する）ためのアルゴリズム（鍵）と，それを再びもとの文章に戻す

（復号する）ための鍵を別々に用意しておくものである。たとえば個人が企業のウェブサイトから物を購入する場合，個人によって入力される氏名や住所，クレジットカード情報などはそのウェブサイトのユーザーすべてに対して適用される鍵である公開鍵を用いて暗号化され，企業に送信される。暗号化されたデータは，それを受け取った企業のみが保管し利用することのできる秘密鍵を用いてもとのデータに復元される。

　公開鍵暗号によるデータの暗号化が，送受信されるデータの第三者による盗聴や改ざんを防止すると期待されると同時に，この技術は認証にも利用可能であるという長所を有している。認証とは，データの送受信を行っている当事者が正当な者であるということを当事者が相互に確認することであり，実際に顔を合わせることなく商取引を行う EC にとって，正確な認証が行われることは非常に重要である（図8-2）。

　公開鍵暗号の実用化はネット・ビジネス時代の幕開けを可能にするものであった。現在，多くの商用ウェブサイトではデータ通信の安全性確保のために，公開鍵暗号をはじめとするセキュリティ技術を利用してデータの盗聴・改ざんやなりすましを防ぐことのできる SSL（Secure Socket Layer）というプロトコルを採用して，顧客データや企業データの送受信を安全に行うようにしている。顧客との商取引だけではなく，決済処理や商品配送の手配などの多くのビジネス機能をウェブサイト上に集約させて事業を行うネット・ビジネスにとって，情報セキュリティの確保は事業成功の必要条件であるといえる。その一方で，2014 年 4 月に世界中のウェブ・サーバーの 3 分の 2 で利用されているともいわれている暗号通信のための FLOSS（Free/Libre Open Source

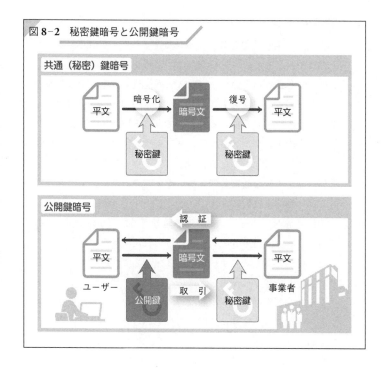

図 8-2　秘密鍵暗号と公開鍵暗号

共通（秘密）鍵暗号

平文　→　暗号化　→　暗号文　→　復号　→　平文

秘密鍵　　　　　秘密鍵

公開鍵暗号

認　証

平文　暗号文　平文

ユーザー　　取　引　　事業者

公開鍵　　秘密鍵

Software）である OpenSSL に Heartbleed（*Column* ❻ 参照）と呼ばれる脆弱性が発見されており，ネット・セキュリティの確保にはまだ多くの課題があることが再認識された。また，近い将来に量子コンピュータがビジネスの場で広く実用化された場合，その強力な計算力のために，現在使われている暗号技術が無効化される可能性が指摘されているため，より強力な暗号技術の開発が急務とされている。

シリコン・バレー・モデル

ドットコム企業は新世代のビジネスのあり方として，マス・メディアでもセンセーショナルに取り上げられた。急速

1 ネット・ビジネスの萌芽　237

　現在，企業が情報システムを構築する際に，FLOSS をそのモジュールとして組み込むことは，情報システムの開発期間を短縮し，しかもバグの少ないシステム構築を可能にするための有力な手段だと考えられている。ソース・コードが公開され，誰もがその改善に参加することのできる FLOSS の品質は，多数の善意のエンジニアがボランタリーに提供する知識とスキルに支えられており，また Apache ソフトウェア財団のような非営利組織が十分な品質管理体制を整えているため，高いものであると一般的には信じられている。

　2014 年 4 月にオープン・ソース暗号ライブラリの OpenSSL に Heartbleed（心臓出血）と名づけられた深刻なバグが発見された。世界のウェブ・サーバーの 3 分の 2 で利用されているこの FLOSS に潜む脆弱性を悪意を持ったユーザーが利用すれば，クライアント側とサーバー側双方のメモリの大部分にアクセスすることができ，暗号化に用いられている公開鍵と秘密鍵のペアや暗号化されたセッションにアクセスするためのパスワードなどを盗み取ることができる。しかもこのバグは少なくとも 2011 年 12 月 31 日から存在しており，2 年間もその存在がオフィシャルには認識されず，それゆえなにも対応がとられなかったため，知らぬ間に広範囲にわたる被害が発生している可能性があった。またアメリカ政府は否定しているものの，同国の国家安全保障局（NSA：National Security Agency）がこのバグを利用して情報収集をしていたともいわれている。

　その後の調査で，OpenSSL の開発においては，十分な管理体制がとられていないことが明らかにされた（Yadron［2014］；アダムス［2014］）。この事件は，ネット・ビジネス環境が，常に技術的脆弱性というリスクと背中合わせであることを，如実に物語るものであった。

な進展の続くICTを効果的に取り込み，現実の世界であるリアル・スペースに店舗を保有せずに，ウェブサイトを顧客との取引の場とするネット・ビジネスの実現に向けて，さまざまなビジネスのやり方，すなわちビジネス・モデルが考案され，それに基づくネット起業が試みられた。これに伴ってアメリカでは，シリコン・バレー・モデルと呼ばれる「新世代ビジネスの成功物語」が論じられた。これは次のようなものである。ICTを活用した斬新なビジネス・モデルを考え，それに基づく起業をベンチャー・キャピタリストと呼ばれる投資家に提案する。起業資金を調達することができたら事業を立ち上げ，失敗しそうであるならば事業からすばやく撤退して再起を期す。逆に短期間のうちに事業業績を向上させることができれば，またはその見込みがあれば，新規株式公開（IPO：Initial Public Offering）を行ってさらなる企業成長を図るか，あるいは事業売却を行い，経営者も従業員もストック・オプションを行使して富を獲得する。アメリカにおいてこうした物語の実現を後押ししたのが，1971年にベンチャー企業向けの株式市場として立ち上げられていたナスダック（NASDAQ）であった。日本においても，ベンチャー企業向け株式市場のマザーズが1999年に，ヘラクレス（開設当時はナスダック・ジャパン）が2000年に開設されている。

またアメリカにおいては，1990年代半ば以降，アマゾンのワン・クリック・オーダーやプライスラインの逆オークションをはじめとして多くのネット・ビジネス・モデルに対する特許，すなわちビジネス・モデル特許が成立した。ビジネス・モデル特許第1号となった逆オークションとは買い手側が購入したい商品の内容や価格といった購入条件を入力し，これに対して売り手側が販

売条件をオファーして「せり」を行うというものである。

　ビジネス・モデル特許への侵害を理由として同業他社に巨額の損害賠償を求める訴訟も数多く起こされ，このことはアメリカばかりでなく日本でも注目を集めた。ネット・ビジネスは国境のないインターネットを舞台に行われるため，日本のネット企業のウェブサイトがアメリカでアクセスできるかぎり，アメリカで認められた特許であっても，それを侵害したと見なされれば訴訟の対象となりうるからである。その一方で，ビジネス・モデル特許の取得が競合他社の模倣を防ぎ，ネット企業の持続的競争優位獲得の一助となることが認識されるようになった。

ニュー・エコノミー論　アメリカにおけるネット・ビジネスの興隆をきっかけとして，日本でも経済の活性化を実現するためにベンチャー・キャピタルの整備などの方策を通じて，ネット起業を促進するべきであるという議論が行われた。この根拠として語られたのが，ICT の発展とビジネスへの浸透が，それまでとは異質の経済を生み出しているという**ニュー・エコノミー論**であった（Mandel［2000］）。

　ニュー・エコノミー論が注目を集めた大きな理由は，それまでの資本主義経済（オールド・エコノミー）を悩ませていた景気変動やインフレ，失業が，ニュー・エコノミーの到来によって解消されるということが主張されたことに見出せる。そのロジックは次のようなものである。

　「IT 革命」によってユーザー企業は競争力の維持・増強を図るために ICT に対する新規投資を余儀なくされる。このため，ICT 関連企業への需要が拡大し，ベンダー企業における売上増が ICT 関連職種における雇用増ならびに新規職種を発生させる

ことによって雇用を吸収する。ICT においては短いサイクルで技術革新が実現されるため，ユーザー企業における新規 ICT 投資はほぼ継続的に行われることになる。したがって，ベンダー企業での継続的な雇用増ならびに新規職種の発生が期待できる。

他方，ICT 武装をしたユーザー企業側では ICT に対する投資を上回る利益構造の改善が実現され，ユーザー企業における利益増が好況をもたらす一因となる。また，ICT を活用した起業が行われ，たとえ新規で高度な製品・サービスであっても，低価格で提供されるようになる。既存企業はこうした新規企業と競争せねばならず，また ICT の継続的な改善・改革によって継続的な価格低下圧力が働くことになるため「インフレなき好況」が継続的に期待され，景気循環は消滅する。これは ICT のグローバル性から必然的にグローバルな現象となる。

ニュー・エコノミー論は 2000 年にアメリカのナスダックで発生した ICT 関連企業株価の暴落，いわゆる**ネット・バブル崩壊**によって空論であることが明らかになった。このことは，ICT の導入がただちに有効なビジネスをもたらすものではないこと，また，ネット・ビジネス成功の鍵はあくまでも「ビジネス」にあり，従来のビジネス常識をベースに，有効なネット・ビジネスのあり方に対する理解を深めなければならないことを改めて認識させたといえる。ICT はビジネスのやり方の可能性を広げるイネーブラーであって，どのようなビジネスのやり方を実現するのかについては，経営者が多くの選択肢の中から決定あるいは選択しなければならない。そして，選択されたビジネスのやり方は適切な収益性を持たなければならないと同時に顧客から受け入れられなければならない。もちろん，**ロング・テール**（*Column* **❼** 参照）

2004年10月，アメリカのオンライン・メディアであるワイアードにおいて同誌の編集長を務めるクリス・アンダーソンは "The Long Tail" という題名の記事を発表した（Anderson [2004]）。この記事のオープニング・ストーリーは，1988年に刊行され，そこそこの売れ行きしか見せなかった *Touching the Void* という本が10年後に突然売れ行きを伸ばし始めたというものであった。その原因は，アマゾンが提供しているレコメンデーション・サービス，すなわち，「この本を購入した人は，こんな本も買っています」という，読者の好みに応じて本を紹介するサービスであった。絶版寸前だったこの本は，同様の内容の本が売り出されたことで再び日の目を見ることとなり，読者の好意的な書評によって売れ行きを伸ばし，ついにはニューヨーク・タイムズのベストセラー・リストに14週にわたって掲載されることとなる。

アマゾンがリアル・スペースの書店であれば，売り場面積という物理的制約ゆえに，この本を書棚に置くことができなかったかもしれない。そうなれば，この本は読者から認知されることもなく，ベストセラーとなることもなかったであろう。さらに驚くべき事実は，ライバル書店のバーンズ＆ノーブルが平均で13万タイトルの本を扱っているのに対し，アマゾンの書籍売上高の半分以上は販売部数で上位から13万タイトル以下の本によって達成されていることである。

アマゾンの書籍販売について縦軸に販売部数，横軸に販売部数上位からの本のタイトルを並べてグラフを作成してみれば，図8-3のようにL字型の曲線が描かれる。グラフの左側の頭をもたげた部分がベストセラーであり，右側の長く低く続く横軸にほぼ平行な部分がニッチ商品である。このニッチ商品よって作られる長い尻尾（ロング・テール）の部分がアマゾンに多大な売上げをもたらしている。これは，サイバースペース上の

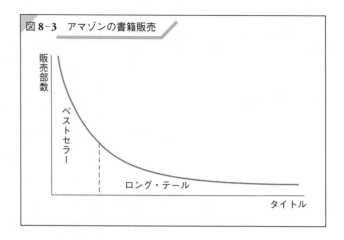

図8-3 アマゾンの書籍販売

販売部数

ベストセラー

ロング・テール

タイトル

書棚には表示できるタイトル数に関して制限がないこと，また書籍の実在庫を地代や倉庫賃貸料の安価なところに持つことができることから生じた現象であり，ネット・ビジネスにおいては「売上げの80％は全商品の20％が作る」という80-20の法則あるいはパレート法則が必ずしも成り立たないことを示しているのである。

　こうした「ベストセラーではないもの」，「中心的存在でないもの」が集積されて多大な収益をもたらすというロング・テール現象は，他のネット企業にも見ることができる。たとえば，グーグルのアドセンスのように，「小さな広告収入の集まりが大きな収益を生む」仕組みもロング・テールとして理解されている。

に見られるようなネット・ビジネス特有の成功要因を指摘することは可能である。しかし，それはこうした当たり前のビジネス感覚を持つことではじめて有効になるのである。

2 ネット・ビジネスの展開

拡大するEC市場　1999年3月に通商産業省（当時）が発表した「日米電子商取引の市場規模調査」によれば，1998年の日本におけるウェブECの取引規模はB2Bが8兆6200億円，B2Cが650億円で，EC化率はそれぞれ1.5%と0.02%であった。これに対し，2020年7月に経済産業省から発表された『令和元年度内外一体の経済成長戦略構築にかかる国際経済調査事業（電子商取引に関する市場調査）報告書』では，2019年の国内ウェブEC市場規模は，B2Bで352兆9620億円（前年比2.5%増），B2Cで19兆3609億円（前年比7.65%増）となっており，EC化率はそれぞれ31.7%（小売およびその他サービス業を除く）と6.76%（物販分野のみ）となっている。またC2C ECについては，フリマアプリと，B2BおよびB2C ECも含めたネット・オークションを合わせた市場規模が1兆7407億円（前年度比9.5%増）と推計されている。このように国内のEC市場は拡大を続けている。

　他方，国境をまたがったEC（越境EC）の規模も拡大しており，2018年に日本の事業者のECサイトからアメリカの消費者が購入した金額が9034億円（前年比9.7%増），中国でのそれが1兆6558億円（前年比7.9%増）となっている。

モバイル・ビジネスの進展　インターネットの普及率が横ばいとなる中で，日本ではインターネットにアクセスするための端末として，2000年代半ばから急速に普及してきたスマートフォンが現在最も多く使わ

れるようになっている。上記『令和元年度報告書』は「EC 事業者をはじめ，インターネットビジネスを展開する事業者は，スマートフォンを第一に想定したコンテンツやサービス作りが重要な時代になっている」(24 頁) と指摘している。実際のところ，2019 年の国内 B2C EC（物販）の市場規模 10 兆 515 億円のうち，42.4%（4 兆 2618 億円）がスマートフォンを利用したものとなっており，本格的なモバイル・ビジネス時代が到来してきている。個人消費者を顧客とする企業にとってみれば，スマートフォンが顧客との主要なインターフェースとなりつつあり，**モバイル・ビジネス**は魅力的で有望な機会を企業に与えるものとなっている。

　1999 年に開始された NTT ドコモの i モード・サービスの提供以来，日本における携帯電話は通話だけではなく，電子メール，ウェブサイトの閲覧，チケットの予約，銀行振込など，さまざまな情報コンテンツ・サービスを利用できるモバイル情報端末としての地位を確立してきた。そしてスマートフォンの機能拡大が，この方向性をさらに加速化させている。

　スマートフォン用のウェブサイトは充実の一途をたどっている。スマートフォンに内蔵されたカメラを使って URL 情報を記録した **QR**（Quick Response）**コード**を読み取り，容易にかつ素早くウェブサイトにアクセスしたり，実店舗での決済をすることもできるようになっている。また非接触型 IC チップのフェリカ（FeliCa）などの **NFC**（Near Field Communication）を組み込むことによって，電子マネーや公共交通機関の乗車券，航空券，クレジットカードとしてスマートフォンを使うことができるようになるなど，リアル・スペースにおける機能の拡張も進んでいる。

　ユーザーから見たモバイル情報端末としてのスマートフォンの

利点は，その簡便性と機能性に求められる。軽量で薄型のスマートフォンは持ち運びに便利であり，情報端末としてのインターフェースが，直感的な利用を可能にするデザインで，コンパクトにまとめられている。ユーザーの多様なニーズに応えるさまざまなアプリケーションが提供されており，それらを無料または安価でインストールすることができる。また，スマートフォン自体の価格も，その利用料金もリーズナブルである。すでにモバイル通信インフラがほとんどの地域をカバーし，**第5世代移動通信システム**（5G）の利用環境整備が進められている今日の状況は，ユーザーが好みの時間と場所で好みの目的のためにスマートフォンが提供する機能を利用することを可能にしている。

ブリック＆クリック　ネット・ビジネスについては，その萌芽期以来いくつかの誤解がつきまとってきた。たとえば，「ネット創業には資金がほとんど必要ない」とか，「ネット創業は成功率が高い」，「ネット・ビジネスは短期間で黒字化する」というものがその典型例である。実際は，ネット創業をするためにはセキュリティ・システムや決済システムをはじめとする情報システムの構築に相応の資金が必要になるし，黙ってウェブサイトを公開すれば客が吸い寄せられるわけでもない。ネット・ビジネスに失敗した企業は，明らかに成功した企業よりもはるかに多いのであって，これは従来のビジネスと変わりがないのである。また，代表的なネット企業であるアマゾンが1995年度から業務を開始し，2003年度に至ってはじめて純利益を黒字化させたことは，ネット・ビジネスの黒字化が必ずしも容易でないことを示している。

　一方，「ネット・ビジネスはサイバースペース上で完結する」

という見解は，イーベイやネット検索企業のグーグルなどのビジネスを考えれば，なるほど商取引のすべてがサイバースペース上で完結しており，さほどおかしくないように思える。しかし，これらの企業は，実態としては，リアル・スペースに存在する巨大なデータベースをそのビジネスの中核とする企業であり，また生身の従業員も存在しているのであって，決してサイバースペースですべてのビジネス活動が行われているわけではない。

1990年代半ばのドットコム企業の出現・成長期には，従来からのリアル・スペースにおいてビジネスを展開する企業は，（必ずしも現実にそうであるとは限らないが，象徴的な意味合いを込めて）レンガと漆喰でできている建物を拠点としていることから**ブリック＆モルタル**と呼ばれ，これがすでに時代遅れのビジネス・スタイルであるということが主張された。しかし現実には，従来型のリアル・スペースでのビジネスにウェブサイトという利害関係者とのコミュニケーション・チャネルを付け加える形でネット・ビジネスに参入する企業が相次いでおり，リアル・スペースでのビジネス活動とサイバースペースでの活動をバランスよく複合させた，**ブリック＆クリック**というビジネス・スタイルの有効性が認識されるようになっている。このことは，現代企業のほとんどが多かれ少なかれネット・ビジネスに関わっているということを意味しており，したがってネット・ビジネスとそうではないビジネスとの境界線は薄れつつある。

オンラインからオフラインへ／オフラインからオンラインへ

　個人消費者を対象とする商取引のうち，ウェブ EC が占める割合が現時点でも1割に達していないという事実は，もっぱら B2C EC に取り組んできた企業においてもブリック＆クリッ

ク的な発想が必要となることを意味している。たとえばO2O (Online to Offline) は，サイバースペースでの企業・顧客間，あるいは顧客間での交流あるいは結び付きを，リアル・スペースでの消費活動へと導こうとするものであり，ブリック＆クリックの延長線上にあるビジネス実践であるといえる。現在では，顧客のリアル・スペースでの行動をサイバースペースでの購買行動に結び付けようとする，オフラインからオンラインへという反対方向の取り組みもO2Oに含まれるという，拡張した解釈がなされるようになっている。

　こうした考え方をさらに推し進めたものが**オムニチャネル** (omni-channel) である。これはオムニ（すべて）という接頭辞が示す通り，顧客との接点となりうる，オンラインとオフラインにおける情報流通のためのあらゆる経路・手段を利用して，顧客の購買行動をコントロールしようとする試みである。リアル・スペース（店舗やイベントなど）とサイバースペース（ウェブサイトやソーシャル・メディアなど）の間の境界線をなくし，あらゆる機会を利用してより詳細な顧客の状態・行動データを収集して分析することで，顧客に対する的確なプロファイリングを通じて，効果的なセールス・プロモーションを行うことが，オムニチャネルという取り組みのもとで目指されている。

　オンラインとオフラインをシームレスに結び付けて多様なビジネスを展開するという試みも，すでに行われてきている。たとえば，もともとオンライン書店としてスタートしたアマゾンは，オンライン総合小売業，オンライン広告代理店へとその業務を拡大し，さらにはクラウド・コンピューティング・サービスの提供，そしてAmazon Goという無人路面店の運営へと，事業を展開し

てきた。いずれの事業においても，そこでのビジネス活動を通じて得られる個人データを含めた情報が，当該の事業ならびに他の事業の効率化や高度化を図るために利用されている。

信頼と評判　現代の企業，とりわけネット・ビジネスを行う企業にとって，高い**信頼**（trust）と**評判**（reputation）は重要な資産である。インターネットというオープンなネットワーク環境で，対面での交渉なしに商取引が行われるネット・ビジネスにおいては，取引相手に対する一定以上の信頼と，それを反映した企業情報としての評判がなければビジネスそのものが成立しない。

　企業の信頼とは顧客をはじめとする利害関係者がその企業との取引においてリスクを積極的に受け入れる程度を示すものであり，また，評判は利害関係者によって発信される当該企業の信頼に関わる情報であって，既存の利害関係者ならびに潜在的利害関係者の企業に対する信頼の度合いに直接的な影響を与えるものである。

　信頼と評判の重要性は，さまざまな利害関係者の観点から述べることができる。たとえば，企業が顧客との間に高い信頼関係を構築することができれば，その顧客はリピーターとなる可能性が高い。安全で信頼性の高い情報システムの構築のために多大な費用をかけなければならないネット・ビジネスにおいては，顧客とのリピート・ビジネスが成立するか否かがその成功の鍵となるため，信頼の確立と維持は戦略的課題であるといえる。また，評判を高く維持することは，顧客との関係性の維持と新規顧客の獲得にとって重要な役割を果たす。

　パートナー企業との関係性においても信頼と評判は重要である。良い評判はパートナーシップに参加する機会を増やす一方で，企

業間相互の信頼を確立できなければパートナーシップは成立しない。信頼と評判の高さは，ネット・ビジネス企業にとって，パートナーシップを通じた有効なビジネス・プロセス構築の機会を与える。

企業の評判が高いことは，従業員に誇りと満足を与える。このことは従業員が組織の一員としてその責務を誠実に果たすことを促進する。また，投資家が投資対象を決定するときには，企業が発信する IR（Investor Relations）情報にもまして，外部機関の格付け情報やマス・メディアの報道がその決定に大きく影響を及ぼす。

興味深い事例として，顧客同士の相互評価による信頼の仕組みを作り上げているのが，ネット・オークション・サイト（C2C EC）を運営するイーベイである。イーベイではネット上での競りへの出品者と落札者の双方がお互いを評価し合い，出品者が新たに商品を競りに出した場合には，それまでの出品者に関する評価（フィードバック）情報が提示される。これによってイーベイは安心できる顧客間取引の場を提供しているといえる。

他方，今日のような自律分散型のオープンな情報環境においては，企業が自社の信頼と評判に関わる情報の形成に決定的な影響力を持つことも，そうした情報を直接的にコントロールすることも難しくなっている。シャピロ（A. L. Shapiro）は，インターネットの真に革命的な点は，それが情報や経験，資源をコントロールするパワーを組織から個人に移転させたところにあると述べている（Shapiro [1999]）。また，國領二郎は，顧客同士のネット上でのコミュニケーションが製品・サービスの売上や顧客満足に影響を与えるという，顧客間インタラクションの企業経営における重

要性を指摘している（國領［1999]）。実際のところ，個人が作成するウェブサイトやブログの記事，また電子掲示板やツイッター（Twitter）のようなマイクロブログ，フェイスブック（Facebook）をはじめとする SNS（Social Networking Service）への投稿，クチコミ（ネットコミ）・サイト，Q&A コミュニティでの発言といった，ソーシャル・メディアあるいは CGM/UGM（Consumer/User Generated Media）を通じて発信される情報が，企業の信頼や評判に，ひいては企業業績に影響を及ぼしうることを現代の企業は無視できなくなってきている。

　信頼と評判の戦略的な重要性と，そのコントロールの難しさは，ネット・ビジネスに携わる企業が信頼と評判に関わるリスクにさらされた存在であることを意味する。高い信頼，評判を作り上げるのには長い年月と多大な努力を必要とする。しかし，それを失うのは一瞬の出来事であるかもしれないのである。

3 サーチ・エコノミー

検索エンジン

インターネットは情報の宝庫であるといわれている。しかし，この宝庫からユーザーが自分の必要とする情報を見つけ出すことは必ずしも簡単なことではない。情報量が多すぎることが問題なのである。このため，標準的なネット・ユーザーは**検索（サーチ）エンジン**と呼ばれるウェブサイトにアクセスし，そこでキーワード検索を行うことによって自分の閲覧したいウェブサイトを探すことになる。1990 年代半ばから登場した検索エンジンのサービスは，すでに

ネット・ユーザーに広く浸透している。このことは，ネット・ユーザーがインターネットでどのような情報にアクセスし，何を知ることができるのかは，利用している検索エンジンの機能次第であり，それに大きく依存していることを意味する。

　検索エンジンを利用して必要な情報を探し出すというネット上でのユーザーの行動パターンが一般的なものになっていることは，ネット・ビジネスを行う企業にとっても重要な意味を持っている。今や，多くの人が何かを購入したいと考えたとき，商品やそれを供給する企業，販売店などの情報に検索エンジンを使ってアクセスし，それに基づいて購買に関する決定を行うようになっている。また，すでに多くの企業にとってウェブサイトは企業の表の顔になってきており，既存の，また潜在的な顧客との接点にもなってきている。このため，企業のビジネスに関連するキーワードを使ってユーザーが検索を行ったときに，その企業のサイトが検索結果の上位にランクされない場合，企業は顧客から「見つけてもらえない」という状況に陥る可能性があり，ビジネス機会を失ってしまうことになる。ネット・ビジネスを展開する企業と顧客との間には今や検索エンジンが介在しており，これを自社にとって有利なものにできるか否かが企業の業績に直接的な影響を及ぼしうるようになってきている。こうしたことは，検索エンジンを中心とした新しいビジネス空間としての**サーチ・エコノミー**が出現しているという認識をもたらしている。

検索連動型広告　　現在，さまざまな検索エンジンが無料のオンライン・サービスとして運用されている。なかでもグーグル（Google）は世界におけるオンライン検索市場で9割を超えるシェアを誇っており（https://

gs.statcounter.com/search-engine-market-share，2021 年 2 月 11 日現在），サーチ・エンジンの代表的な存在となっている。すでに英語の "google" や日本語の「ググる」が「グーグルを利用してネット検索をする」という動詞として使われていることを見てもその普及ぶりは明らかであろう。また，企業としてのグーグルは，その組織形態を持ち株会社のアルファベット（Alphabet）の下に複数の産業にまたがるさまざまな子会社を抱える形に再編し，オンライン・サービス事業だけを見てもメール・サービス，ファイル共有サービス，オンライン地図，自動翻訳などさまざまな無料サービスを提供することを通じて，広告収入を拡大させ，成長を続けている。

　検索エンジンがネット・ユーザーに受け入れられるための最大の要因は，検索結果に対してユーザーが実感できる「適切さ」である。たとえばグーグルのネット検索の仕組みとして初期に考案されたペイジランク・アルゴリズムは，特定のキーワードが入力されたときの検索結果の並べ方（ランキング）に，他のウェブサイトからいかに多くのリンクを張られているかを評価するという形でネット・ユーザーの意図を反映させているといわれている。現在ではより細かく，個々のユーザーの嗜好に合わせてカスタマイズされた検索結果が表示されるようになっている。

　検索エンジン企業の収益を支えているのが広告，とりわけヤフー（Yahoo!）プロモーション広告やグーグル広告によって実現されている**検索連動型広告**である。特定のウェブサイトの特定の位置にあらかじめ張り付けられている，人目を引くためのデザインが施された**バナー広告**とは異なり，検索連動型広告は検索エンジンに入力されたキーワードに関連の深い，数行のテキスト・

メッセージからなる広告で，検索結果リストの上などに表示されるものである。

　検索連動型広告のマーケティング効果は，バナー広告に比べ，またダイレクト・メールのような他のタイプの広告に比べて飛躍的に高いといわれている。その理由は，検索エンジンのユーザーがキーワード検索をするのは，多くの場合，入力するキーワードに関連した商品を探し，購入するためであり，これに連動した広告はユーザーの意図に的確に対応したユーザーが「見たい広告」である確率が高いからである。また，他のマーケティング・チャネルに比べて検索エンジンでの顧客獲得コストは低く，この点でもマーケティングを展開したい企業にとって検索連動型広告は好都合である（Battelle［2005］邦訳53-57頁）。

　特定の検索キーワード（あるいは複数のキーワードの組み合わせ）に連動させて広告を打ちたいと考える企業が多数存在する場合，広告表示の順番は，検索エンジンが使用しているアルゴリズムに基づいて，検索エンジン企業のデータベースに保管されている個人データの解析から判明している個人ユーザーの特性や，そのキーワードに対して企業が提示する入札額をはじめとするさまざまな要因によって定められる。したがって，表示される広告は基本的にユーザーによって異なることになる。広告主である企業は自社の広告に対するユーザーのクリック数に入札額を掛けた金額を検索エンジン企業に支払うことになる。

　また，グーグルはアドセンスと呼ばれる**コンテンツ連動型広告**サービスを導入している。これは個人ネット・ユーザーのマーケティング活動への参加を促すものであり，個人が開設し運用しているウェブサイトやブログに掲載された記事内容が自動的に解

析され，それに関連したテキスト広告が表示される仕組みである。第三者がこれをクリックすると，サイトやブログを運営する個人が収益を受け取れるようになっている。

検索エンジン最適化　検索連動型の広告を通じて自社をより多くのネット・ユーザーに見つけてもらうよう促すことは，検索エンジンの機能を活用したマーケティング，すなわち**検索エンジン・マーケティング**（**SEM**：Search Engine Marketing）の一環として理解されるようになってきており，多くの企業がこれに取り組んでいる。

　SEMのもう1つの代表的な手法は，**検索エンジン最適化**（**SEO**：Search Engine Optimization）である。これは個人ネット・ユーザーが自社のビジネスに関連の深いキーワードを入力して検索を行ったときに，自社のウェブサイトが検索結果の上位に表示されるよう，その内容（コンテンツ）を整備することを指す。実際のところ，個人ネット・ユーザーがキーワード検索を行う場合，検索結果の上位にあるウェブサイトのみにアクセスする傾向が強く，検索下位のウェブサイトは存在しないも同然であるといわれている。また，SEOを専門的に請け負う企業も現れてきている。

　他方，キーワード検索の結果として表示されるウェブサイトのランキングを決定しているアルゴリズムは，各検索エンジン企業から公表されているわけではない。しかも，アルゴリズムの見直しは頻繁に行われているといわれ，その内容は年々高度化している。またグーグルは，ランキングに故意にゆがみを生じさせる検索エンジン・スパムのような「不正な」SEOを行った企業に対しては，そのウェブサイトを検索結果から締め出すという断固たる措置をとる方針を打ち出しており，SEOが投資に見合うだけ

の効果を上げることを確保するのは必ずしも容易ではない。しかし，SEO をはじめとする SEM への取り組みは，サーチ・エコノミーの進展とともに，とくに競合者の多い市場で活動する知名度の高くない中・小・個人企業にとっては避けられないものとなりつつある。

4 ネット・ビジネスの新展開

さまざまなネット・
ビジネス・モデル

ネット・ビジネスの市場規模が目覚しく拡大している中で，とりわけ個人消費者向けのネット・ビジネスにおいては，それ以前のビジネスにはなかったビジネスのやり方あるいはビジネス・モデルの展開が見られる。ヤフーなどが行っている**ポータル・ビジネス**はその代表例である。ネット・ユーザーがインターネットにアクセスしたときに最初に訪れるウェブサイトが**ポータル・サイト**であり，これを多くのユーザーが利用するようデザインし，運営するのがポータル・ビジネスである。通常ポータル・サイトはネット・ユーザーのサイバースペース上での活動を包括的に支援するようデザインされており，そこでは会員制のサービスを含めたユーザーに対する多種多様なサービスのほとんどすべてが無料で提供されている。その一方で，ポータル・サイトに掲載されている広告（オンライン広告）からの収入がポータル・ビジネスの大きな収益源となっている。

無料サービスの提供とオンライン広告収入を組み合わせたネット・ビジネスのあり方は，検索エンジンやポータル・ビジネスの

ほかにも，各種のソーシャル・メディアに見られるように，さまざまな形で具体化されてきている。ここで，ネット・ビジネス企業が提供する無料サービスのユーザーは，ネット・ビジネス企業にとっては，あくまでもユーザーであって，顧客ではない。顧客は広告主である。あるいは，ユーザーは「無料」サービスを利用するにあたって，個人データという「ネット・ビジネスにおける新しい通貨」を支払っているとも見ることができる。大量の個人データが収集・蓄積され，分析されて，個々のユーザーのプロファイリングが適切に行われることで，無料サービスを提供するネット・ビジネス企業は，非常に効果的な，パーソナライズされた広告を顧客である広告主のために打つことができる。

　他方，個人ネット・ユーザーを自社のマーケティング活動の一部として機能させることも行われている。たとえば，アマゾンや楽天などが展開する**アフィリエイト・プログラム**がこれにあたる。このプログラムは，個人が作成・運用するウェブサイト，ブログ，メール・マガジンなどにおいて紹介，推奨される商品の記事にそれを購入できる企業のウェブサイトへのリンクを設定させ，当該の記事にアクセスした第三者が，そのリンクをたどって商品を購入した場合，企業からリンク元のサイト等の運営者に報酬が支払われるという仕組みである。また，**インフルエンサー**と呼ばれる非常に多くの固定ファンを集め，影響力の強い個人ネット・ユーザーに，自社の製品やサービスのユーザーになっていることや，それらに対するポジティブな評価をオンラインで情報発信させることで，販売促進を図ることも行われている。

ウェブ 2.0

ウェブ 2.0 は，2000 年代半ばに典型的なバズワードとして登場した。すなわち，

この言葉そのものに確立された定義がないにもかかわらず，これが次世代のビジネスの鍵を握る ICT として多くの人に取り上げられたのである（O'Reilly［2005]）。

一般的にウェブ 2.0 は，個人の参加と協調，そしてそれによる知の集結と革新を動機づけ，促進するウェブ・アプリケーションあるいはサービスを総称するものであると考えられている。これらをたくみに活用したビジネスを展開するウェブ 2.0 企業にはアマゾン，イーベイ，ヤフー，グーグルが含まれる。たとえばアマゾンは，書籍の評価というビジネス上重要な情報コンテンツの作成を，ユーザー・レビューを投稿してもらうという形で読者に任せている。ある本に対して良い評価をする者も悪い評価をする者もあり，あるいは意図的に事実とは異なる評価をする者がいるかもしれない。しかし，非常に多くの人々がユーザー・レビューに参加することで，トータルで見れば公正な評価がなされるという期待がそこにはある。

こうしたビジネスのあり方の背景には，これまでにはなかった認識が存在している。たとえば，技術やアイディアを占有（proprietary）するのではなく共有（share）することの重要性，ネット上に無数に存在する個人ユーザーが全体として見れば信頼に値する存在であること，個人ユーザーの豊かな経験が価値あるものであるということなどをその例としてあげることができる。オペレーティング・システムの Linux の開発などに見られるオープン・ソーシングは，かつて企業ビジネスの対極にあるものと考えられていた。しかし，そうした認識もすでに変わりつつある。

非常に多くの個人が ICT を利用し，程度の差こそあれネッ

ト・ユーザーとなっている今日，個人ユーザーをビジネスの主要
な構成要素とみなし，ユーザーの共感を得られるビジネスをウェ
ブ・アプリケーションを介してユーザーとともに行っていくこと
が，競争力のあるビジネスを展開する有力な方策の1つとなって
いるのである。

ウェブ 2.0 というアイディアを具体的な
オンライン・サービスとして実現した

| ソーシャル・メディア |

ものがソーシャル・メディアである。現在ではウェブ 2.0 よりも
むしろソーシャル・メディアという言葉が一般に流布しており，
ウェブ 2.0 に代わるバズワードであるともいえる。「ソーシャル」
という言葉が示すように，ソーシャル・メディアは，人々の間の
交流を促し，人間関係ならびにコミュニティの構築と維持・促進
のための機能を提供する。

　ソーシャル・メディアを代表するものとしては SNS（Social
Networking Service）をあげることができる。現在，非常に多く
のネット・ユーザーが交流サイトのフェイスブックやマイクロブ
ログのツイッター，写真共有アプリケーションのインスタグラム，
インスタント・メッセンジャーの LINE といった SNS を利用す
ることによって，文字，画像，映像といったさまざまな情報を，
位置情報などを付加して発信することを通じ，リアルタイム性と
臨場感を合わせ持つ1対1，1対多，あるいは多対多のコミュニ
ケーションを行っている。

　一般的にソーシャル・メディアは無料サービスとして提供され
ており，上に述べたようにその収益の源泉は，広告収入である。
とりわけソーシャル・メディアの場合は，ユーザーの属性情報だ
けではなく，行動情報ならびに状態情報を直接的に収集し分析で

きるため，他のネット・ビジネスと比べても，より効果的な広告
をユーザーに対して提示することができると考えられており，有
効なマーケティング・プラットフォームとして機能するものと期
待されている。その一方で，ソーシャル・メディア企業間での競
争は激しく，また急速に進展するICTを使ったアプリケーショ
ンの構築・運営を基礎とする業態であるため，常に新規参入の脅
威にさらされている。またソーシャル・メディア企業にとっては，
より多くの，多岐にわたる個人データをできるだけ多く集める
ことが，よりよいマーケティング・プラットフォームの構築に有
用である。こうした事情を反映して，既存ソーシャル・メディア
企業には，有望な新興（start-up）ソーシャル・メディア企業を，
その株価が低いうちに，あるいはIPOの前に買収するというイ
ンセンティブが働く。こうした事情を反映して，ソーシャル・
メディア企業の統合が進められてきている。たとえば，動画共有
サイトのユーチューブは2006年にグーグルの傘下に入っており，
インスタグラムは2012年にフェイスブックに買収されている。

自動化された監視と制御

現在，世界の企業の時価総額ランキング上位に，ビッグ・テック（Big Tech）あるいはテック・ジャイアント（tech Giants）と呼ばれる巨大ICT企業が名を連ねるようになっている。2020年6月にプライスウォーターハウスクーパース（PwC）が公表したデータによれば，GAFAMと総称されるグーグル，アマゾン，フェイスブック，アップル，マイクロソフトと，新興著しい中国企業のアリババとテンセントの7つの巨大ICT企業が，世界時価総額上位10社にランク・インしている（**表8-1**）。

アメリカを本拠地とする巨大ICT企業の強みのひとつは，世

表 8-1 世界時価総額ランキング上位 10 社 （2020 年 6 月）

順位	企 業 名	所在地	部 門	時価総額 (10億米ドル)
1	サウジ・アラムコ	サウジアラビア	石油・ガス	1,741
2	アップル	アメリカ	技 術	1,568
3	マイクロソフト	アメリカ	技 術	1,505
4	アマゾン	アメリカ	消費者サービス	1,337
5	アルファベット	アメリカ	技 術	953
6	フェイスブック	アメリカ	技 術	629
7	テンセント	中 国	技 術	599
8	アリババ	中 国	消費者サービス	577
9	バークシャー・ハサウェイ	アメリカ	金 融	430
10	Visa	アメリカ	金 融	372

（出所） PricewaterhouseCoopers［2020］, Global Top 100 companies by mar-
ket capitalisation. https://www.pwc.com/gx/en/audit-services/publications/
assets/global-top-100-companies-june-2020-update.pdf.（2020 年 9 月 20 日アク
セス）

界中の人々の詳細にわたる，しかも正確な個人データを日々収集
し，保有している点にある。こうした企業が検索エンジンやソー
シャル・メディアのグローバル市場において提供している，多く
の場合無料のオンライン・サービスを，いかに多数の人々が繰り
返し利用しているのかについては，たとえばインターネット・ラ
イブ・スタッツ（https://www.internetlivestats.com/）にアクセス
して，サービス利用数が刻々と増加していくさまを見てみると実
感できる。そしてこうしたサービスの利用に付随して発生するの
が，ユーザーの個人データ，とくに状態と行動を表すデータであ

り，膨大な数の，しかも多岐にわたる個人データが，企業の運用するデータベースにほぼリアルタイムで収集，蓄積されていくのである。こうして作り上げられる個人情報のビッグ・データは，典型的には AI を利用した情報システムによって解析され，その結果に基づいて個人ユーザーの**プロファイリング**が行われ，個々のユーザーに対してカスタマイズされた広告が表示されることになる。また解析されたユーザー・データが**データ・ブローカー**に販売されることもある。

　ここで機能しているのは，自動化された**監視**と**制御**のシステムである。すなわち，個人ユーザーの属性・状態・行動はさまざまな電子デバイスを通じて24時間休むことなく監視され，それによって収集・蓄積された個人データを解析することで，個人の行動，とりわけ購買行動を制御するためのパーソナライズされた情報サービスがタイムリーに提供される情報システムの構築と運用が進められているのである。

シェアリング・エコノミー

インターネットの社会・経済への浸透と，スマートフォンに代表されるハンドヘルド・マシンの普及は，「ICT を介したモノの共有」というビジネスのあり方を実現してきている。個人がいつでも，どこでもインターネットにつながっている技術環境の中で，**シェアリング・エコノミー**という新たなビジネス分野が切り拓かれたのである。内閣官房シェアリング・エコノミー促進室は，シェアリング・エコノミーを「個人等が保有する活用可能な資産等（スキルや時間等の無形のものを含む。）を，インターネット上のマッチングプラットフォームを介して他の個人等も利用可能とする経済活性化活動」と定義している（https://cio.go.jp/

share-eco-center/）。

　シェアリング・エコノミーの到来をはっきりと認識させたのは，2008年に設立されたエアビーアンドビー（Airbnb）と翌年に発足したウーバー（Uber）である。エアビーアンドビーは，所有する家や部屋を民泊用に提供したい者（ホスト）と，そうした物件を利用したい者（ゲスト）とを結び付けるルーム・シェアあるいはホーム（ハウス）・シェア（いわゆる民泊）を仲介するためのウェブサイトを運営している。見ず知らずの者同士が部屋や家の貸し借りを行うため，ユーザーによる相互評価情報が公開され，ホストならびにゲストの信頼性を可視化できる仕組みが整えられており，この点で，オンライン・オークション・サイトと同様のユーザー同士による信頼評価システムが採用されている（根来［2017］）。従来型のホテル・旅館業との利害対立や，ホストあるいはゲストに起因するトラブルの発生が報告されてはいるものの，現在では民泊に限らず，さまざまな宿泊施設の仲介を手がけるようになり，また世界中にそのサービスが展開されている。

　他方，ウーバーは，プロドライバーではない一般人が所有し，運転する自家用車を使って，顧客に輸送サービスを提供するための配車アプリケーションを運用している。エアビーアンドビーと同様に，見知らぬ個人の自家用車を利用することや，見知らぬ他人を自分の車に乗せて運ぶことへの不安を解消するために，運転者と乗客との相互評価が行われている。こうしたライド・シェア（個人所有自動車の乗り合い）を利用することで，人々は安価に移動できる一方で，このサービスも従来型のタクシー業との対立を引き起こしており，また安全面での懸念も取りざたされている（根来［2017］）。またウーバーの普及が，とくに都市圏における交

表8-2 シェアリング・エコノミーの5類型

シェアの対象	概　要	サービス例
空　間	空き家や別荘，駐車場等の空間をシェアする。	Airbnb, SPACEMARKET, akippa
移　動	自家用車の相乗りや賃自転車サービス等，移動手段をシェアする。	UBER, notteco, Anyca, Lyft, 滴滴出行
モ　ノ	不用品や今は使っていないものをシェアする。	Mercari, ジモティー, air Closet
スキル	空いている時間やタスクをシェアし，解決できるスキルを持つ人が解決する。	CrowdWorks, AsMama, TIME TCKET
お　金	サービス参加者が他の人々や組織，あるいはプロジェクトに金銭を貸し出す。	Makuake, READYFOR, STEERS, Crowd Realty

（出所）三菱総合研究所［2018］31頁。

通渋滞を引き起こしているという批判もあり，それに対抗するものとして，会員制でレンタカーよりも格安に企業保有の自動車を不特定多数のユーザーが短時間レンタルする仕組みのカー・シェアリングも普及し始めている。

　シェアリング・エコノミーには，現状では表8-2に示すような5類型が存在しているといわれている。すなわち，空間（民泊など），乗り物または移動（カー・シェア，ライド・シェアなど），モノ（フリマアプリ，レンタル・サービスなど），ヒトまたはスキル（クラウドソーシング，家事代行など），そしてカネ（クラウド・ファンディングなど）のシェアリングである。これらはいずれも，インターネット上のプラットフォームを介して運営されており，モ

ノやサービスの提供者と利用者をうまくマッチングするシステム
が存在している。提供者側は日常生活で使っていない，もしくは
使う機会が少ない資産（遊休資産）の有効活用により新たな収益
を得ることができる一方で，利用者側はその資産を個人で保有す
ることよりも安価に利用できるという win-win の関係が作り出
されることが期待されている。

 練習問題　　　　　　　　　　　　　　　　　　　EXERCISES

1　ネット・ビジネスの成功のために必要なことは何か。技術的
要因以外の点についても述べなさい。

　Hint　ニュー・エコノミー論の破綻に注目するとともに，「ネッ
　　　　ト・ビジネスはビジネスである」ということを頭に入れて
　　　　考えてみよう。

2　サーチ・エコノミーの出現が企業経営にどのような影響を及
ぼしているのかについて述べなさい。

　Hint　企業が顧客から見つけられる，ということの重要性につい
　　　　て考えをめぐらせてみよう。

3　オンラインでの無料サービスを展開している企業のビジネ
ス・モデルの特徴について述べなさい。

　Hint　こうした企業の顧客は誰なのか，ということについて注目
　　　　してみよう。

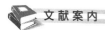 文献案内　　　　　　　　　　　　　　　　　　　REFERENCE

1　J. バッテル（中谷和男訳）[2005]，『ザ・サーチ：グーグルが
世界を変えた』日経 BP 社。

●検索エンジン企業の実態・本質とサーチ・エコノミーの実相について理解を深めるための格好の入門書である。

[2] J. スロウィッキー（小髙尚子訳）[2006]，『「みんなの意見」は案外正しい』角川書店。

●現代情報社会における個人の参加の意味を理解するうえで興味深い論述を展開している。

[3] D. タプスコット，A. D. ウィリアムズ（井口耕二訳）[2007]，『ウィキノミクス：マスコラボレーションによる開発・生産の世紀へ』日経 BP 社。

●オープン・ソーシングのような多数参加型のビジネスのあり方が現代の企業にとってどのような意味を持っているのかについて議論している。

[4] S. ギャロウェイ（渡会圭子訳）[2018]，『the four GAFA 四騎士が創り変えた世界』東洋経済新報社。

●巨大 ICT 企業のビジネスならびに思考，行動の特徴と，社会・経済への影響力についてよくまとめられている。

SUMMARY

09 ｜ 本章で学ぶこと

　本章では，企業におけるコミュニケーションの役割と
ICT の影響について学ぶ。

　今から半世紀以上前の経営学者カッツ（R. L. Katz）は，
企業社会で役に立つスキルとして，業務に必要な専門知識
（テクニカル・スキル），円滑な対人関係を実現するヒュー
マン・スキル，抽象化して物事の本質を考えるコンセプ
チュアル・スキルがあると指摘した（Katz [1955]）。

　ヒューマン・スキルはコミュニケーション・スキルと言
い換えられる。そこには，①自分の意見をわかりやすく伝
える力，②相手の意見を丁寧に聴く力，③意見の違いや立
場の違いを理解する力などが含まれる。

　カッツが指摘した 3 つのスキルのうち，どういうわけ
かヒューマン・スキル，とくにコミュニケーション能力が
注目される傾向が強い。就職活動の際に，コミュニケー
ション能力が強く求められるような報道や記事を目にする
機会が多いだろう。

　それでは，このようなコミュニケーション・スキルは，
企業活動において，どのような意味で重要なのだろうか。
あるいは，コミュニケーションは，企業活動においてどの
ような機能を果たしているのだろうか。

　本章では，組織コミュニケーションの機能を学んだ
うえで，ICT を用いたコミュニケーション（CMC：
computer mediated communication）を理解するた
めに必要となる基礎知識を学ぶ。

267

1949年8月，米国モンタナ州マン渓谷で森林火災が生じた。通報を受け，出動予定の森林消防隊員が招集された。当時は，隊員の休暇時間を十分に確保するために個人ごとの勤務計画を立てていた。そのために，招集された隊員同士が「初顔合わせ」となることが少なくなかった。この日もそうだった。

メンバーの中から，経験豊かで優秀な消防士ドッジがリーダーに任命された。職人肌で寡黙なドッジは，現場に向かう1時間半余りを隊員たちと静かに過ごした。次第に，隊員たちの心には「この人についていって大丈夫か」と不安が生まれた。

さらに不幸なことに，降下直前に風向きが変わってしまう。そのため，着地場所でいきなり炎が隊員に襲いかかった。隊員の脳裏には，ドッジに対する疑念が深まっていく。

緊急策として，ドッジは進路変更を指示した。的確な判断であった。ところが，隊員は「落下前と話が違う」とドッジに対する不信感を募らせていく。

その間も，燃えさかる炎は，容赦なく森林を飲み込んでいく。現場は凄惨を極めた。本来，森林消防隊は，燃える樹木を切り倒したり溝を掘ったりして，炎の行く手をさえぎることで消火活動を行う。しかし，打つ手なしだった。結局，消火活動を開始後1時間立たずに，ドッジは退却を決断した。ただし，研究熱心な彼は，当時あまり知られていない「エスケープ・ファイア」を試みた。それは「通常の消火活動が困難な場合に，周りに火をつけることで避難場所を作り出す方法」であった。可燃物を求めて炎は可燃物を求めるかのように同心円上に延焼していく。すると，燃え尽きた円の中心部は安全地帯となる。そこに避難すれば隊員の命は助かるはずだ。きわめて賢明な判断だった。

しかし，自らの周りに火をつけていくドッジの姿を見た隊員は，その方法を理解できない。消防隊員が放火する姿を見て，彼らは「いよいよドッジは正気を失い暴挙に出た」と判断した。もはや隊は組織の体をなさなかった。結果的に，16人中13名の隊員の命が奪われてしまった（Mclean［1992］；Useem［1998］）。

1 組織コミュニケーションの機能

コミュニケーション・
システムとしての組織

マン渓谷の事例（CASE⓫）では，コ
ミュニケーションがうまく機能しなかっ
た。風向き変更を受けての進路変更，炎
の勢いを考慮した「勇気ある撤退」などリーダーの指示は適切で
あった。それにもかかわらず，隊員は誤解し，不信を深めていっ
た。結果的に，森林消防隊は組織の体をなさず，甚大な被害をこ
うむってしまった。

コミュニケーションが有効に機能しなければ，組織そのも
のが機能不全に陥ってしまう。そのために，「組織はコミュニ
ケーション・システムにほかならない」といわれる（Barnard
[1938]）。

コミュニケーションが組織の成立において重要な理由は，次の
通りである。人間は 1 人では生きていけない。そのため，何事か
を達成しようとすれば，他人と力を合わせ**協働**する必要がある。
協働を実現するためには，各自の役割分担（**分業**）を明確にする
だけでなく，各自の活動を 1 つにまとめ上げ**統合**する必要があ
る。共通目的を見出し，役割分担を決め，相互に調整を行い，全
体としての統合を図る。このような活動は，コミュニケーション
によって支えられている。

組織コミュニケーションは，①**情報提供**による環境の不確実性
を縮減し，②**指示**による行動の効率（efficiencies）を高め，③**動
機づけ**により行動を鼓舞する役割を担う（Ackoff [1958]）。これ
らは，ビジネス活動の実践において不可欠の要素である。以上の

ことから，コミュニケーションは組織の重要な成立要因と考えられるのである。

コミュニケーション・
モデル

組織コミュニケーションの定義は多様である。ここでは「送り手と受け手の間で，互いの考えや思いを伝え，相互理解を促すこと」と定義する。

　伝えたい（あるいは，伝えるべき）考えや思いは，送り手の意識の中で生まれる。意識の中でイメージされたものという意味で，伝えたい意識内容のことを**表象**（representation）という。

　表象をそのまま相手に伝えることはできない。そのため，表象を「仕草や言葉などに表現」する必要がある。表象を表現することを**記号化・符号化**といい，表現されたものを**メッセージ**という。

　メッセージを受け取った側は，その意味を解釈する必要がある。そのために，メッセージの意味を事前に決めておく必要がある。意味を決定する要素は2つある。1つは，**コード**である。コードとは，記号化・符号化のルールを共有するための「記号と意味の関係を体系化したもの」を指す。もう1つは，**コンテキスト**である。コンテキストとは，コミュニケーションが行われる「状況や背景」を意味し，「意味の解釈や行為の枠組みを制約する組織的・社会的・文化的要因」のことである。コンテキストを共有していれば，「あの件はどうなった」という問いかけに「もう少しです」と応答できる。逆に，コードやコンテキストが共有されなければ，メッセージの意味を解釈できない。

　メッセージの意味を解釈するのは，送り手である。そのために，コミュニケーションが正しく機能するかどうかは，受け手の解釈能力が決め手となる。受け手に正しく解釈してもらえるように，

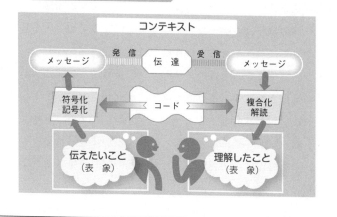

図9-1 コミュニケーションの過程

コンテキスト

メッセージ　発信　伝達　受信　メッセージ

符号化
記号化　〈　コード　〉　複合化
解読

伝えたいこと
（表象）　理解したこと
（表象）

送り手はコードやコンテキストを適切に使用する必要がある。

　ところで，受け手が解釈した内容もまた表象である。解釈した内容は受け手の意識の中にあるので，他人には見えない。そこで，受け手と送り手の間で，メッセージの意味を互いに確認することが必要になることがある。また，このような相互確認のプロセスを通し新しい意味が生まれることがある。

　このようなコミュニケーション過程を図式化したものが図9-1である。

コンテキストと多義性

　図9-1の外側の網かけの四角は，上述のコンテキストを示す。コンテキストは，メッセージ内容の意味解釈を容易にするためのガイドラインとして機能する。そのために，コンテキストは，個人や組織内で共有された解釈や行為の枠組みと考えられる。

　言葉にされない雰囲気や仕草などで相手にメッセージが伝わる

場合を**高コンテキスト文化**という。このような場合では，沈黙でさえ意味を持つことになる。高コンテキスト文化の組織では，メンバー間のコミュニケーションが効率的になる半面，新参者や外部とのコミュニケーションは非効率になる。

また，コンテキストは，メッセージの**多義性**（equivocality）を削減する働きを持つ。多義性とは，メッセージの意味を1つに決められない性質を指す。たとえば，「ひるるすばんにこい」というメッセージが「昼に留守番に来い」なのか「昼は留守なので晩に来い」なのかは，句読点や話し方などのコンテキストがなければ理解できない。

> **コミュニケーション・チャネル**

メッセージが送信され受信されるまでの経路を**コミュニケーション・チャネル**という。それは，組織階層（ヒエラルキー）の垂直方向の流れと水平方向の流れに分けられる。

垂直方向に沿ったコミュニケーションは，上向き（報告・相談）と下向き（指示・命令）に分けられる。すでに第3章で学んだように，経営情報システムの設計開発や運用管理のための理論では，現場の情報を集約するための上向きの垂直コミュニケーションの自動化が議論されてきた。

水平方向に沿ったコミュニケーションは，業務の流れに沿って情報を共有し，部門間の連携や調整を図るものである。たとえば，受注，在庫確認・引当，ピッキング，積載，配送，納品，請求など部門間の業務活動の流れに沿った情報経路を指す。

組織コミュニケーションでは，企業内部に限定されるものではない。企業間においても，コミュニケーションがなされている。たとえば，**取引**に沿った情報経路がある。**商流**（所有権・金銭・

情報の流れ）では，受発注・在庫・販売などの情報が伝達される。また，**物流**（取引に伴うモノの移動）の過程においても，積載や移動経路などのデータが発生する。このような取引データや物流データの流れは，一般に**情報流**と呼ばれる。

メディア　コミュニケーション・チャネルにメッセージを流すためには，なんらかの媒体（メディア）にメッセージを載せる必要がある。サイモン（H. A. Simon）は，組織コミュニケーションのメディアを，①口頭（対面）コミュニケーション，②メモや手紙，③書類（paper flow），④記録や報告書，⑤マニュアルに整理した（Simon [1957]）。

　口頭コミュニケーションは，身振りや表情，声のトーンなど多様な情報を提供できる。このような特性を**メディア・リッチネス**という。口頭コミュニケーションは，職場や部門間の**コンフリクト**の調整・解決や会議などの**集団的意思決定**の際の基本的なメディアである。ただし，口頭コミュニケーションを実現するためには，送り手と受け手が同じ時空間を共有する必要がある。加えて，特定の地位になければ会議に参加できないなど，社会的制約が課せられることが少なくない。

　その他のメディアは，非同期型の文書によるコミュニケーションである。行為や規則を文書として記録することで，それらを時空間を超えて組織内で共有できる。官僚制では，文書に記録することで，日常業務の実践の一貫性を確保してきた。

　ICT は，対面や文書によるコミュニケーションを含めたメディアである。オンライン会議では「言葉や表情」が，電子メールは「手紙やメモなど」が用いられている。つまり，ICT は「従来のメディアで媒介された（mediated）メディア」である。

メッセージは，松岡正剛の表現を借りれば，コードという「着物」をまとい，メディアという「乗り物」を用いることで，コミュニケーション・チャネルを流れることができる（松岡［1996］）。

コードとシンボルの関係について，キリスト教の絵画を例に説明しよう。文字が読めない信徒のために，絵画では，登場人物が誰だかわかるように，持ち物や添え物を記号として利用する。たとえば，青のヴェール，赤い衣服，白百合が描かれている人物は聖母マリアである。このような持ち物や添え物に関するルールをコード，描かれた事物（記号）をシンボルという。シンボルを通じてメッセージが発信される。

コードが共有されていない場合，落語の「蒟蒻問答」のような「会話のすれ違い」が生じる。また，「親指と人差し指で輪を描く」合図は，「OK」や「お金」あるいは「殺意の表明」など国や地域によってコードが異なる場合がある。そのために，コミュニケーションでは，コードの共通化や統一化が不可欠となる。

たとえば，商品流通では，グローバルな商品コードであるGTIN（Global Trade Item Number：商品に印刷されているJANコードなど）を用いている。印刷された記号をJANシンボルという。

メディアとしてのICTの特性

ICTは，メディアだけでなく，コード化にも深く関わっている。文字の送信には，文字コード（具体的には，ASCII，シフトJIS，Unicode，UTF-8など）が用いられる。文字コードが異なれば，いわゆる「文字化け」が生じる。重要なことは，文字コードが利用可能な文字の種類を規定する点である。とくに，漢字については，氏名や地名の表現などを制約することになる。そのため

　企業間コミュニケーションの 1 つに EDI (electronic data interchange：電子データ交換) がある。EDI は「異なる企業間に設置された情報機器の間で，通信回線を介して取引メッセージを交換すること」と定義される。

　EDI もまたコミュニケーションの一形態である。そのために，コードやコンテキストが重要になる。具体的には，データ交換を実施するための前提条件として，次のような取り決め（規約）を定める必要がある。

　第 1 は，**情報伝達規約**である。ここでは，情報機器同士で直接データを交換するためには，通信回線 (ISDN 回線やインターネット回線など)，通信手順 (JX 手順などのプロトコル) など，データ通信に関する取り決めを行う必要がある。

　第 2 は，**情報表現規約**である。ここでは，データの構造やデータ項目などデータの表現方法（シンタックス・ルール）が定められる。具体的には，発注データを送信する際に，情報機器がデータ内容を自動的に認識できるように，どのデータが商品でどのデータが数量なのか，などの規定を行う。JAN コード (GTIN-13) や段ボールなどの集合包装に附番される GTIN-14 などのコードの統一も情報表現規約に含まれる。

　第 3 は，**業務運用規約**である。データ交換の仕組みを検討する以前に，どのような情報のやり取りをするのかを決める必要がある。日本では，伝達されるデータ項目を定めるために，業界ごとに統一伝票が制定されている。また，情報の訂正方法やエラーの扱いなど，システム運用に関する取り決めを行う必要がある。

　第 4 は，**取引基本規約**である。EDI を実施するうえで法的有効性を確立するために，企業間の取引の契約内容（検収時期，支払時期，支払方法など）を取り決めることである。

に，文字コードに含まれない文字を表示するために，いわゆる外字が利用されることになる。しかし，機器が異なれば，正しく表示されない。

電子メールでは，(^o^)v のような顔文字が利用されることがある。携帯電話のショートメールなどでは，「😀」のようにな絵文字（emoji, emoticon）が用いられ，SNS では**スタンプ**と呼ばれる画像がメッセージとして利用されている。これらのことは，本来はメッセージを載せるべきメディアがメッセージそのものを変容させた例といえる。

さらには，食事そのものを楽しむ前に，「インスタ映え」を意識して写真を撮ることに熱心な人々は，行動規範そのものさえも ICT によって変容されたと理解することができる。

このように，ICT は，言葉などの他のメディアを「媒介する」だけでなく，コード化されたメッセージ内容をも変容させる。

それだけでない。ICT は，コミュニケーションを円滑化するためのコンテキストを付与できるメディアである。たとえば，ウェブサイトでは，下線のついた青の文字列があれば，そこをクリックすると他のサイトにリンクできると考えられる。また，商品一覧のページに各製品の画像があれば，画像をクリックすると各製品のページにたどり着くと予想される。

組織コミュニケーションの逆効果

マン渓谷の悲劇から，組織コミュニケーションがうまく機能しなければ，組織は体をなさないことがわかる。ところが，組織コミュニケーションが機能したにもかかわらず，逆効果になってしまうことがある。

(1) ヒラメ人間

ヒラメ人間とは，両目が上を向いている魚のヒラメにちなんで，上司の顔色をうかがうだけの人のことを揶揄したものである。

ところが，部下がヒラメ人間にならないように仕事を任せることで，逆に上司に対する依存を高めることがある（金井 [2002]）。上司の「腹案」が気になり，任せることが主体性を弱め，上司依存の行動を促すというパラドックスを生み出してしまうのである。

(2) 組織の硬直化

部門間コンフリクトを調整するためのコミュニケーションが，互いがゆずらず自己を正当化する結果，対立が深まってしまうことがある。また，相手の主張をただ受け入れるだけで，問題を先送りする場合もある。このような場合，コミュニケーションを通じて，かえって**組織の硬直化**を助長することになる。問題を直視し，火花を散らすような議論を通じて，互いが利益を得られるwin-winの関係を模索するためには，自己主張だけでなく，傾聴や相手の立場の理解が不可欠である。

(3) 集団分極化

同じ態度や価値観の人々が集団で議論すると，人々が好む情報だけに接するようになり，立場の異なる情報に触れる機会が失われる傾向が強い。そのような性質を**集団分極化**（group polarization）という。会議などの集団的意思決定では，コミュニケーションを通じて，メンバーの意見がエスカレートしてしまい，結果的に集団分極化に陥る危険がある。とくに，積極的なコミュニケーションの方が，集団分極化が生じやすいといわれる。

また，ジャニス（I. L. Janis）は，集団で議論することで客観的判断を損ねてしまい，愚かな決定を下してしまう現象を**集団思考**

(group think) と呼んだ (Janis [1972])。熱くなって周りが見えなくなり，浅はかな決断を行うことから「**集団浅慮**」と意訳されることが多い。

| 非公式（個人的）コミュ二ケーション |

これまで説明してきたコミュニケーションは，公式発言としてのコミュニケーションである。しかし，組織コミュニケーションには，たとえば，「おはよう」という朝の挨拶や「また巨人が負けたね」というような世間話など非公式で私的なコミュニケーションがある。

挨拶などの何気ない会話が，報・連・相や会議の発言を促進したり円滑化することが少なくない。また，非公式コミュニケーションは，日常的な挨拶が仲間意識を生み出す。その結果，分掌された職務内容とは関係のない自発的な対外行動が誘発される場合がある。このような職務規程に示された範囲外の行為を，**OCB**（organizational citizenship behavior：**組織市民行動**）という。具体的には，子どもの病気で困っている人の当番を交代するなどの「職務の範囲外の行動」で「給与体系によって保証されない活動」を指す。OCBが日常的に実践される職場は，働きやすい職場といわれる。

また，個人的接触を通じて生まれる価値観が組織文化に矛盾しなければ，組織メンバーが組織の一員であり続けようと動機づけられることが多い。このような動機づけの度合いのことを**集団凝集性**という。さらに，個人的コミュニケーションは，職務上の立場を超えて個人的感情を出しやすい。本音を語ることで，感情の澱みを解放するカタルシス効果や癒やしの効果が期待できる。

以上のように，非公式コミュニケーションは，組織コミュニ

ケーション機能を促進し，補完し，癒やしの機能を持つ。これら
の機能は，組織の維持と発展には欠かせない。

　マン渓谷の事例では，当時の森林消防隊では，隊員の希望を優
先した勤務予定を組んでいたために，火災発生時の当番が出動す
る仕組みになっていた。そのため，訓練をともにしたメンバー
で隊を形成するのではなく，初顔合わせのチーム編成が珍しくな
かった。このようなチーム編成方法では，仲間意識や一体感が生
まれにくい。このことが悲劇の原因になっていたといえる。

2　組織コミュニケーションと ICT

コミュニケーションと場

コミュニケーションは組織の成立基盤で
あるだけでなく，組織の情報集積や秩序
形成を実現する。場は，そのようなコ
ミュニケーション・プロセスを説明する概念として有用である。

　場とは，「人々が参加し，意識・無意識のうちに相互に観察し，
コミュニケーションを行い，相互に理解し，相互に働きかけ合
い，共通の経験をする，その状況の枠組み」と定義される（伊丹
[2005]）。つまり，場は，コミュニケーションや協働を通じて生
じる人々の情報的相互作用や心理的相互作用のプロセスを分析す
るための枠組みといえる。図9-2は，場を「やかん」にたとえ
た伊丹敬之の主張を図式化したものである。

　場を形成する要素は，①アジェンダ：情報が何に関するものか
を示す，②解釈コード：情報をどのように解釈すべきかを示す，
③情報のキャリア：情報を伝える媒体，④連帯欲求である。これ

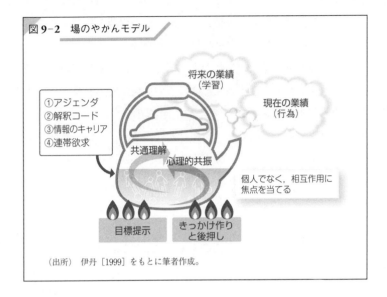

図 9-2　場のやかんモデル

- 将来の業績（学習）
- 現在の業績（行為）

①アジェンダ
②解釈コード
③情報のキャリア
④連帯欲求

共通理解
心理的共振

個人でなく，相互作用に焦点を当てる

目標提示　　きっかけ作りと後押し

（出所）　伊丹［1999］をもとに筆者作成。

らが「やかん」の輪郭を形成する。

　リーダーは，「やかん」に火をかける役割を担う。それは，場が活性化するように，まず目標を明確に示し，次に，場に参加する「きっかけ」を与え，後押しをすることである。これらを燃料に「やかん」を加熱することができる。メンバーは「やかん」の中の水である。メンバー間に，共通理解と心理的共振が生じることで，情報的相互作用や心理的相互作用が活発化する。沸騰した「やかん」からは，現在の業績（行為）と将来の業績（学習）が生み出される（模式的に「蒸気」として描いた）。

　伊丹は，場に注目するマネジメントは，ピラミッド型（ヒエラルキー）組織のマネジメントとは異なると指摘した（伊丹［1999］，表9-1）。

表9-1　場のパラダイム

	ヒエラルキー・パラダイム	場のパラダイム
組織とは	意思決定する個人の集合体	情報的相互作用の束
マネジメントとは	決定し，命令し，動機づける	方向を示し，土壌を整え，承認すること
経営行動の焦点	システム設計とリーダーシップ	場の生成と舵取り
マネージャーの役割	先頭に立ってリードする	流れを見ながら舵を取る
	中央に情報を集め，自分で決定する	部下に任せ，ときには自分で判断する
メンバーの役割	与えられた仕事を遂行する	仕事の細部は自分でつくる
	想定外事項は上司と相談して決める	想定外はまわりと相談しながら自分で動く

（出所）　伊丹 [1999] 115頁をもとに修正。

メディア・リッチネス論の終焉

　ICTは，場にどのような影響を与えるのだろうか。伝統的な経営情報論では，メディア選択論としてICTを捉えていた。その代表が**メディア・リッチネス論**である（Daft and Lengel [1986]）。しかし，メディア・リッチネス論では，先に述べたメディアとしてのICTの特徴を捉えきれないだけでなく，場の働きがダイナミクスを検討するうえでも役に立たない。もはや賞味期限が切れた理論といわざるをえない。

　もちろん，メディア・リッチネス論の貢献は少なくない。情報伝達の鍵を，①結果の予測に必要な情報の不足（不確実性）を補うこと，②意味の多義性（曖昧性や多様性）を削減するためにコンテキストの共有を進めることであると指摘した功績は大きい。

メディア・リッチネスとは「多義性を削減する潜在的な情報伝達力」を意味する。それは，フィードバックが早く，人間の五感や身体性に関わるメディアのことである。たんにデータを集めるだけでは多義性を克服できないことをメディア特性に絡めて説明した点で，メディア・リッチネス論は一定の成果があった。

　しかし，すでに第2章や第4章で学んだように，ICTを活用する中で，その用途や意義が見出されてくる。そうであれば，メディア特性をあらかじめ想定する点は現実的とはいえない。また，ICTは，従来のメディアを内包するために，メディア特性を一義的に定義できない。多義性の重要性を指摘したメディア・リッチネス論は，皮肉にもICTの多義性により，その使命を終えたのである。

ジャンル

コミュニケーション・メディアとしてのICTの機能を理解するうえでは，イェーツ（J. Yates）らが提唱したジャンル（genres）という概念が有効である（Yates and Orlikowski [1992]）。彼女らは，本来「絵画や音楽など芸術の様式」を意味するジャンルを「メモや提案，会議など」のコミュニケーション様式に適用した。そして，「同様の内容と形式を持つ一連のコミュニケーション行為」をジャンルと呼んだ。

　演歌というジャンルは，楽曲の雰囲気や「こぶし」を回すという歌い方だけでなく，歌い手の服装や立ち居振る舞いを規定する。同様に，会議というジャンルが，会議のあり方やそこでの立ち居振る舞いなどの諸次元（目的，内容，参加者，形式，時間，場所）を規定する。いわば，場という「やかん」ごとの特徴に注目し，「やかん」を区別するための概念がジャンルと理解できる。

　ソフトウェアパッケージの開発・販売を手がける Z 社（仮名）は，顧客からの問い合わせに対応するコールセンターに ICT を導入した。問い合わせ案件をデータベース化することで，対応の迅速化と効率化を目指したのである。

　ところが，電話対応を終えてから，問い合わせ内容を入力する方式を採用したために，かえって効率が悪くなった。加えて，システムの不具合のために，導入直後は手間がかかる一方だった。使い勝手が良くなるのは，数度のシステム改定を経てからであった。やがて，対応履歴データの参照が可能になると，顧客対応の効率は著しく向上した。

　すると，評価方法に変化が生じた。対応件数ではなく，履歴データの内容が評価対象となった。また，担当者と管理者の間に新しいコミュニケーション・チャネルが生まれた。それは，システムのコメント記入機能であった。これらの変化は，システムの計画段階では予想されなかったことから，**創発的変化**（emergent changes）といえる。

　システムを利用すれば，新人でも電話対応が可能である。このことに気づいた Z 社は，システムを OJT ツールとみなすようになった。新人が電話対応し，ベテラン担当者が困難な事案に対応するように組織が変革された。当初は計画されていないものの計画的側面を持つことから，このような変化を**機会主義的変化**（opportunity-based changes）という。

　しかし，組織変革は壁にぶち当たった。新人はベテランに案件を引き継ぐことに躊躇した。難しい案件に手間取るベテランは新人に目配りができなかった。試行錯誤の末，両者の間に調整役が置かれた。すると，業務は安定化した。

　さらに，電子メール機能を「同僚や後輩の支援」のために利用する自発的な支援体制が生まれた。このような変化を受けて，自主的支援活動も評価対象となった。その結果，ますます自主的な支援行動が活発になり，顧客対応の効率化がさらに進んだ（Orlikowski［1996］）。メディア・リッチネス論では，このような変化を理解することはできない。

会議というジャンルは，プレゼンテーション・ソフトの登場によって，そのあり方が大きく変化している。これをジャンルとして捉える。メディアはジャンルを進化させたり，新しいジャンルを生み出したりする。

情報化の二面性　ICT を用いたコミュニケーションをCMC（computer mediated communication）という。CMC を通じた組織変革を検討する際に，ICT の効果の二面性を指摘する論者が多い。ICT は，ジキルとハイドのように 2 つの相異なる性質を持つというのである。

　たとえば，スプロール（L. Sproull）とキースラー（S. Kiesler）は，①情報伝達の時間や費用を削減する効果をもたらした後に，②予測できないような変化をもたらすと 2 段階変化論を提唱した（Sproull and Kiesler [1991]）。

　また，ズボフ（S. Zuboff）は，①作業そのものを**自動化**（automate）する効果と，②作業状況をデータとして可視化することで視野の広い判断を実現したり，作業を変革したりする**情報化**（informate）の効果の二面性を指摘する（Zuboff [1988]）。

　さらに，ウォルトン（R. E. Walton）は，①組織メンバーのモニターと統制を強化する従属効果（compliance effects），②組織メンバーの自主性を高める参画効果（commitment effects）を合わせ持つと主張した（Walton [1989]）。

　このような二面性は，Z 社の事例のように，CMC の活用が創意工夫に満ちた試行錯誤の過程であることを示唆している。新人が難しい案件をベテランに依頼するというコミュニケーションは，ジャンルとして確立できなかった。しかし，自主的な支援というジャンルは自然発生的であったが組織に定着した。これらの相違

は，システムとユーザー間でのダイナミックな関係性から生まれたものである。ここでは，ひとまず組織過程に注目する必要があるという点を理解すればよい。なお，第 **12** 章では，このようなダイナミクスを分析する方法論の基礎を説明している。意欲のある読者は挑戦して欲しい。

3 CMC の実践としてのテレワーク

テレワーク小史 　2020 年に世界中に蔓延した COVID-19（新型コロナウィルス）の感染予防対策として，ICT を活用した働き方として，**テレワーク**が注目された。テレワークは「ICT を活用することによって実現される場所と時間にとらわれない働き方」である。

　じつは，テレワークの概念は，それほど新しいものではない。1980 年代に，テレワークの考え方が提唱されている。

　日本では，1989 年に埼玉県南部の志木市での実証実験が行われている。当時の技術水準のために，在宅勤務は難しく，本拠地（メイン・オフィス）から離れた場所に設置された**サテライト・オフィス**と呼ばれる小規模オフィスの可能性が検討された。しかし，本拠地と同じように働こうとすると「あれがない，これがない」と不満が募り，実験は頓挫した。

　パソコンやネットワーク環境が普及した 1990 年後半，**モバイル・ワーク**や **SOHO**（small office home office）という形で，再びテレワークが注目された。スタートアップの手段としてテレワークが利用されたことから，**雇用型テレワーク**と**自営型テレワーク**

という分類が生まれた。

e-Japan 戦略 II などでテレワークが取り上げられた 2000 年代には, 3 度目のブームが到来した。ところが, リーマン・ショックとともに下火となった。

2016 年に閣議決定された「一億総活躍プラン」を機に, **働き方改革**の議論の中で, 4 度目のテレワーク・ブームが起きた。総務省が推進する**ふるさとテレワーク拠点整備事業**では, 企業を誘致するのでなく, 首都圏の仕事を「地方で行う」という発想で地域活性化の実証が試みられている (田澤 [2018])。

その後, 東京五輪の招致が決まり, 大会開催期間中の首都圏の交通混雑の緩和手段としてテレワークの実施が呼びかけられた。五輪大会は COVID-19 の感染予防の一環で延期となったが, はからずもテレワークは感染対策として注目を浴びることになった (2021 年現在)。

テレワークへの期待 テレワークは, 働く場所に注目すると, ①前述のサテライト・オフィスや共同オフィス, あるいはリゾート地のオフィスを利用する施設利用型, ②顧客先や移動先で働く**モバイル・ワーク**, ③自宅での勤務に分けられる。さらには, リゾート地や地方など普段の職場とは異なる場所で働きながら休暇を過ごす仕組みである**ワーケーション**がある (松下 [2018])。

テレワークのメリットは, 長時間の通勤のストレスから解放されることで, 業務効率化, 家庭生活と仕事生活のバランス (ワーク・ライフ・バランス) の向上, 交通弱者と呼ばれる高齢者や障害者など多様な人材の活躍機会の創出などが期待されている。また, 生まれ育った故郷で仕事ができるということから, 地域活性

化，人材確保のメリットがある。加えて，東日本大震災などで事業継続性を確保することができると期待され，災害や感染症発生時の**事業継続計画**（BCP：Business Continuity Plan）の一環としての役割を担ってきた（吉澤［2010］）。

他方，魅力あふれるテレワークを阻害する要因としては，「必要性を感じないから」が指摘されることが多い。ところが，COVID-19 の感染予防対策が，意図せざる形でテレワークの導入・実施を推進することになった。

もちろん，業務内容によってテレワークにそぐわない場合（生産現場や対面サービスなど）もある。また，必要な情報機器の不足やセキュリティ上の問題からテレワークが導入できない企業も少なくない。加えて，雇用契約の変更などの手続き上の煩雑さがテレワーク導入を敬遠させている点も否めない。

多様な雇用形態とテレワーク

雇用型で自宅でテレワークを行う場合，雇用契約によって呼称が異なる。雇用契約の場合を**在宅勤務**という。他方，**請負**契約の場合は**在宅ワーク**という。請負契約であるから，労働者を指揮・命令したり管理したりはできない点に留意する必要がある。また，請負と対比されることの多い**派遣**の場合は，どちらかというとテレワークに向いていない仕事が多い。極端な場合，正規雇用者がテレワークを実施する中で，オフィスの電話番に派遣社員だけが出社することがある。2020 年，厚労省は，COVID-19 の感染予防対策の一環として派遣社員のテレワーク実施要請を出した。今後，派遣先と派遣元の間で，就業時間管理の適切な把握方法など取り決めが進むことが期待されている。

また，請負型の在宅ワークでは，**クラウドソーシング**が増えて

きた。それは、特定業者に外部委託するのではなく、インターネット上で不特定多数の人々（crowd）に業務発注することである。その担い手は、eランサー（e-lancer）と呼ばれる在宅ワーカーである（Malone and Laubacher [1998]）。彼らは、マニュアルなどの翻訳、会議や講演などの音声データの文字起し、広報物などの記事作成などの仕事を請け負う。最近では、AIの**教師あり学習**に必要な教師データの収集のクラウドソーシングが注目されている。ただし、eランサーの増加に伴い報酬の下落が生じており、クラウドソーシングは**デジタル内職**と揶揄されることも少なくない。

テレワークの パラドクス

テレワークを実施する中で、いくつかの逆説的現象が見られるようになってきた。

第1は、企業から見れば、テレワークは「時間と場所にこだわらない働き方」である。しかし、働き手の立場からは、「時間と場所にこだわった働き方」である。自宅や故郷で、育児や介護の合間で働きたいという働き手の思いが強いほど、テレワークはうまくいく。

第2は、自律的な働き方を求めているにもかかわらず、結果的に、上司への連絡頻度が高まり、ヒラメ人間を生み出すというパラドックスである。

自律的な働き方が上司への依存度を増すというパラドックスは、第3のパラドックスを生む。それは、労働時間が見えにくいために、テレワークでは成果評価が望ましいといわれているが、働き手は、行動（プロセス）評価を求める傾向が強いことである。

第4は、高速回線を常時接続できる環境が整うと、四六時中つながっていることを煩わしく感じる人々が増えてきたという通信

環境に対する態度の変化である。

第5は、**社内 SNS** のパラドックスである。社内 SNS などで趣味や余暇を話題に雑談することは、組織コミュニケーションの潤滑油になる。しかし、そのような発言を組織的に促すと、ミレニアル世代（1981 年以降に生まれた成人世代）は、逆に社内 SNS から距離を置くという現象が報告されている（Leonardi and Neeley [2017]）。

第6は、テレワークがオフィスの役割を再認識させたことである。仕事場がデジタル空間に拡大する中で、リアルに人々が対面する意義が改めて認識されるようになった。

最後のパラドクスは、テレワーク制度の充実がリアル・オフィス勤務を促したというセカンド・シフトである（Hockschild and Machung [1989]）。

セカンド・シフト　在宅勤務や短時間勤務などの制度を手厚くした某社の調査結果から、驚くべき事実が明らかになった。それは、育児や介護を抱えている女性たちが、在宅勤務を回避し、通常勤務を嬉々として続けていることだった。職場では「育児しながら働いて偉いね」と賞賛が得られた。他方、家庭では「家事をやって当たり前」と思われ、家族からの労りや感謝の言葉はなかった。彼女らは「家庭第一」を口にする一方で、家庭は**セカンド・シフト**（第2の勤務形態）でしかないと感じていた。彼女らにとって、安らぎを与えてくれる場は「職場」であった。そのために、家庭を犠牲にしているという罪悪感を抱きつつも、自分を認めてくれる職場に足が向かったのだという。このようなパラドックスをホックシールド（A. Hochschild）とメイシャン（A. Machung）が報告した。このよう

な指摘は，仕事と日常生活の均衡を目指すワーク・ライフ・バランスを検討する手がかりになるだろう。

| 仕事と日常生活 | テレワークを実施したとしても，ワーク・ライフ・バランスの確立は難しい。

公私の切り分けが難しく，労働時間が長くなるからである（佐藤 [2018]；Noonan and Glass [2012]）。

　むしろ，ワーク・ライフ・バランスという概念に問題があるのかもしれない。仕事と日常生活という二分法の背景には，両者が対立するという暗黙の仮定が見え隠れしている。しかし，両者を統合可能であるとする議論がある。**ワーク・ライフ・インテグレーション**である（Friedman et. al. [1998]）。

　また，仕事と日常生活は，いずれも他方に少なからず影響を与えている。余裕がなくなれば，仕事や日常生活の態度が他方に影響を及ぼす。逆に，仕事や日常生活の充実感が他方に好影響を与える。このように個人の感情や態度が職場や日常生活という役割を超えて流出することを**ワーク・ライフ・スピルオーバー**という。

　また，個人の充実感や不安が配偶者に影響を及ぼすこともある（**ワーク・ライフ・クロスオーバー**）。配偶者間だけでなく，上司−部下間や同僚間でもクロスオーバーが確認されている。**図 9-3**はこのような仕事と日常生活の多様な関係を模式的に表している。

　以上のことから，テレワークを導入すれば，ワーク・ライフ・バランスを確立できるという考えは，あまりにも安直であることがわかる。フランスの女性作家・哲学者のボーヴォワール（S. Beauvoir）は「人は女に生まれるのではない，女になるのだ」と述べた（Beauvoir [1949]）。女性らしく行動することが女性らしさを社会の中で生み出すという意味である。同様に，テレワーク

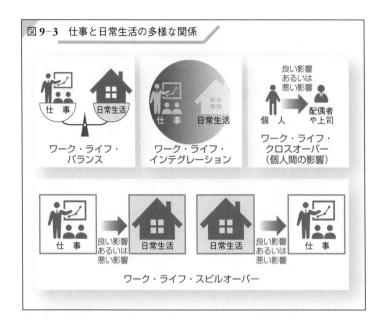

図9-3 仕事と日常生活の多様な関係

ワーク・ライフ・バランス

ワーク・ライフ・インテグレーション

良い影響あるいは悪い影響

個人　配偶者や上司

ワーク・ライフ・クロスオーバー（個人間の影響）

仕事

良い影響あるいは悪い影響

日常生活

日常生活

良い影響あるいは悪い影響

仕事

ワーク・ライフ・スピルオーバー

という実践を通じて，テレワークという働き方が社会的に作り出されると考えるべきである。上で述べた7つのパラドックスは，テレワークという実践が生み出した逆説的現象と理解できる。現代の経営情報論が，実践を通じて生み出される出来事に注目し，そのダイナミクスを理解する理由は，ここにある（さらに学びたい読者は，第12章に挑戦してほしい）。

練習問題　　　　　　　　　　　　　　　　　　　　EXERCISES

1　Twitter などの SNS が組織に与える二面的効果について説明してみよう。

本文を参照しながら，SNS が組織にどのような影響を及ぼすのか考えてみよう。さらに挑戦してみたい読者は，かなり手強い問いになるが「二面的効果のどちらかの側面を誘導できるだろうか」という点について考えてみてほしい。

2 EDI の 4 つの規約は，図 **9-1** のコミュニケーション・モデルの各要素のどれに相当するだろうか。説明してみよう。

Hint　メッセージの経路，コード，表象，コンテキストなどの要素と EDI の 4 つの規約の関係を考えてみよう。

3 在宅勤務を行うメリットとデメリットを整理してみよう。

Hint　通勤に伴う負担が軽減できることで，疲労感やストレスの解消だけでなく，労働力の拡大が期待されている。しかし，在宅勤務は「魔法の杖」ではない。どのようなデメリットがあるのか，考えてみよう。

文献案内　　　　　　　　　　　　　　　　　REFERENCE

1　伊丹敬之［2005］，『場の論理とマネジメント』東洋経済新報社。

●企業の情報的相互作用を「場」という概念を用いて説明している。

2　古賀広志［2019］，「組織市民行動の誘発原理の解明：社会物質性の視点からの考察」『日本情報経営学会誌』第 39 巻 1 号，16-31 頁。

● CMC の創発特性を組織市民行動（OCB）の発生メカニズムという視点から考察している。ナレッジ・マネジメントの古典的事例といえる NTT 東日本（当時）について簡潔にまとめられている。

3　古賀広志・柳原佐智子・加納郁也・下﨑千代子 編［2018］，『地域とヒトを活かすテレワーク』同友館。

●テレワーク実践の課題を体系的に整理している。ふるさとテレワーク，徳島県のサテライト・オフィス，軽井沢のリゾート・オフィスの詳しい事例も参考になる。

第10章 ビジネス・インテリジェンスとナレッジ・マネジメント

SUMMARY

10 | 本章で学ぶこと ⌄

　本章では，第4章で学んだ「データベース」や「AI（人工知能）をはじめとする先端的ICT」を活用した「ビジネスにおけるデータ活用と知識創造」について学習する。

　データ活用能力の鍵となるのは「データ・サイエンス」と呼ばれているスキルである。その担い手であるデータ・サイエンティストは「21世紀の最も魅力的な職業」といわれている。

　データ・サイエンスは，①データ収集・蓄積に関する技術的スキル（データ・エンジニアリング），②データ分析のスキル（データ・アナリシス），③ビジネス問題の知識（専門知識や実践知）の3つのスキルに支えられている。これらのスキルは，第1章や第4章の内容と深く関わっており，あえて説明を繰り返しているところもある。

　ビジネス問題の知識は，データ活用というよりも，実際のビジネスの現場での問題解決の経験値から生まれるものである。実践を伴うことから実践知と呼ばれる。実践知を企業全体で共有し活用することで，企業全体の問題解決力を高めることができる。そのような手法をナレッジ・マネジメントという。ナレッジ・マネジメントでは，知識という目に見えない資産を対象に議論するため，データ活用能力とはニュアンスが異なる。

　本章では，まず，データ・サイエンスという概念が提唱される前に議論されたビジネス・インテリジェンスとビジネス・アナリティクスの考え方を整理する。次に，データ・エンジニアリングとデータ・アナリシスを学習する。最後に，ナレッジ・マネジメントについて学習する。

スーパーやコンビニのレジでは，「いつどこで何をいくらでいくつ買ったのか」という「買い物の記録」つまり購買履歴データを取得している。さらに，会員カードを利用することで「誰が」というデータを入手している。その結果，顧客1人ひとりの購買パターンを分析することが可能になった。

米国のスーパーであるターゲット社は，購買履歴データを分析する中で，妊婦が高品質・高価格の商品を好んで購入している点に気がついた。そこで，顧客の中から妊婦を探し出すことにした。たとえば，ある時期から「おむつ」や「粉ミルク」を購入する顧客は，妊娠し出産をしたと推測される。このように，買い物パターンから「顧客の妊娠週数」を予測できるようになった。そこで，妊娠確率の高い顧客にクーポン付きチラシをダイレクト・メール（DM）として郵送することになった。しかし，このことが問題の発端となった。

妊婦である可能性が高いと判断された顧客の中に，ひとりの女子高校生が対象に選ばれていたのだ。

不幸なことに，その女子高生の父親がDMを開封しまった。そこには，「新しい家族を迎える貴女へ」と題して，ベビー用品などのクーポンが掲載されていた。チラシを見て激怒した彼は，直ぐにターゲット社に電話をかけた。

同社の情報システム担当は，平身低頭にお詫びしたという。おそらく「機械的に分析した結果なので，お嬢様が妊婦であると考えたわけではありません」と弁明したのだろう。

やがて，娘が帰宅する。父親は，事の顛末を語った。娘の名誉のために奮闘した武勇伝を自慢した。ところが，娘の顔は，次第に青ざめていった。そして，「ごめんなさい，妊娠しているの」と泣きながら詫びたという。今度は，父親の顔から血の気が引いていった。

父親は，再び同社に電話をかけ，今度は丁寧にお詫びをした。後に「企業はなぜ家族よりも先に娘の秘密を知ったのか」と題するニュースがマスコミで報道され世間を賑わせた。後日，同社は，妊娠週数の予測を止めた（Duhigg [2012]）。

1 ビジネス・インテリジェンスとアナリティックス

第 3 章で学んだように，情報化実践の第 2 世代では，受動的な環境適応を支援する情報システム概念として，DSS やESS が提唱された。また，1990 年代には，DWH や OLAP などが提唱された。このように，データ活用に関する情報化実践のスローガンは，時代とともに変遷してきた（第 4 章を参照）。

2010 年代には，ビッグ・データを活用するという視点から統計的手法や**データ・サイエンス**という用語が注目されるようになった。たとえば，グーグル社のチーフ・エコノミストを務めるヴァリアン（H. Varian）は，2009 年に「今後の 10 年間で最も魅力的な仕事は統計家と断言できる」と述べた。さらに，2012 年に，ダベンポート（T. H. Davenport）とパティル（D. J. Patil）が発表した「データ・サイエンティスト：21 世紀の最も魅力的な職業」と題する論文が注目を集めた（Davenport and Patil［2012］）。彼らは，高度な数学的手法を用いて市場や金融商品・投資戦略の分析を行う人（クオンツ）が，あらゆるビジネスの場で活躍する時代が到来したと主張した。

ビジネス・インテリジェンス

ビジネス・インテリジェンス（BI）は「業務システムに蓄積された膨大なデータを分析・加工し，経営や業務に役立つ情報を引き出す手法や技術の総称」である（**表 10-1**）。BI を構成する技術には，①各業務システムに分散されて蓄積されたデータを連携させ，読み取り専用の情報として過去の履歴データを

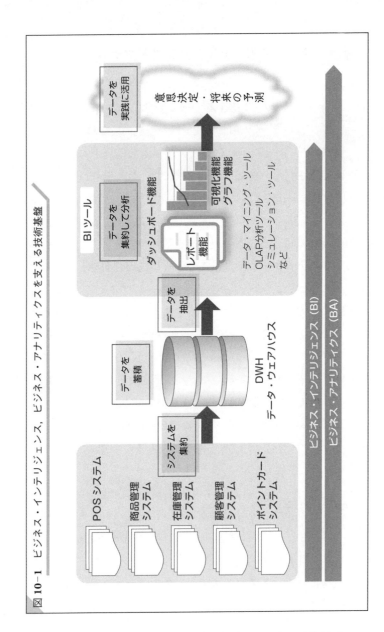

図 10-1 ビジネス・インテリジェンス、ビジネス・アナリティクスを支える技術基盤

- POS システム
- 商品管理システム
- 在庫管理システム
- 顧客管理システム
- ポイントカードシステム

システムを集約

DWH
データ・ウェアハウス

データを蓄積

データを抽出

BI ツール

データを集約して分析

ダッシュボード機能

レポート機能

可視化機能
グラフ機能

データ・マイニング・ツール
OLAP分析ツール
シミュレーション・ツール
など

データを実践に活用

意思決定・将来の予測

ビジネス・インテリジェンス (BI)

ビジネス・アナリティクス (BA)

蓄積する情報系データベース（DWH），②データ分析手法である OLAP やデータ・マイニングなど分析ツールに大別できる。これらの技術的基盤を用いて迅速な意思決定を支援することが BI の狙いである。

BI ツールの**ダッシュボード機能**とは，業務活動の状況を示す多様なデータを統合的に表示する機能を指す。ダッシュボードとは，自動車の走行に必要な計器類を搭載したボードのことである。ダッシュボード機能では，多様なデータをわかりやすく情報を提示するだけでなく，気になるデータを分析する機能を備えている。

> **ビジネス・アナリティクス**

BI の考え方を進展させ，「蓄積したデータを活用して将来を予測し，業務改善や質の高い意思決定を行う」ことを**ビジネス・アナリティクス**（BA：business analytics）という。

ダベンポートらは，BA の成功要因として，以下の5つを指摘した（Davenport et al. [2010]）。

①データ：分析には質の高いデータが必要である。

②エンタープライズ：分析には，個別業務の視点でなく企業全体の視点が重要である。

③リーダー：分析力を活用した業務改善に取り組むには優れたリーダーが必要である。

④ターゲット：効果をアピールするうえで，適切な対象業務を絞り込む必要がある。

⑤アナリスト：分析には，各種手法を深く理解した人材が必要である。

彼らは，これらの頭文字を用いて DELTA と呼ぶ。人的・組織的要因の重要性が指摘された点に留意する必要がある。

2 ビッグ・データとデータ・サイエンティスト

ビッグ・データ 第4章で学んだように，IoT/IoE を通じて多様なデータが利用可能になった。そのようなデータは，一般にビッグ・データと呼ばれる。ここでは，ビッグ・データの特徴として，①非構造データ，②メタデータについて説明する。

非構造データ インターネットを通じて，第4章で学んだ関係データ・モデルでは扱えないタイプの情報が大量に蓄積されるようになった。具体的には，文書，画像，動画，音声，ウェブサイトのアクセス・ログなど表の形で構造化できないデータのことである。また，印刷したときの状態を保存できる PDF（portable document format）形式，マイクロソフト社の表計算ソフト Excel で作成された帳票，プレゼンテーション用ソフト PowerPoint で作成されたスライドなど「特定のアプリケーションでしか扱えないデータ」を一元的に関係データ・モデルで扱うことは困難である。このようなデータを**非構造データ**（unstructured data）と呼ぶ。

なお，XML（eXtensible Markup Language）形式のように構造の定義に柔軟性がある場合は半構造化データと呼ばれ，非構造データの1つの形態とされている（**表10-1**）。

他方，関係データ・モデルで扱えるデータのことを**構造化データ**（structured data）という。具体的には，CSV（comma separated value：カンマで区切られたテキスト・データ）形式のように「行と列」の概念のあるデータを指す。

表 10-1　構造から見たデータの分類

構造化データ	**構造が定義されているデータ** 例）行と列の表形式のデータ：CSV 形式，RDB など
半構造化データ	**構造が定義されているが不完全なデータ** 例）XML 形式など柔軟な構造を持つ：検索ログなど
非構造化データ	**構造が定義されていないデータ** 例）PDF，テキスト，音声・画像・動画データなど

　なお，ウェブサイトを検索エンジンやクローラー（crawler）が理解できるように HTML にタグをつける場合も「構造化データ」と呼ぶ。クローラーは「インターネットの海をクロールで泳ぐプログラム」のことで，「ウェブサイトの情報を取得し検索データベースを自動的に作成する巡回プログラム」を意味する。この場合も，プログラムが理解できるという意味では，関係データ・モデルと発想は同じである。

メタデータ　　IoT/IoE により，意図的に収集されるデータ（captured data：**捕捉データ**）だけでなく，データ収集の副産物であるデータ（exhaust data：**排出データ**）が蓄積されるようになった。

　たとえば，ネット通販では，「サイト滞在時間」や「ほかに閲覧した商品」などのデータが自然と蓄積されるようになった。このような排出データを活用することで，人々の隠れた行動パターンを明らかにすることができる。

　排出データの中でも，**メタデータ**と呼ばれる「データについて

表 10-2　ビッグ・データからの価値創造

価値創造のパターン	情報活用の効果	具体例
データの透明性	部門の壁を越えて必要なときに必要な情報にアクセスが可能になる。	同時並行的に業務を遂行するコンカレント・エンジニアリングの実現。
正確なデータを利用した実績	シミュレーションを通して変動要因を明らかにできる。	変動要因の影響を考慮した効果的な対応の実現。
顧客の細分化	ターゲットを絞り込み個別のリアルタイムのアプローチができる。	ワン・ツゥ・ワン・マーケティングの実現。
アルゴリズムによる意思決定の支援・代替	機械学習などのアルゴリズムを用いた意思決定の支援ができる。RPAによる意思決定の代替ができる。	リスクの高い顧客の識別。
製品・サービスの新展開	製品使用状況のデータを用いた付加サービスを提供できる。	故障などが発生する前に予防措置をとることができる（予防保守）。

（出所）　Manyika et al.［2011］をもとに筆者作成。

のデータ」が重要である。メタデータには，通信時刻・通信相手・通信頻度など通信に付帯するデータを指す。また，デジタルカメラで撮影された画像データには「撮影の日時・場所・カメラの機種などの情報」がExif（Exchangeable image file format）形式で保存されている。

ビッグ・データからの価値創造

ビッグ・データを活用することで，新たな価値を生み出すことができるようになった。たとえば，マッキンゼーの報告書（Manyika et al.［2011］）では，5つの価値創造を明らかにした（表10-2）。

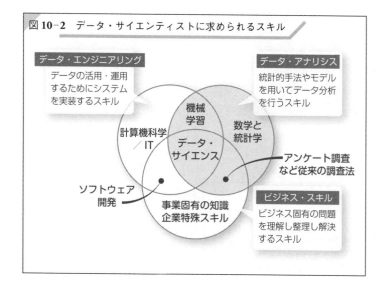

図10-2 データ・サイエンティストに求められるスキル

データ・エンジニアリング
データの活用・運用するためにシステムを実装するスキル

データ・アナリシス
統計的手法やモデルを用いてデータ分析を行うスキル

機械学習

計算機科学／IT

数学と統計学

データ・サイエンス

アンケート調査など従来の調査法

ソフトウェア開発

事業固有の知識企業特殊スキル

ビジネス・スキル
ビジネス固有の問題を理解し整理し解決するスキル

価値創造者としてのデータ・サイエンティスト

ビッグ・データから価値を創出する担い手を，データ・サイエンティストと呼ぶ。データ・サイエンティストは，次の3つのスキルが求められる（図10-2）。

第1に，データ分析には，統計学とAI（機械学習）やSQLなどデータ分析手法に関する知識とスキルが必要である。第2に，ビジネス上の問題の発見と解決するための企業固有のスキルや知識が求められる。最後に，データを活用するための情報システム基盤を実装するためのスキルが要請される。

もちろん，各スキルに特化した専門職が存在する。とはいえ，これら3領域の基礎知識を習得したデータ・サイエンティストが存在することで，専門家との橋渡しを円滑に行い，効果的なデータ活用の実現が期待できる。

これらの３つの知識の関係は，データの収集と蓄積に関する基盤技術（データ・エンジニアリング），データ分析のスキル（データ・アナリシス），データの活用を支える背景知識（ビジネス上の問題の発見と解決に固有の知識）と理解できる。以下，これらの知識について説明していこう。

3 データ・エンジニアリングの基礎概念

**非構造化データと
データ・モデル**

膨大なウェブページや画像データなどを管理・運用するためには，関係データ・モデルではなく，NoSQL と呼ばれるシステムが利用されることが多い。名称を文字通りに受け取れば，「SQL を禁止する」となるが，実際には「SQL だけではない（Not only SQL）」と解釈されることが多い。

　関係データ・モデルのようなスキーマを持たない NoSQL は，スケーラビリティ（拡張性）に優れていることからビッグ・データを扱ううえで適していると考えられている。NoSQL を大別すれば，次のようになる。

①キーバリュー・データ・モデル：１つのキーに１つのデータを結び付けて格納する。

②列ファミリー・データ・モデル：列方向のデータをまとめて行キーに結び付けて格納する。

③文書データ・モデル：XML や JOIN（JavaScript Object Notation）で記述された文書を格納する。

④グラフ指向データ・モデル：グラフ理論に基づいてデータ間

の関係性を表現する。

干し草の中から針を
探す

ビッグ・データを利用するための技術は，
従来の情報システムとは発想が異なるこ
とが多い。ビッグ・データから創造され
る価値は大きい。しかし，総データ量が膨大である一方で，有益
なデータは全体のごく一部しかない。たとえば，ドライブ・レ
コーダや監視カメラのデータを考えてみよう。事故や事件が生
じた際に，これらのデータは有益な情報源となる。しかし，その
ようなデータは収集されたデータ全体のわずかな部分にすぎない。
このようなデータの性質を**スパース性**（sparse：疎性）という。

スパース性のために，ビッグ・データの活用は「干し草の中か
ら針を探す」ような難しさがある。そこで，従来の経営情報シス
テムとは異なる工夫が必要となる。

第1は，スマートフォンやセンサーなどのIT機器から収集さ
れたデータをサーバーでリアルタイムに処理する**ストリーム・コ
ンピューティング**（stream computing）である。

第2は，センサーなどのネットワークの周辺部の機器がデータ
を処理することで，通信負荷を軽減させるとともに，保存する
データ量を大幅に削減する**エッジ・コンピューティング**，さらに
エッジ（周辺部）において、後述するディープ・ラーニングなど
の機械学習を利用する**エッジ・ヘビー・コンピューティング**であ
る。たとえば，コマツは，ドローンが撮影した工事現場の測量写
真をその場で処理し，工事に必要なデータを20分ほどで生成し，
現場のデータ活用を支援するサービスを展開している。

第3は，**スパース・モデリング**である。それは，少量データ
から特徴抽出を行う手法の総称である。たとえば，CTやMRI

などの医療用画像技術において，無駄な画像を省くことで，撮影時間とデータ量を大幅に削減する技法として**圧縮センシング**（compressed sensing）が注目されている。

大量のデータの並列処理

ビッグ・データ分析のような巨大データの高速処理を実現するためには，コンピュータの処理性能の向上が必要となる。処理速度を向上させるためには，①コンピュータの処理性能を向上させる（スパコンを利用する），②処理するコンピュータの台数を増やす（複数のコンピュータによる並列処理），③プログラム性能を向上させる，などの方法がある。

　ところが，スパコンを一企業で利用するには費用上の制約がある。また，プログラムのロジックを精練させるにも限界がある。そこで，**並列処理**が注目されている。

　現在，並列処理を実現する処理基盤（フレームワーク）として，Hadoop（ハドゥープ）が注目されている。Hadoop は，ソース・コード（プログラミング言語で記述された文字列のプログラム）が無償で公開されており，誰もが自由に改変・再配布できるオープン・ソースである。Hadoop をベースにさまざまな機能を組み込むことができることから，「システムに機能を組み込む際に使う土台」の意味で「フレームワーク」と呼ばれている。

　Hadoop の機能は，複数のコンピュータを「まるで 1 台の巨大なコンピュータ」のように作動させることにある。具体的には，並列処理するために用意されたコンピュータを統制下におき，小分けにした処理を各コンピュータに割り当て，処理結果を 1 つにまとめるという役割を担う。

　また，Hadoop のほかにも，Apache Spark というオープン・

ソースの並列処理フレームワークが注目されている。現在は，リアルタイムの高速処理にはSpark，大規模データの処理にはHadoopという形で使い分けが行われている。

4 データ・アナリシスの基礎概念

統計学と可視化　データ・サイエンティストに求められるスキルの第1は「データ・アナリシス」である。そのキーワードは，**数学**と**アルゴリズム**，つまり**統計理論**と**機械学習**である。

統計理論は，データを解析する理論的根拠となる。統計理論を基礎に，多様なデータ解析手法が生まれた。さらに，各種統計手法を容易に実行できるソフトウェアが登場した。商用ソフト（SPSS，SAS，S-Plusなど）やフリー統計ソフト（Rなど）が登場したことで，手軽に統計分析を行えるようになった。

他方で，統計分析を容易に利用できるようになると，「素人の誤用」が生じる危険性が指摘された。そこで，誤用を回避するために，解析結果を**可視化**（visualization）し，視覚的理解を促すことの重要性が再確認された。たとえば，前述のBIツールのダッシュボード機能では，許容範囲の数値を超えたり危険域に達した場合に赤字で表示するなどの工夫がなされている。

また，**タグ・クラウド**（tag cloud）などを利用することで，数値データだけなくテキスト・データの視覚化が可能となった。

可視化技術とともに，AIの一領域である**機械学習**がデータ分析技術として注目されている。機械学習は「データから規則性や判断基準を学習し，それに基づき未知のものを予測，判断する技術」である（総務省［2017］）。従来の「パターン認識」と「アルゴリズム」を発展させた手法といえる。AIの一部である機械学習は，学習の性質により，**図10-3**のように整理できる。

(1) **教師あり学習**

データから予想を行う場合に，**教師あり学習**（supervised learning）と呼ばれるアルゴリズムを用いる。予測に際して，例題と答えを示す**教師データ**（teaching data）が事前に与えられ，それを参照することから，「教師あり」と呼ばれる。

教師あり学習のアルゴリズムは，①データを複数のグループに分ける「分類」，②入力されたデータの傾向を明らかにする「回帰」に大別できる。

具体的用途としては，画像に写る動物を判断したり，優良顧客の分類，売上予測などがある。また，発見された傾向性や法則を利用して，クレジットカードの不正利用の発見に利用されている。

(2) **教師なし学習**

教師なし学習（unsupervised learning）では，データに潜むパターンが事前にわからないために，参照すべき例題データが存在しない。教師データとの比較ができないので，相関や主成分分析などのアルゴリズムを用いてデータ間に潜むパターンを見つけ出すことになる。

教師なし学習のアルゴリズムは，①クラスタリング，②情報圧縮（次元削減）に大別できる。教師あり学習で述べた「分類」で

図 10-3　機械学習の類型

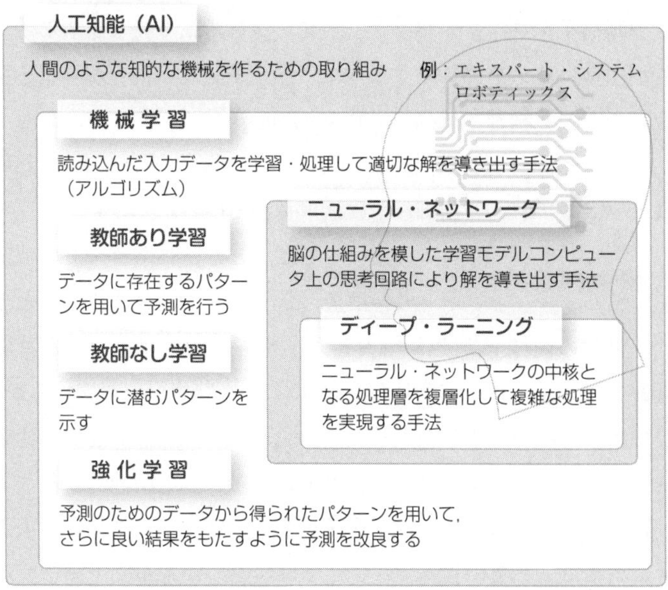

人工知能（AI）

人間のような知的な機械を作るための取り組み　　例：エキスパート・システム
　　　　　　　　　　　　　　　　　　　　　　　　　　ロボティックス

機 械 学 習

読み込んだ入力データを学習・処理して適切な解を導き出す手法
（アルゴリズム）

教師あり学習

データに存在するパター
ンを用いて予測を行う

ニューラル・ネットワーク

脳の仕組みを模した学習モデルコンピュー
タ上の思考回路により解を導き出す手法

ディープ・ラーニング

ニューラル・ネットワークの中核と
なる処理層を複層化して複雑な処理
を実現する手法

教師なし学習

データに潜むパターンを
示す

強 化 学 習

予測のためのデータから得られたパターンを用いて,
さらに良い結果をもたらすように予測を改良する

は, 人間が分類軸を事前に与える必要がある。他方, クラスタリ
ングでは, 人間が考えつかないような分類を見つけることができ
る。情報圧縮とは, 重要性の高い情報を抽出したり, 画像や動画
のデータを圧縮したりすることである。

　具体的な用途としては, 受信した電子メールから迷惑メールを
取り除くなどデータのカテゴリー分け, 膨大な購買履歴から共通
パターンを探し出し「おすすめ商品」を提示する**レコメンデー
ション**などがある。また, 多様なセンサーから得られたデータか
ら工程の状態の監視に必要な因子を導き出し, その値から工程の

異常を検知することができる。

(3) 強化学習

予測結果をフィードバックさせて，試行錯誤を繰り返すことで，さらに良い結果を導き出すように「学習モデル」自身が学習をする場合を**強化学習**（reinforcement learning）という。

チェスや囲碁将棋などの対戦型ゲームの指し手を探索したり，ロボット・アームの制御などに活用されている。

| 特徴量と過学習 |

機械学習では，入力されたデータの特定の**特徴量**（feature）に注目する。たとえば，動物の画像認識では，「耳の形」や「体の模様」などが特徴量として考えられる。そして，「どのような特徴量を設定するか」が機械学習の予測精度を大きく左右する。そのため，適切な特定量を設定することは，機械学習の実践における生命線といわれる。

特徴量の数を次元という。次元が多ければ，データ品質の重要度が高まる。品質の劣るデータが多ければ，かえって予測精度が悪くなったり，**過学習**（overtraining）が発生したりする。そのために特徴選択という特徴量の選別が重要になってくる。なお，過学習とは，教科書の例題を勉強しすぎて，少しひねった問題では手も足も出ないように，教師ありデータの判別に適合しすぎた状態を指す。

| ディープ・ラーニング |

一般的な機械学習では，人間が手作業で，データから特徴量の抽出と分類などを行う統計モデルの選択を行う。ところが，人間の脳を模した**ニューラル・ネットワーク**と呼ばれるアルゴリズムを多層化することで，特徴量を自動的に抽出することが可能になってきた。このような機械学習を**ディープ・ラーニング**（deep learning：**深層学習**）と

いう。ディープ・ラーニングは，画像認識や機械翻訳などに利用されており，今後も多様なサービスに応用することが期待されている。

さらに，上述の強化学習とディープ・ラーニングを組み合わせた**深層強化学習**（DQN：Deep Q Network）が注目されている。たとえば，囲碁の世界チャンピオンを倒した「AlphaGO」は，DQN を利用することで躍進したといわれている。

5 組織におけるナレッジの獲得・蓄積と管理

ナレッジ・ワーカー　知識社会の到来が指摘されて久しい。知識と聞けば，特許や知的所有権をイメージするかもしれない。しかし，熟練労働者の職人技や武勇伝，営業パーソンの顧客対応なども知識である。つまり，知識は，あらゆる企業活動を支える基盤と考えられる。

知識社会を支える人材を**知識労働者**（ナレッジ・ワーカー）という。これまでは，農耕時代や工業時代とは異なる人材として知識労働者のあり方が議論されてきた。しかし，DX 時代は，あらゆる労働者が，なんらかの形で ICT や知識に関わることになるため，あらゆる職業が知識労働者として活躍することが期待されている。

実践の知識　知的労働者が創造し利用するナレッジ（知識）は「実践に役立つ知識」つまり**実践知**である。しかし，「あることを知っていること」と「知っていることを実践すること」の間に，大きな隔たりがあることは

　　かつて，米国ゼロックス社は，主力製品のひとつである複写機事業での高い顧客満足を獲得するための戦略として，優れた修理サービスの提供を目指していた。そこで，研究開発部門の総力をあげて，修理用マニュアルが作成された。ともすれば，サービス・エンジニア（SE）と呼ばれる修理技術者の個人的技量に頼りがちな修理作業に対して，均質で高いサービスを安定して提供できれば，高い顧客満足を獲得できると考えたのである。そして，英知を結集したマニュアルは，高品質サービス提供システムの「切り札」となるはずだった。

　　しかしながら，実際にマニュアルを活用する SE は皆無であった。多くの SE は，マニュアルではなく，各自が使い古したノートを持参して現場に向かっていた。そのノートには，古参のベテラン SE の言葉がたくさん記されていた。具体的には，「空気が乾燥しすぎてコピー機が紙詰まりを起こしたときは，手短かにあるプラスチック板を細く切って，排出装置に張ればよい」，「コピー機の内部を点検する場合は，懐中電灯がよく反射するように，ボディー・パネルに白い修正液を塗ればよい」といった体験談が記載されていた。これらのノートが，いわば「現場の裏マニュアル」であった。

　じつは，SE のグループでは，「機械を直すな，顧客を直せ」というスローガンが浸透していた。たとえば，湿度の高い部屋に置かれたコピー機は，紙詰まりが生じやすい。そのため，紙詰まりの発生頻度を減らすには，用紙の保管方法や給紙カセットに乾燥剤をおくなど複写機以外の改善が必要となる。裏マニュアルは，このような現場の体験談から生まれたノウハウ集であった。

　このようなノウハウは，朝食やランチ，コーヒーブレイクなどの際に先輩技術者が語る「武勇伝（war story）」から書き留められた。現場の詳細な状況と対処法が語られる武勇伝では，SE としての「着眼点」や「振る舞い方」を教えてくれる貴重な指針であった。他方，公式マニュアルは，機械的側面の解説にすぎず，「顧客の直し方」は記載されていない。そのために，公式マニュアルは実際の現場で役に立たなかったのである。

少なくない。

たとえば、医療機器の AED（自動体外式除細動器）の使い方を知っているということは、「駅や百貨店の通路で、野次馬が多くいる状況」で適切に使用できることになる（行岡［2012］）。

このような「知っていること」と「実際にできること」の隔たりを説明する際に、「何であるかを知ること（knowing that：事実の知）」と「どのようにするかを知ること（knowing how：ノウハウ）」という区別が役に立つ（Ryle［1949］）。AED を実際に利用するためには、その場の事態を的確に理解し、適切な状況判断や臨機応変に対応する能力や勇気が不可欠である。実践の場面や状況と実践知を切り離すことはできないことから、実践知は**状況に埋め込まれた知識**と呼ばれる。

知識は、道具である。道具を使用する方法や条件は、それが使用される活動の文脈で決まる。墨と筆を手にしたとしても、ねぷた製作者と書道家では、筆の使い方や筆に求める機能が異なる。そのために、道具が利用される社会や文化の理解なしに、適切な使用はできない。知識もまた同じである。

このような実践知に注目し、企業内に蓄積された実践知を共有して、企業全体の問題解決力を高めていくマネジメント手法を**ナレッジ・マネジメント**という。

知的資本　知的労働者が創造し利用する知識は、実践知に加えて、企業の競争優位の源泉となりうる**知的資本**（intellectual capital）という性質を持つ。知的資本は、財務諸表に現れない「**見えざる資本**（intangible：**インタンジブル・アセット**と表記される場合もある）」のことで、①人的資本、②関係資本、③構造資本に大別される（**表10-3**）。

表10-3　知的資本の類型

① 人的資本（human capital）

従業員が退職するとともに失われる資産
（個人的知識，ノウハウ・スキル，経験，学習能力，教育・訓練など）

② 関係資本（relational capital）

企業の対外関係に関連した資産
（顧客関係，顧客満足度，取引先との関係，交渉力など）

③ 構造資本（structural capital）

従業員が退職しても企業内に残り継承される資産
（特許権，商標などの知的財産権）
（経営理念，企業文化，データベース，情報システムなど）

　関係資本は，前述の関係性マーケティングの考え方を知的資本として発展させた考え方である。構造資本については，後述するように資源ベース・ビューと関連づけることができる。人的資本は，「特別な技能と熟練を必要とするある種の職業のために多くの労力と時間をかけて教育された人」とアダム・スミス（Adam Smith）が指摘したように，教育・訓練を通じて形成される個人の能力を意味する（Becker［1962］）。人的資本は，①学校教育で形成され，どの企業でも通用する基礎的で普遍的な**一般的人的資本**（general human capital）と，②企業内で日常の仕事を通じて教育する OJT（on the job training）や研修などの off-JT（off the job training）によって形成される**企業特殊的人的資本**（firm specific human capital）に大別される。企業特殊的人的資本は勤務年数に応じて形成されると考えられるために，年功序列型の賃金体系の

根拠の1つとなっている。

<div class="sidebar">暗黙知と形式知</div>

ナレッジ・マネジメントでは，実践知あるいは知的資本を**形式知**と**暗黙知**（tacit knowledge）に分けることが多い。形式知は，言葉で表現できる明示的な知識である。業務マニュアルや設計図などが形式知にあたる。他方，言葉にできない勘やコツなどを暗黙知という。熟練工の技能や研究者の独創的視点などが暗黙知といえる。

ところで，身体技能を教える際に「喉を絞めて息を出す」や「頭のてっぺんから声を出す」などの言葉が用いられることが多い。生田久美子は，このような芸事で用いられる言葉を「**わざ言語**」と呼んだ（生田［1987］）。言葉で表現された知識である一方で，言葉を字面通りに解釈しても実践は難しい「わざ言語」は，暗黙知であり形式知でもある。このように実際に知識を二分化することは難しい。それにもかかわらず，暗黙知と形式知の二分法が好んで用いられる理由は，一般に知識は客観的で公式的なもの（形式知）と考えられる傾向が強い中で，CASE⓮で見た武勇伝のような個人的かつ状況依存的な知識の重要性を強調するためであろう。

<div class="sidebar">身体性・粘着性・状況依存性</div>

伝統的な経営学では，組織階層の上層部に知識が集約されると考える傾向が強かった。ところが，実践知の議論は，企業の実践の現場や状況に知識が埋め込まれていると考える。発想の転換である。

じつは，経済学では，**現場の情報**（on the spot information）に注目した研究者がいた。ハイエク（F. A. von Hayek）である。彼は，計画経済が想定しているような情報の集約は困難であること

を説明するために,「場面情報」の重要性を指摘した。ハイエク
の議論をもとに,今井賢一と金子郁容は,場面情報を引き出すた
めには,「その場面になんらかの意味でコミットして,身体を通
した判断」が必要になると指摘した（今井・金子 [1988]）。前述
の AED の利用方法と同様に「自分自身の存在をかけ,自発性を
発揮させなければ,場面情報を理解することはできない」のであ
る。逆にいえば,場面情報は,現場の状況に依存しており,そう
簡単に引き剥がすことができない**粘着性**（sticky）を持つ（Hippel
[1988]）。

CASE⑭で取り上げたゼロックスの修理マニュアルでは,「コ
ピー機はすべて同じように動作する」とみなされていた。しかし,
使用年数や使用状況,設置場所などの環境条件が異なれば,コ
ピー機1台1台に固有の「癖」が存在する。そのために,コピー
機が置かれた状況から切り離された客観的な修理方法は役に立た
ない。

| 実践共同体 |

実践知を身につけるためには,その社会
や文化で通常行われている実践に関わる
ことが重要になる。たとえば,仕立職人の徒弟は,完成した洋服
にアイロンをかけることから実践に加わる。アイロンかけは単純
な作業であるが,それを通して洋服の裁断や縫製について学ぶ
機会でもある。このような学習の特徴は,「実践に参加すること
で,その場で実践家がどのように振る舞い,どのように語るのか
を観察しながら,熟練の知識を次第に身につけていく過程」にあ
る。つまり,ここでの学習の鍵は「**正統的（合法的な）周辺的参
加**」にある。

徒弟制から得られた実践知の学習過程を**状況に埋め込まれた**

学習（situated learning）という（Lave and Wenger [1991]）。また，このような学習の場を**実践共同体**（community of practice）という。企業活動においても，資料整理などの周辺業務から次第に管理業務などを任されるようになる過程を「実践共同体における**状況的学習**」と理解することができる。実践知の習得は，企業固有の着眼点や気配の感じ方，立ち居振る舞いを体得していく過程と言い換えることができる。

さらに，企業活動においては，情報機器の不具合が生じたり，顧客対応でトラブルが発生したりすると，短命な実践共同体（即興の徒弟制）が生じることがある（福島 [2001]）。そのために，企業活動は学習の場とみなすことができる。

実践共同体は，実践を通じた相互作用を通じて，意味やアイデンティティ，境界やローカリティを構成するという特徴を持つ（Wenger [1999]）。上述の顧客対応の検討の場合，上司との協議などを通じて，「場」の**意味**が作り出され，参画者の**アイデンティティ**が規定される。そればかりか，前任者にまで話が広がるなど，場の**境界**や**ローカリティ**が変化していくと考えられる。

ウェンガー（E. Wenger）は，企業の組織構造（configuration）を補完する形で実践共同体が存在すると考えた。そして，組織メンバーが「実践に関わる世界観を示した地図」を持つことが重要だと指摘した。彼は，実践の全体像を描くことを星座を意味するコンステレーション（constellation）と呼んだ。

さらに，ウェンガーらは，ナレッジ・マネジメントを進めていくうえで，実践共同体の育成（cultivate）が重要だと主張した（Wenger et al. [2002]）。彼らは，学習サイクルを，①通常業務を担う公式組織で発生した問題を解決する，②問題解決の経験から

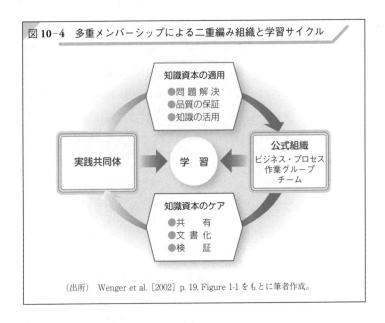

図10-4　多重メンバーシップによる二重編み組織と学習サイクル

知識資本の適用
●問 題 解 決
●品質の保証
●知識の活用

実践共同体

学　習

公式組織
ビジネス・プロセス
作業グループ
チーム

知識資本のケア
●共　　　有
●文　書　化
●検　　　証

（出所）　Wenger et al.［2002］p. 19, Figure 1-1 をもとに筆者作成。

得られた実践知や武勇伝を実践共同体に持ち込み議論する，③議論を通じて実践共同体に実践知が創造，保持，更新される，④実践知を公式組織に持ち込む，という循環として整理した（図10-4）。そして，学習サイクルを円滑かつ効果的に機能させるカギは，実践共同体と業務組織を結び付けることだと指摘した。彼らは，このような実践共同体と業務組織という多重メンバーシップに支えられた構造を**二重編み組織**（double-knit organization）と呼んだ。

知識の移転戦略　　実践共同体を通じて創造された実践知を企業で共有するためには，実践知の移転が重要となる。実践知の移転戦略として，3つのモデルを説明しておく。

(1) コード化戦略と個人化戦略

ハンセン（M. T. Hansen）らは，組織知を他者に移転するためのアプローチとして，次の二分法を提唱した。著者名の頭文字を取って HNT モデルと呼ばれる（Hansen et al. [1999]）。

それは，①知識を「コード化し，データベース化することで，知識を再利用」できるとする**再利用の経済**（economics of reuse），②知識とそれを生み出した個人を分けることはできないという**専門性の経済**（economics of expert）である。

再利用の経済では，形式知を知の貯蔵庫（レポジトリ）に蓄積することに尽力する**コード化**（codification）戦略がとられる。専門性の経済では，人と人の直接的な対話を重視する**個人化**（personalization）戦略が採用される。そして，ビジネスの経済の仮定と知識戦略の組み合わせが，ICT 投資のレベルや焦点を決めると指摘した。このように，前提となる「経済」に応じて組織知の移動アプローチが異なると彼らは指摘した。

(2) SECI モデル

野中郁次郎と竹内弘高は，暗黙知と形式知を個人，集団，組織全体で共有し相互変換していくモデルとして **SECI**（セキ）モデルを提唱した（Nonaka and Takeuchi [1995]）。SECI とは，以下の4つのプロセスの頭文字である。

①**共同化**（socialization）：個人の暗黙知を暗黙知のまま他者と共有する。

②**表出化**（externalization）：個人の暗黙知を集団の形式知として翻訳し共有する。

③**連結化**（combination）：集団の持つ形式知を他の集団に伝達し，新たな形式知に統合する。

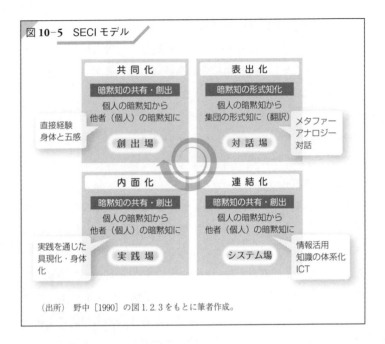

図 10-5　SECI モデル

共同化	表出化
暗黙知の共有・創出	暗黙知の形式知化
個人の暗黙知から他者（個人）の暗黙知に	個人の暗黙知から集団の形式知に（翻訳）
創出場	対話場
内面化	連結化
暗黙知の共有・創出	暗黙知の共有・創出
個人の暗黙知から他者（個人）の暗黙知に	個人の暗黙知から他者（個人）の暗黙知に
実践場	システム場

直接経験 身体と五感

メタファー アナロジー 対話

実践を通じた 具現化・身体化

情報活用 知識の体系化 ICT

(出所)　野中［1990］の図 1.2.3 をもとに筆者作成。

④内面化 (internalization)：組織が持つ形式知を個人が実践を通じて体得し，血肉化する。

　これら 4 つのプロセスは日常的に繰り返される必要がある。野中は，スパイラル（渦巻き状）に各プロセスを展開していく必要があると主張している（図 10-5）。

(3)　知識の移転モデル

　また，ディクソン (N. Dixson) は，知識の移転先の業務特性に注目することで図 10-6 に示すような知識の移転モデルを提唱した (Dixson [2000])。彼女は，暗黙知と形式知の相互変換ではなく，「どこに知識が移転されるのか」を考えるべきだと主張した。

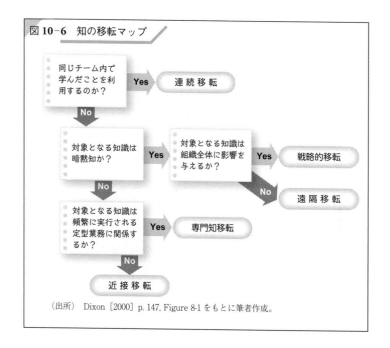

図 10-6　知の移転マップ

同じチーム内で
学んだことを利
用するのか？ → **Yes** → 連 続 移 転

No ↓

対象となる知識は
暗黙知か？ → **Yes** → 対象となる知識は
組織全体に影響を
与えるか？ → **Yes** → 戦略的移転

No → 遠 隔 移 転

No ↓

対象となる知識は
頻繁に実行される
定型業務に関係す
るか？ → **Yes** → 専門知移転

No ↓

近 接 移 転

（出所）　Dixon［2000］p. 147, Figure 8-1 をもとに筆者作成。

ナレッジ・マネジメント・ツール

経営情報システムを技術としてではなく，知識の創造・共有のために利用するならば，ほとんどの経営情報システムはナレッジ・マネジメントのツールとして利用できる。ここでは，代表的なツールとして，(1)**グループウェア**，(2)**知識リポジトリ**，(3)**e ラーニング**について説明する。

(1)　グループウェア

電子メール，電子掲示板，電子会議室など社内で情報共有を行うための複数のツールが組み込まれたソフトウェアをグループウェアという。また，知識共有においては，専門的知識を持つ人を知っていること（know who：**ノウフー**）が重要だといわ

れる。より正確にいえば，「誰が何を知っているのか（know who knows what）」という情報が重要である。このような知識を**トランザクティブ・メモリー**（transactive memory）という（Wegner et al. [1991]）。そこで，グループウェアのアドレス機能を利用して，誰がどのような専門的知識を持っているのかを検索できる**ナレッジ・イエロー・ページ**や**知識地図**を作成することが多い。

また，知識を積極的に交換する場として，ナレッジ・マーケットプレイスがグループウェア上に形成されることがある。知識提供者には，金銭的報酬よりも感謝や名誉などの心理的報酬が有効だといわれている。

グループウェアの諸機能を**社内SNS**が担う場合もある。業務報告を中心にSNS機能を利用して情報を共有することができる。

さらに，利用者自身がCGなどの仮想空間を体験する**VR**（virtual reality：仮想現実），現実空間に仮想空間を重ね合わせる**AR**（augmented reality：拡張現実）などの技術を使うことで，暗黙知の共有を促進できると期待されている。

(2) **知識リポジトリ**

プレゼンテーション資料や設計図などの文書を電子ファイルとして共有する仕組みを知識リポジトリという。文書の表示や交換が特定アプリケーションに依存する場合，共有化は難しい。そこで，機種に依存することなく文書を表示・交換できる**PDF**形式を用いると便利である。また，ウェブ・ベースの文書管理に適した**XML**を用いることで，検索や**テキスト・マイニング**が容易になる。

(3) **eラーニング**

効果的な個人学習を推進するツールとして，eラーニングが期

待されている。かつては，CD-ROM や DVD を利用した自習教材が代表的であり，コンテンツ作成を支援するオーサリング・ツールが多数開発された。現在では，ウェブ学習（WBT：web-based training）が中心である。YouTube などの動画共有サイトの活用などを利用することで，手軽に教材を配信できる。また，リアルな OJT や，対面研修と組み合わせた**ハイブリッド型**が注目されている。

| 組織的要因の重要性 |

データ・サイエンスやナレッジ・マジメントの目的を簡単にいえば，ビジネス活動を円滑かつ経済的に遂行するための問題解決といえる。このとき，問題とは「理想の状態と現状の間のギャップ」である（Gause and Weinberg [1982]）。問題解決とは，そのギャップを埋める行動であり，その鍵を握るのは「組織ルーティン」にある。

ところが，多くの組織では，幅広く知識を探索（exploration）するのではなく，目先の効率化を目指す深化（exploitation）に注力してしまう危険性が高い（March [1991]；Levinthal and March [1993]）。そのため，組織ルーティンの効率化と深化の両刀づかいが大切となる。

同様に，データ・サイエンスやナレッジ・マジメントを推進していくうえでは，ツールでなく，それを活用する新しいルーティンの創造が重要である。各種ツールを有効に活用するような**組織文化**や評価制度の確立が不可欠なのである。もちろん，知っていることを実践することは難しい（Pfeffer and Sutton [2000]）。そのために，ビジネス・インテリジェンスやナレッジ・マネジメントを実現する鍵は，進展する ICT ではなく，試行錯誤を誘発するような組織文化を醸成することにあるといえる。

練習問題

1 データ・サイエンスの問題点には，どのようなものがあるだろうか，考えてみよう。

Hint 冒頭のケースが参考になる。また，データを過度に重視するとどのような問題が生じるだろうか。考えてみよう

2 データ・サイエンスを実施していくうえで，組織文化やリーダシップはどのような役割を担うだろうか，説明してみよう。

Hint ICT を導入すれば，データ・サイエンスを実現できるのだろうか。データ・サイエンティストの 3 つのスキルを思い出して，考えてみよう。

3 ナレッジ・マネジメントのために ICT を導入する企業は少なくない。しかし，同じような ICT を導入しても，うまくいく企業とそうでない企業が出てしまう。その理由について考えて説明してみよう。

Hint ナレッジ・マネジメントを推進する ICT ツールを活用するための組織の役割について考えてみよう。

 文献案内

[1] ジョン・D. ケレハー＝ブレンダン・ティアニー（今野紀雄監訳・久島聡子訳）[2019]，『データサイエンス』ニュートンプレス。

●マサチューセッツ工科大学出版の入門書シリーズの 1 冊である。データ・サイエンスの基本的な考え方を丁寧に説明している。

[2] ジョン・シリー・ブラウンほか（杉本卓訳）[1992]，「状況に埋め込まれた認知と，学習の文化」安西祐一郎ほか編『認知科学ハンドブック』共立出版，36-51 頁。

●教師から生徒へ知識が伝達されるのではない。師匠の立ち居振る舞いを見ようみまねで実践する中から，専門家らしさが体得されるような学習観が，わかりやすく解説されている。

③　庭本佳和［2006］，『バーナード経営学の展開：意味と生命を求めて』文眞堂。

●経営学の分野で最初に暗黙知について言及した論文が収録されている。個人的には，暗黙知の提唱者ポランニーが研究助成金を申請した団体のトップが経営学者バーナードだったというエピソードとともに，その手紙の翻訳が掲載されているので，一読を勧めたい。

④　庭本佳和［2008］，「知識ベース戦略論と組織能力：組織的知識研究の軌跡」『甲南会計研究』第 2 巻，169–190 頁.

●知識ベース論と呼ばれる戦略アプローチを俯瞰的に解説したうえで，組織の知識が経営学でどのように語られてきたのかを体系的に論じている。

SUMMARY

11 | 本章で学ぶこと

　本章では，企業における ICT の開発・利用とそれに伴う情報行動がどのような社会的影響力を持ち，どのような倫理問題を引き起こしうるのか，そして，それに対して企業がどのように対処すべきなのかについて学ぶ。

　ICT は社会変革要因であり，そのため，企業への ICT の導入や，ICT を活用した情報利用が価値の対立状況，すなわち倫理問題を引き起こす可能性がある。社会の構成メンバーであり，また広範囲の人々に対する多大な影響力を持つ今日の企業にとって，倫理問題への適切な対応は，その社会的責任を果たすうえで重要であり，さらには，今後ますます進展していくであろう情報社会の健全な発展のためにもそれは必要とされる。

　企業は社会的責任主体としてのケイパビリティを獲得，維持し，ICT を正しく利用することを通して，正しい経営を行わなければならない。たとえば，ICT の利用が引き起こすプライバシーならびに監視に関わる問題や，ICT エンジニアのプロフェッショナリズムの確立などへの企業の対応は，社会的な問題であると同時に，それを誤ったときに企業の評判リスクを招くという意味で，経営的課題としても理解されるべきものなのである。

325

　2016年6月23日に行われた英国の欧州連合離脱（Brexit）の是非を問う国民投票では，僅差で離脱賛成派が勝利し，同年11月8日に投票が行われた米国大統領選挙一般投票においては，共和党のドナルド・トランプが民主党のヒラリー・クリントンらの候補を接戦の末破った。

　この意外な結果となった2つの投票では，選挙コンサルティング会社のケンブリッジ・アナリティカ（CA：Cambridge Analytica）が「行動マイクロターゲティング」という手法によって，有権者の投票行動に大きな影響を与えたといわれている。この手法は，①有権者ビッグ・データを構築し，②それを解析して，有権者を政治的な嗜好・問題意識・行動傾向ならびに投票行動の傾向に即していくつかのグループに細分化し，③それぞれの有権者グループに対してメールやソーシャル・メディア広告，ネイティブ広告の形でターゲティング・メッセージを送ることによって，CAの情報サービスを利用している候補者にとって都合の良い行動を引き起こす，というものであった。

　米国大統領選挙においては，細分化された有権者グループそれぞれに対して，個別に異なる内容の，そして対立候補に対する恐怖や反感，憎悪をかきたて，「行動を引き起こすためのメッセージ」が，その内容に微調整と改良が加えられつつ，繰り返し適切なタイミングで送られた。細分化された有権者グループには，「選挙に行かないよう説得することのできるクリントン支持者」があり，この人々に対しては投票に行かないようにするためのメッセージが送信された（Kaiser［2019］）。

　CAの活動が選挙結果に対して実際にどれほど有効に作用したのかについては，多くの人々が疑問を呈している。しかしCAによって展開されたこのような選挙キャンペーン戦術は，明らかに民主主義的価値に対する悪意ある挑戦であるといえ，そのICTの利用の仕方を含むビジネス活動は，批判されてしかるべきものであった。

1 社会的責任主体としての企業

企業という社会的存在　　企業は社会というシステムのサブシステムである。それが社会の中で存続していくためには，社会の規範（norm）や価値（values）に従って行動することが前提となる。社会において広く認められている価値を尊重し，企業の役割と行動に関する社会の期待に正しく対応することではじめて，企業はその価値を増大させていくことを容認される。また，企業は社会規範の範囲内で，組織としての構造・制度・文化を持ち，独自にルールを定めることができる。企業の構成メンバーは企業と価値を共有し，権限の配分を受け入れ，企業のルールに従わなければならない。

他方，企業の行動は，社会における規範や価値の変化と形成に対する影響力を持っている。新しい技術や製品・サービスの開発は，企業から社会に対して行われる新しい価値の提案を含むことが多い。企業の日々の活動によって慣習が作られていくことや，ときには，時代にそぐわない規範や価値の変更を企業の側から積極的に働きかけることもあろう。

社会の規範・価値に従って行動し，またそれに対する影響力を持つという点において，企業はその行動に関し，必然的に社会に対する，その影響力に見合った責任を負わなければならない。とりわけ今日の社会においては，規制緩和ならびに「官から民へ」の流れが多くの先進国で見られ，製品・サービスのほとんどを企業が提供するようになっているため，企業は良くも悪くもその強力な影響力を広範囲にわたる人々に及ぼすようになっている。こ

のことは，企業が負うべき**社会的責任**の範囲と重さが拡大していることを意味する。

　社会は多様な価値を持つ人々によって構成される価値多様体であり，そこでは価値の対立が不可避的に発生する。これを建設的に解消し，社会としての秩序を維持するために，慣習が形成され，権利と義務に関する考察が行われ，法やルールが制定されてきた。企業は社会の一員として，その秩序の形成と維持に対する責任を問われる存在であり，社会的に認められた規範と価値に基づいて統治される組織なのである。

企業の情報行動と倫理

　業務の合理化に加え，顧客情報の活用や，パートナー企業との情報共有を積極的に推し進めなければならない現代の企業にとって，情報の収集，加工，蓄積，利用といった情報行動と，そのためのICTの開発・利用，ならびに情報システムの構築と運用は，企業のビジネス・パフォーマンスに直結する重要な活動である。ICTの発達と普及を背景に，すでに今日では，大量の情報が企業で利用され，また企業間で取引されるようになってきている。これに対応してICTのさらなる開発も進められており，そのスピードはドッグ・イヤー，あるいはマウス・イヤーとすら形容されるほどの驚異的速さである。

　こうした状況は企業にとって，新たな情報武装の機会が存在し，ICT／情報戦略と知識あるいは情報資産の重要性が増大しつつあることを示している。しかしその一方で，ICTの利用が社会に変化をもたらす要因であり，それゆえ，**権利の侵害**や**価値の対立**を引き起こしうるということにも，企業は配慮しなければならない。

情報行動とICTとが，両者を切り離して考えることができないほどの密接なつながりをもっている今日，ICTが社会変容要因であるということは，企業のICT利用と情報行動が，社会に大きな影響を与える可能性を持つということを意味する。とくに，それが権利の侵害や価値の対立状況，すなわち**倫理問題**を引き起こすときに，企業はその社会的責任を明確に果たさなければならない。

社会的責任主体の要件 企業が社会的責任主体として行動することができるためには，いくつかの要件を満たす必要がある。

第1は，企業が倫理問題の存在に対して敏感（sensitive）になることである。社会には多様な価値が存在していることを認め，特定の企業行動がどのような権利の侵害や価値の対立状況を生み出しうるのかについて的確に知覚し，対処することができるよう準備することが必要とされる。

第2に，企業は**説明責任**（accountability）を確保する必要がある。すなわち，自らの行動に関して，その正当性を十分に説明できなければならない。そもそも法に基づいてその存立が認められる企業が，法を遵守することは当然のことである。企業が社会的責任主体として振る舞えるかどうかは，法的に解釈の難しい問題状況や，法の規定が存在しないまたは不備である問題状況，あるいは前例のない問題状況下でもなお企業がいかに正しく行動できるかにかかっている。判断の根拠を明確にし，責任の所在を明らかにすることができるよう準備しておくことが，正当性を主張しうる，ディフェンシブルな行動選択を行ううえでの鍵となる。

第3に，企業は理性的な対話主体でなければならない。企業行

動に対するクレームに対して，自説を一方的に押し付けようとする態度は好ましくない。提示されたクレームに正当性があるかどうかを冷静に見極め，必要があれば問題解決プロセスに積極的に参加すべきである。そして，価値の対立状況の中で合意形成を実現するためのバランス感覚を持つことが必要とされる。

　もちろん，自然人と同様の人格を持つわけではない企業という組織が社会的責任主体として存在するためには，トップ・マネジメントをはじめとする企業の構成メンバーの1人ひとりが社会的責任主体として自立した存在でなければならない。そのうえで，メンバー全体に組織の価値が共有され，また倫理問題が発生した際に合意形成を実現するための制度的対応が企業に準備されていなければならないのである。

社会的責任主体としてのケイパビリティの獲得

企業は社会的責任主体としてのケイパビリティを外部からソーシングできるわけではない。それは組織的な対応を通じて企業自らが作り上げていかなければならず，その試みにはトップ・マネジメントの積極的な関与（commitment）が必要となる。

　社会的責任主体としてのケイパビリティを獲得するための組織的取り組みとしては，たとえば，①倫理運営委員会の設置や，②倫理綱領の制定，③倫理問題や社会問題に関わる事件ならびに事故の実態と，それらに対して実施された対応策などを網羅した事例ベースの整備あるいは，④法，倫理原則，倫理綱領の周知も含めた倫理教育の実施などが考えられる。

　倫理運営委員会を構成する際には，そこに，トップ・マネジメントが加わる必要がある。企業メンバーの誰もが倫理問題の当事者となる可能性があり，また，外部の利害関係者との間で交渉を

行わなければならない可能性が高いからである。

　企業の倫理綱領は、企業倫理への社会的関心の高まりを受けて、すでに多くの企業で制定されてきている。**情報倫理綱領**、すなわちICTの開発、利用と情報行動に関する倫理綱領を策定するにあたっては、ACM（Association for Computing Machinery）、IEEE（Institute of Electrical and Electronics Engineers）、情報処理学会、電子情報通信学会などの倫理綱領が参考になるであろう。

　倫理問題に関する事例ベースの整備は、企業メンバーの学習を促進し、社会的責任主体としてのケイパビリティを高めるために重要である。これを実現するためには、積極的に情報開示を行うオープンな組織風土の醸成が必要となる。

2　情報通信技術の社会的インパクト

社会変容要因としての
情報通信技術

ICTの導入によってビジネスや日常活動のあり方は大きく変化してきている。ICTがもたらす変化の中には、われわれの期待をはるかに超えるものがしばしばあり、それらはときとして、個人や組織の権利、義務あるいは責任のあり方を曖昧にしたり変化させたりする。そして、このことは、企業や社会のメンバー間に価値の対立があることを明白にしたり、既存の価値を見直す必要に迫られる状況が生み出されたりするきっかけとなる。

　ムーア（J. H. Moor）は、コンピュータの革命的特徴は、その**論理的順応性**（logical malleability）、すなわち、ロジックを設定できるかぎりにおいてどのような目的にも利用できるという点に

あると指摘している。これによってコンピュータ技術は，社会の
さまざまな制度にとっての不可欠な部分として社会全般に浸透
し，人間の活動や社会の諸制度を変容（transform）させる。そし
てこの変容は，コンピュータの適用対象をいかに効率化するのか
を問うにとどまらず，ときには対象が本質的に何であるのかを問
い直させるほどに，その基本的な性質や目的までも変化させ，こ
のことが，コンピュータをどのように利用すべきなのかという
ことに関する**ポリシーの空白**（policy vacuum）を生み出す（Moor
[1985]）。ポリシーの空白には，ICT の導入と利用に伴う**概念の
混乱**（conceptual muddle）がつきまとっており，このことがこ
の空白を容易に埋めることのできない原因となっている（Moor
[1985]）。また，これについてジョンソン（D. G. Johnson）は，こ
うした概念的混乱を解消し，空白を埋めるためには，ICT を取
り巻く社会的コンテキストを理解することが必要であると指摘し
ている（Johnson [2001]）。

　圧倒的なスピードで進む ICT の発展は，ICT の開発と利用の
方向性ならびに許容範囲，入手し利用できる情報の種類と範囲，
そして，企業活動や社会の変化のあり方についての判断を短時間
のうちに行うことを現代人に要求する。しかも，それは価値の対
立が現れている状況や，あるいは価値が見失われた状況の中で行
われなければならないことも多く，その場合，適切な判断をする
ことが困難になる。

| 不可視性と不可逆性 |

ICT の開発と利用がもたらす社会の変化
を事前に予測することは難しい。この不
確実性は，ムーアの指摘するコンピュータ処理に関わる**不可視性**
（invisibility）によってさらに高められる。彼は，コンピュータ処

理の不可視性として，①コンピュータ濫用の不可視性，②プログラムに埋め込まれている価値判断の不可視性，そして，人間の理解が追いつかないという意味での③複雑な計算プロセスの不可視性をあげている（Moor [1985]）。

　他方，ICTの浸透，あるいは情報化という「社会の機械化」が，産業や社会にもたらす変化には**不可逆性**がつきまとう。現代社会におけるさまざまな活動や機能は，ICTへの依存度をますます高めつつあり，これを以前の状態に戻すことは実質的に不可能である。

　その理由としては，次のようなことが考えられる。第1に，従来人間が行ってきた作業をICTの導入によって代替すると，その作業に必要とされていた人間のスキルや能力がICTに移転して失われてしまうことがあげられる。そして，ICTの導入によって職場で必要とされる人間の資質は変化し，新たなスキルや能力の獲得が要求されるようになる。

　第2に，社会におけるさまざまな活動のあり方や仕組みが，導入されたICTの存在によって，それを前提とするものに変化してしまうという点を指摘できる。今日ではすでに，標準化の進んだICTが社会のインフラストラクチャーとして機能し，さまざまな主体の提供する製品やサービスの中に組み込まれている。

　第3に，ICTの導入によってもたらされた利便性を放棄するよう迫ることは，その利便性を享受している個人や組織からの強い抵抗を招くということがあげられる。実際のところ，ICTがグローバルでボーダーレスな社会を生み出しつつ，ビジネスや日常生活に深く浸透している結果，今日の情報社会におけるほとんどの個人や組織は，少なくとも先進国における平均的な生活水

準やサービス，利便性の水準を保とうとするかぎり，情報社会から抜け出すことはできなくなっており，いわば，「情報社会の虜」となっている。

不可視性と不可逆性とは，ICT が情報社会に対するネガティブなインパクトを，知らず知らずのうちに，しかも次世代にわたって，取り返しのつかない形で与える可能性のあることを示している。したがって，ICT の開発と利用にあたっては，その初期段階でそれに関わる倫理問題への対応を行うことが望ましいこととなる。

情報社会の脆弱性　ICT，とくにデータベース技術とネットワーク技術に依存している情報社会は，ビジネスや日常生活におけるさまざまな利便性を実現している一方で，災害，システム・トラブル，人的エラーや，コンピュータ犯罪のような技術的アタックに対してまったく脆弱な存在である。たとえば，災害によって情報ネットワークが切断されたり，電力の供給がストップしたりすれば，たちどころにコンピュータ・システムに依存しているさまざまな機能は麻痺することになる。コンピュータ・ウィルスなどの**マルウェア**や **DoS 攻撃**（Denial-of-Service attack）と呼ばれる手法による情報システムに対する攻撃，さらにはネットワークへの侵入，データベースへの不正アクセス，故意あるいは過失による個人データ漏えいといった情報セキュリティ上の事故は現在でも多く発生しており，多くの組織が**CSIRT**（Computer Security Incident Response Team）と呼ばれる事故対応チームを整備する必要に迫られている。

情報システムの品質が生活者の **QOL**（Quality of Life）に直結しているのも現代社会の特徴である。情報システムに存在するバ

グやデータベース内の不正確なデータが，ときには大きな被害をもたらすことがある。この点については，ICT エンジニアのプロフェッショナリズムが問われることとなる。

　情報社会の脆弱性は，インターネットというオープンで標準技術を前提とするネットワーク環境の中に，技術的な知識に乏しいエンドユーザーが多数存在することによってより深刻なものとなりうる。個人データがさまざまな組織のデータベースに蓄えられ，インターネットがビジネスや日常生活のプラットフォームとして機能し，ネット・ビジネスがグローバル・レベルで進展している今日，明らかに「人間はデータである」という状況が生み出されてきている。そして，組織が個人に対してどのようなサービスを提供し，どのようなサービスを提供しないのかは，その個人の属性や嗜好，行動特性を表すデータに基づいて決定されるという傾向が強まってきている。こうした中で，組織の怠慢のみならず，個人の無知に由来する個人データの不備・ゆがみの放置や，フィッシング（phishing）などの手段を通じたなりすまし（identity theft）の発生は，個人生活とビジネス機能の健全性の保全にとって大きな障害となるのである。

法，技術，倫理　情報社会の脆弱性や，ICT の導入に伴う権利の侵害，価値の対立は，情報社会から抜け出すことのできない現代の個人や企業にとって，いやおうなく直面しなければならない問題である。こうした問題に適切に対処することを通じて，個人には安全で快適な生活を確保し，企業には正当な企業活動に対する正当な対価を保障できるようにすることが，情報社会の健全な発展のためには重要である。

　対処すべき問題の中には，ネット犯罪やソフトウェア・パイラ

シー（海賊版あるいは違法コピーの使用）のように，すでに対応する法律が整備されているものや，暗号技術によるデータ通信の保護のような，技術的対応がなされているものもある。しかし，法と技術による対応だけでは不十分である。

その理由としては，法も技術も現実の出来事を追いかけていくリアクティブな仕組みであるということがあげられる。また，法を成立させる手続きの実行や技術開発には長い時間を要する。このため，短期間のうちに拡散し，不可視化していく倫理問題が，広範囲にわたる多大な被害を生じさせるかもしれない。

他方，セキュリティ技術は常に新たな技術的アタックの脅威にさらされており，その効力がいつ失われるのかを正確に予測することはできない。さらに，セキュリティ・システムの開発に携わった者や管理者がセキュリティ破りを行おうとした場合，セキュリティ・システムは容易に無力化させられてしまうであろう。

ICT や情報社会の発展を考えるとき，法と技術による対処が過剰な対応になりうるという問題も指摘できる。たとえばクッキーを技術的にブロックしたり，あるいは法的にその使用を禁じたりした場合，アマゾンのワン・クリック・ショッピングのようなクッキーを利用したサービスが現時点で受けられなくなるだけではなく，将来的に，この技術を利用した有用なサービスやビジネス・モデルの開発の機会が失われることになるかもしれない。

こうしたことを考えると，企業経営の観点からも，また健全な情報社会の構築という観点からも，セキュリティ技術の開発・活用と法の整備に加え，ICT の開発と利用に関わる倫理問題に対してプロアクティブに（先を見越して）対処するための適正な倫理観と方法論が社会に行きわたり，倫理問題への迅速な対応を実

現するためのケイパビリティが多くの行動主体に獲得されていること，すなわち**情報倫理**（information ethics）の確立と浸透が重要な社会的課題となるのである。

ただし，こうした倫理的対応にもおのずと限界があることは認識されなければならない。その要因の1つは，ICTや情報システムの開発と運用の多くが，企業という営利組織によって行われているということである。競争環境の中で活動する企業にとって，その競争力に直接・間接に結び付くICTや情報システムの開発・運用については企業秘密に属する部分が多く，その人間や社会に対する影響について，とりわけ開発の初期段階に，広く意見を求めるということをしないのが企業の論理としては当然のことである。同時に，企業内でICTならびに情報システムの開発・運用に主体的に関わるエンジニアが，プロフェッショナルとしてどれほどまで自らが手がける技術の社会的影響を理解でき，的確に対応策をとることができるのかについては，エンジニアに対するプロフェッショナリズム教育の欠如や，エンジニアのほとんどが企業従業員であることがネックとなるであろう。

3 ビジネスにおける情報倫理の諸課題

情報通信技術の発展と
情報倫理問題

コンピュータに関わる倫理問題についての本格的な研究が世に出始めたのは，1980年代半ばであった。ICTの急速な発展と普及が，社会におけるさまざまな機能のICTへの依存度を高め，ICT専門家だけではなく，多くのエンドユーザーが

ICT を利用する状況が出現しつつあった当時，ICT の誤用や悪用が社会に対して与える悪影響が心配され，ICT の倫理的な利用の促進が目指されたのも自然な流れであったといえる。

　たとえば，ムーアはコンピュータ技術の持つ特徴がコンピュータ利用に関するポリシーの空白を生み出すことを指摘し（Moor [1985]），ジョンソンは機会均等を中心としてコンピュータに関する基本的な権利の検討を行った（Johnson [1985]）。また，**メイソン**（R. O. Mason）は情報社会における倫理問題の主要な領域として PAPA，すなわち，プライバシー（privacy），データの正確性（accuracy），知的財産権（property），アクセス（access）の 4 つがあることを指摘した（Mason [1986]）。

　これらの先駆的な研究を皮切りとして，今日まで，さまざまな倫理問題ならびに社会問題が検討されてきている。それらの多くは企業活動と直接的に関係するものである。また新たな ICT の開発と利用が，それまでには認識されることのなかった倫理問題を発生させる契機となりうることも多く観察されている。たとえば，アンテナつきの IC チップで，そこに記録された情報を無線通信できる RFID（Radio Frequency Identification）を個々の商品に取り付けることで，物流・在庫管理や品質管理を効率的かつ効果的にするという取り組みがこれまでさまざまな企業で試みられてきている。しかし，RFID の個人向け商品への装着は個人の消費行動をはじめとするさまざまな行動に対する**トラッキング**（追跡）の可能性をもたらすものであり，これがプライバシーの侵害を招くのではないかという危惧が表明されている。実際のところ，こうした危惧を理由に，アパレル・メーカーのベネトンが 2003 年に RFID を活用した商品管理を行おうとしたところ，不買運動

が展開された。今やデフォルトのコミュニケーション・ツールとなったソーシャル・メディアの普及は，それを利用しない場合，個人の社会的孤立を招くと考えられている一方で，その不用意な利用が，ユーザーとりわけ若者ユーザーの**デジタル・アイデンティティ**，すなわちオンラインで公開される個人情報に基づいて他人が認識する当該個人のイメージを歪ませる危険性があることが問題視されている。AIを利用した自動運転車の開発においては，それが事故を起こしたときに，誰がどのように説明責任と賠償責任を負うべきなのかについて，まだ明確にされておらず，現在議論が進められている。

| **個人データの利用と プライバシー** |

ICTが現代社会に多大な利便性をもたらしていることは，疑う余地のない事実である。しかしその一方で，ICTの社会への浸透，あるいは社会のICTへの依存によって，情報社会における行動主体はさまざまなジレンマに直面する。前節で述べた情報社会の脆弱性は，ICTが与える利便性と，日常生活や企業活動の安全性との間にトレードオフが存在することを示すものであると考えることができる。これと並んで現代の企業が注意深く扱わなければならないのが，個人顧客の受け取る便益とプライバシー保護との間のジレンマである。

堀部政男によれば，1960年代半ば以降，ICTを利用した個人情報処理が新たなプライバシー問題として認識されるようになり，**プライバシー権**は「1人にしておいてもらう権利」から，今日では**自己情報コントロール権**，すなわち「自己に関する情報の流れをコントロールする個人の権利」であると理解されるようになった（堀部［1988］）。

現在，個人の属性・状態・行動に関する詳細な内容の個人データが広い範囲にわたって収集され，ビッグ・データとして蓄積されて，ビジネスに利用されていることは常識といってよいほどの事実である。たとえば，購買履歴データを利用した企業の生産管理，在庫管理，販売促進などはすでに広く行われており，消費者の個人データが企業活動を支えるという状況が出現している。これを消費者側から見れば，企業からの低価格でニーズに合った，高い質の製品・サービスの提供が実現されていることになる。

　個人データは情報システムによってサポートされた商取引はもとより，ソーシャル・メディアや検索サービスの利用といった活動や，街中に設置された監視（防犯）カメラならびにセンサー，個人が持ち歩くスマートフォンやICカードなどの監視デバイスを通じて集められ，ときには組織の壁を越えて統合されて解析され，さらには販売される。**データ・ブローカー**と呼ばれる，公共部門ならびに民間部門のさまざまなソースから個人データを収集，蓄積し，売買を行う企業も存在している。AIとりわけ機械学習技術を利用したビッグ・データの解析は，正確な個人の**プロファイリング**を可能にし，きめ細かくパーソナライズされたサービス提供の機会を企業にもたらしている。

　「マスからパーソナルへ」というマーケティングの議論にも見られるように，企業活動を合理化し，顧客との関係性を良好に維持して，長期にわたる持続的競争優位を確保するために，企業では個人データを有効に利用することが重要視されている。ICTの進展は大規模データベースの維持とデータ処理を低いコストで実行することを可能にし，ネット・ビジネス環境は個人データの収集・蓄積・共有・加工をより容易にして，こうした流れを後押

ししている。

しかしその一方で，こうしたビジネス-技術環境の中で，個人消費者は「自動化された監視と制御」（第8章参照）の仕組みのもとで常時監視され，プロファイリングの結果に基づいて特定の情報を与えることによって企業にとって都合のいい行動をとるよう誘導されている，あるいは個人が企業情報システムの沈黙の制御下に置かれている（Orito [2011]）と見ることもできる。多くの研究者が，こうした「企業にとっては便利な」データ利用に基づいて，個人がその経済的価値によって選別される**ソーシャル・ソーティング**（social sorting）が行われ，それによって個人の情報アクセスに関する機会均等が損なわれ，個人行動における自律性が失われる危険性があることを指摘している（Gandy [1993]；Lyon [2001]）。

しかしながら，もし顧客1人ひとりのプライバシー権を厳密に保護することが企業に要求されるとするならば，現状で実現されているような，低価格で高品質の製品・サービスの提供を個々の消費者は受け取ることができなくなるかもしれない。たとえば，企業が個人データの収集や利用，またその方法の設定・変更などを行う際に，すべてのデータ主体の明確な同意を得る必要があるならば，それを行うためには多大なコストがかかるであろうし，またデータ処理を実行するのに不十分な量のデータしか収集できなくなるかもしれない。

どれほどの範囲でプライバシー権が保護されることが適当なのか，逆にいえば個人がプライバシー権のどれほどの範囲を放棄することが適当なのか，また，企業がデータ主体本人の同意なしに行うことのできる個人データ処理はどういうものなのかといった

ことについての合意形成を，社会全体として，あるいはグローバル市場全体にわたって実現することは困難であろう。個人データを活用する企業は，それがもたらすプライバシー侵害に敏感になり，プライバシー保護に関する **OECD 理事会勧告**（2013 年改訂）に含まれる個人データ保護原則（*Column* ❾ 参照）や，それを反映させた**個人情報保護法**（2015 年改正・2017 年施行；以後，3 年をめどに見直しの予定）に照らし合わせて，ディフェンシブルな個人データの収集・蓄積・活用を行わなければならない。同時に，そうした個人データの取り扱い方を明文化したプライバシー・ポリシーを策定し，内外に向けて公表する必要がある。さらに，自社の個人情報保護体制が十分整備されているのかについて，プライバシー・マークの付与を受けるなどの形で，外部機関からの審査・認証を受けることが望ましい。

ソーシャル・メディアの爆発的普及やビッグ・データ分析の現実化を背景に，2018 年 5 月より適用が開始された **EU 一般データ保護規則**（GDPR：General Data Protection Regulation）には，プライバシー権を構成する新しい権利として**忘れられる権利**あるいは**消去権**（the right to be forgotten/erase）や**データ・ポータビリティ権**（the right to data portability），**自動化されたデータ処理の影響下に置かれない権利**（the right not to be subject to automated data processing）などが盛り込まれており，プライバシー保護の焦点を個人データへの「アクセス」から「保持」，さらには「処理」へと移行させている。グローバルに個人データが流通する現在の経済−技術環境において，個人データを扱う企業はこうした動向にも十分な注意を払う必要がある。

　1980 年 9 月に OECD によって採択された「プライバシー保護と個人データの国際流通についてのガイドラインに関する理事会勧告」において，国内における個人データ保護のための 8 原則が示された。これらの原則の内容は，2013 年に OECD プライバシー・フレームワークの一部として採択された同名の理事会勧告においても踏襲されている。それらは以下のようなものである。

1.　収集制限の原則：個人データの収集には制限が存在していなければならない。個人データは適法で公正な手段によって入手されるべきであり，必要に応じて，データ主体への通知または同意のもとで行われなければならない。

2.　データ品質の原則：個人データはその利用目的に関連したものでなければならず，目的達成のために必要な範囲のものでなければならない。また，正確で完全，かつ最新のものでなければならない。

3.　目的明確化の原則：個人データの収集の目的は，データ収集よりも前に明確にされなければならない。収集されたデータの利用は，その目的を満たすものに限られるか，またはその目的と矛盾しないものであり，目的の変更がある場合はいつでもそれが明確化されたもとで行われなければならない。

4.　利用制限の原則：データ主体の同意または法の定めによらないかぎり，明確化されたもの以外の目的のために個人情報を開示したり，利用可能にしたり，また利用してはならない。

5.　安全保護の原則：個人データは，損失，不正アクセス，破壊，不正利用，改ざん，不正開示などのリスクに対する合理的な安全保護手段によって保護されなければならない。

6. 公開の原則：個人データに関する開発，実務，方針につ
   いて公にするための一般的な方策が存在していなければな
   らない。個人データの存在，性質，主たる利用目的，また
   データ管理者が誰であってどこにいるのかを，明確にでき
   るための手段が容易に利用できなければならない。

7. 個人参加の原則：個人は次の権利を有するものとする。

   (a) データ管理者から，あるいは別の方法で，自分自身に
       関するデータを保有しているか否かについての確認を得
       る，

   (b) 自分自身に関するデータを，①合理的な時間内に，②
       たとえあったとしても過度ではない料金で，③合理的な
       方法で，④容易に理解できる形式で，自分自身に通知さ
       せる，

   (c) (a)と(b)の要求を拒否された場合，その理由について説
       明を受ける，また要求の拒否に対して異議を申し立てる，

   (d) 自分自身に関するデータについて異議を申し立て，そ
       れが受け入れられた場合は，データの消去・訂正・完
       化・修正を実施させる。

8. 責任の原則：データ管理者は上記の原則を実施する方策
   に従うことについて説明責任を負わなければならない。

| ブラック・ボックス
社会 | ICTの発展と浸透が社会をブラック・ボックス化するという指摘がなされている（Pasquale［2015］）。ICTならびに情 |

報システム，さらにはそれを組み込んだビジネス・モデルに関す
る企業と一般市民との間の情報の非対称性が，情報システムへの
依存度を高めつつある企業や社会，経済の動きを多くの人々に理

解困難にし，個人が情報システムの機能にどのように影響を受けているのかを不明確にしていくというのである。

　現代人は，さまざまな組織が構築，運用する監視と制御を基調としたICTベースの情報システムが提供する情報サービスに依存して生活しており，意識するかしないかにかかわらず，記憶や計算・推論能力を組織の情報システムにアウトソーシングする傾向にある。人々は，その技術的仕組みや背後にあるビジネス・モデルを理解しないままに，しかしこうした情報サービスの存在と利用が当たり前のものになっているために疑問を抱くこともなく，たとえば何か知りたいことがあれば検索エンジンを，人間関係の構築・維持のためにはソーシャル・メディアを利用する。こうした情報システムの利用は，人々に多大な利便性を与える一方で，人間の思考や行動を知らぬ間に制約するという形で広範囲の人々の行動に対する一定以上の影響力を行使する。しかし具体的にどのような影響力が，なぜ，どのように行使されるのかという点においては，運用されているアルゴリズムが公開されることがないことや，自律型技術であるAIが導入されることもあり，不明のままであることが多い。結果として，人々にとって情報システムは理解も予測も困難なブラック・ボックスとして機能し，そのため情報システムの機能に依存する現代社会そのものがブラック・ボックス化していくことになる。

　ここでさらに問題となるのは，個人がブラック・ボックス化されることである。情報システムあるいはそれを運用する企業をはじめとする主体の側から見れば，その制御対象は入力と出力の関係のみで記述されるブラック・ボックスになっている。たとえば個人は，本人の属性・状態・行動に関する個人データの特定のパ

ターンに対応してパーソナライズされた特定の情報サービスを入力として与えれば，かなりの確率で特定の行動という出力を返してくるという，入出力関係で記述されるブラック・ボックスとして扱われている。個人のブラック・ボックス化は，人のモノ化を進行させ，アルゴリズムによる人間の支配を進展させることによって，人々の自由と自律，尊厳が損なわれる契機を生み出している（村田［2020］）。

監視資本主義 「自動化された監視と制御」という，巨大 ICT 企業や ICT スタートアップに特徴的な，そしてその他の企業にも広がりを見せているビジネス・モデルに対する批判は，EU 圏やアメリカを中心に高まってきており，保有するデータや提供しているアプリケーションにおける優先的地位の濫用に基づく企業活動に対する規制も打ち出されてきている。**ズボフ**（S. Zuboff）は，現在の情報資本主義における支配的な資本蓄積の論理として**監視資本主義**が出現していると警鐘を鳴らしている（Zuboff［2015］；［2019］）。

　彼女によれば，ビッグ・データは技術発展の必然的帰結としてではなく，グーグルをその代表格とする監視資本主義企業によって，新たな蓄積の論理の基本的構成要素として意図的に作り出されたものである。企業はこれを解析することで個人の行動を予測し，さらにそれを企業にとって望ましいものへと変化させることで収益を生み出そうとしている。監視資本主義企業の特徴のひとつは，それが提供する情報サービスを利用する個人に対する「組織的無関心」である。個人ユーザーからは収益の源泉となる個人データが収集できさえすればよいのであって，ユーザーに与えているサービスの価値とユーザーから得られるデータの価値との間

の不均衡にも頓着しない。収集されたデータは，たとえそれが個人ユーザーの主観的行動に関わるものであってもその背景を無視して集積され，ただひたすら商業化と収益獲得のために加工され，解析される。

監視資本主義企業が提供するオンライン検索やソーシャル・メディアといったサービスは，瞬く間に多くの人々の基本的な社会参加にとって不可欠な機能を提供するユビキタス・ツールとして普及した。その陰で，そうした企業は，明確な抗議が発生しないかぎりは，一般ユーザーにはその実態を知覚できない技術的方法とビジネス・モデルとで，できるかぎりあらゆる個人データを収集し，それを十分に蓄積することに成功してきた。これまでの資本主義社会において社会と政治の基盤を形成してきた契約と，それを成り立たせるための法による統治や信頼は，すでに監視資本主義企業が運用する機械化されたプロセスにとって代わられ，今や個人の自由や民主主義は，監視資本主義企業という新たな権力によって大いに脅かされるに至っている。

ズボフの指摘は，多くのICT企業が現在採用している「無料サービスを提供して，個人データという新たな通貨を支払ってもらう」というビジネス・モデルが，個人の自由と自律ならびに自由社会，民主主義，資本主義にとっての大きな脅威になっていることを改めて認識させるものである。こうしたビジネス・モデルに基づく企業活動をどのように規制すべきなのかについて，早急な検討が求められているといえる。また，すでにさまざまな組織のデータベースに大量に蓄積されている個人データの正当な使い方とはどのようなものなのかについても社会的な議論と合意形成が必要となろう。

今日，ほぼすべての組織において ICT ベースの情報システムの導入と運用が，多様なタイプのコミュニケーションの支援や，業務の自動化・効率化，顧客満足の向上など，さまざまな目的のために進められている。こうした情報システムに組み込まれているソフトウェアの品質は，システムを運用する組織行動の質を決定する要因となっており，したがって組織行動から影響を受ける広範囲の人々の生活の質や社会の豊かさの決定要因ともなっている。このことから，ICT エンジニアのうちでも，とりわけソフトウェア・エンジニアの**プロフェッショナリズム**を確立することへの社会的必要性が認識された。これに対応するための指針として，「ソフトウェア・エンジニアリングのための倫理ならびにプロフェッショナル実務綱領（Software Engineering Code of Ethics and Professional Practice）」（Gotterbarn et al. [1999]）が ACM と IEEE のジョイント・タスクフォースによって制定され，改訂されてきている。そこでは，ソフトウェア・エンジニアリングを尊敬に値する（弁護士や医師という職業と同様の）プロフェッションとし，その仕事の遂行においては，第一義的に公共の利益を尊重し，社会的責任を全うすることが求められると表明されている。また，2018 年 6 月には，1992 年に制定された「ACM 倫理ならびにプロフェッショナル行動綱領（ACM Code of Ethics and Professional Conduct）」が改訂された（https://www.acm.org/code-of-ethics）。この改訂後の綱領においては，ICT プロフェッショナルの範囲がソフトウェア・エンジニアに限らず，ユーザーや顧客も含む非常に広いものに設定されている。このことは，プロフェッショナリズムの確立が期待される ICT に関わる行為主

体の範囲が，情報化の進展とともに拡大していったということを示している（山崎［2020］）。

一般的にプロフェッションに就く者，すなわちプロフェッショナルは，作為・不作為にかかわらず，自らの職務上の判断と行動がもたらした結果に対して社会的に正当と認められる範囲での責任を明確に負わなければならない（Murata［2013］）。しかしながら，ICT エンジニアにとってこうした責任，とりわけ説明責任を負うことは必ずしも簡単ではない。実際，現代の企業においては，ソフトウェア・エンジニアをはじめとする ICT エンジニアのプロフェッショナリズムの発露を阻害する要因が存在している。1つは，**メニー・ハンズ**すなわち多数主体の関与（Nissenbaum［1996］）の問題である。これは，モジュール化設計やオブジェクト指向設計に見られるように，情報システムの設計にあたって，多くの人（かつて企業で働いていた人や，他の企業で働く人，すでにこの世にいない人も含めて）がそこに関わっていることが普通であり，情報システムがなんらかの問題を引き起こしたときに，説明責任の所在が曖昧になりがちであることを意味している。また AI システムは，深層学習技術の確立により高度化された機械学習が示す自律的機能のために，その動作に予測困難性と制御不能性がつきまとうため，何かしらの問題が AI システムの運用によって発生したときに，コンピュータに責任を押し付けようとする ICT エンジニアの態度を引き起こす可能性がある。

さらに企業において ICT エンジニアは，従業員として振る舞うべきか，プロフェッショナルとして振る舞うべきかというコンフリクトに陥る状況が発生しうる。たとえば，公共の利益を守るために上司の命令に従わないことや，顧客との契約において定め

られている納期や予算を守らないことが正当化されるのであろうか。あるいはそうしたことが社会的に正当化される場合に，自らの企業における立場を不利にしてでもそのように行動すべきなのだろうか。情報システム開発の下請けをした場合，発注元企業や元請け企業の要望と，プロフェッショナルとしての判断のどちらを優先すべきなのであろうか。こうした現実的問題状況を見れば，ICT エンジニアがいわゆるプロフェッションに従事する者としての立場を確立することの難しさがわかる。しかしながら，情報システムがもたらす可能性のある危害について，直接的にそれを予測しうるのは ICT エンジニアであり，この点で，ICT エンジニアのプロフェッショナリズム確立に向けた組織的・社会的取り組みが的確になされなければならない。たとえば，教育機関や企業において，ICT エンジニアを対象とする情報倫理教育を，常に新たな ICT の開発と利用のあり方を視野に入れつつ実施していく必要がある。また上記の ICT プロフェッショナルのための2つの綱領は，欧米の高等教育機関において，ICT エンジニアの倫理教育のための教材として活用されており，わが国においても積極的に利用されるべきものである。

人工知能技術の普及と失業

オックスフォード大学のフレイ（C. B. Frey）とオズボーン（M. A. Osbone）は，2013 年に公表された報告書において，米国の労働人口の 47% にあたる人々が就いている職業の仕事内容が，10 ～ 20 年後には AI やロボットの利用によってかなりの影響を受けるという予測を示した（Frey and Osbone [2013]）。このレポートは「AI が人間の仕事を奪うことが予想された」とメディアによってセンセーショナルに取り上げられ，どのような職

業が消滅するのか，また反対にどのような特徴を持つ職業であれば技術に取って代わられることがないのかということが議論された一方で，新しい技術の開発と職場への導入が，たとえばデータ・アナリストへの需要を生むといったような新たな職業機会をもたらすということも指摘された。

　ICTの導入によって生じる失業に関する議論は以前から存在している。たとえば**オズ**（E. Oz）は，職場の近代化は止めようがなく，長期的に見ればより効率的な経済は，われわれすべてによってよいものとなるはずであると述べている。そして，コンピュータの導入が人員のネット（正味）での減少を招いていないという英国での調査事例を紹介している（Oz [1994]）。しかしながら，技術の導入によって職を失う者と，新たに職を得る者とは通常，同一ではない。したがって，職を失う当事者のことを考えれば，失業をネットで論じることの正当性は疑わしい。

　他方，一般に技術の発展と普及の歴史は，「ある人間の行為が技術によって代替可能であり，かつその技術による代替が経済合理性を持つ場合，それは必ず技術によって代替される」という事実を教えてくれる。したがって，AIやロボットの導入が技術的に可能であり，経済合理性を持つ職場においては，必ず技術による人員の代替が行われると考えてよいだろう。その一方で，AIやロボットの導入が創出する新たな雇用機会は，それが失わせるものよりもはるかに小さいものであるかもしれない。事実，巨大ICT企業で働く人々の数は，その収益規模から考えれば，たとえば製造業企業に比して非常に少ないのである。

　AIやロボットを含むICTの職場への導入は，今後も急速に進行していくものと考えられている。そのため，多くの失業者が発

生した状況に対応するために，すべての人に生きていくための最低所得を一律に補償する，**ベーシック・インカム**導入の可否も議論されるようになってきている。人間にとっての働くことの意味，そして働かなくても所得を得られることの意味が，ここでは問われている。また，高度な専門知識と技能を必要とする高所得の職種と，経済的合理性がないために機械では代替しえない低所得の職種とに労働市場が分断される**バーベル経済**の出現も論じられるようになってきている。こうした経済状況が実現すれば，健全な民主主義を支えてきた「豊かな中間層」は消え失せ，政治の貧困と社会の分断化が進むことになるかもしれない（Bartlett［2018］）。

練習問題　EXERCISES

1　企業がなぜ社会的責任主体として振る舞わなければならないのかについて説明しなさい。

> **Hint**　企業が社会的責任主体としての責務を果たさないときに，社会はどのようなリスクに直面するのか，ということを考えてみよう。

2　現在のeビジネス環境において，ICT が倫理的問題を引き起こす要因となりうるのはなぜかについて述べなさい。

> **Hint**　ICT が本来的に持つ特性から生み出される問題と，eビジネス環境によってもたらされる問題との双方について考えてみよう。

3　企業活動と関連する情報倫理の問題にはどのようなものがあり，それに対して企業はどのように対処すべきかについて述べなさい。

ビジネスにおける情報倫理の問題を個別に取り上げ，それ
ぞれについてどのような価値の対立あるいは権利の侵害が
発生しているのか，ということを手がかりとして答えてみ
よう。

文献案内　REFERENCE

[1]　村田潔・折戸洋子編［2021］，『情報倫理入門：ICT 社会にお
けるウェルビーイングの探求』ミネルヴァ書房。

●情報倫理の基礎理論から最新のトピックまでを網羅したテキストで
あり，現在，情報倫理という研究と実践の分野で，何が問題とされ，
それに対してどのような取り組みが行われてきているのかについて包
括的な知識を得ることができる。

[2]　C. オニール（久保尚子訳）［2018］，『あなたを支配し，社会
を破壊する，AI・ビッグデータの罠』インターシフト。

●現在，さまざまな分野を対象として開発と運用が進められている
AI ならびにビッグ・データを利用したシステムの特徴がどのような
ものであり，それがいかなる負の社会的影響力を持ちうるものなのか
について，豊富な事例を通じて学ぶことができる。

[3]　L. フロリディ（春木良且・犬束敦史監訳・先端社会科学技術
研究所訳）［2017］，『第四の革命：情報圏が現実をつくりかえ
る』新曜社。

●現在の ICT が人間の存在や社会のあり方に対して，どのような可
能性とリスクをもたらしつつあるのかについて，哲学的な考察を展開
している。

第**12**章 これからの経営情報論と情報化実践

SUMMARY 12 | 本章で学ぶこと

　この30年余り，情報化実践に関する理念的スローガンを象徴する新たな経営情報システム概念は提唱されていない。むしろICTを駆使するビジネス・イノベーションに関わるスローガンのもとで情報化実践が扱われるようになっている。その主たる要因は，情報化実践がもともと技術決定論的発想が強かったことに起因しよう。

　今日そしてこれからの情報化実践においては，「はじめにICTありき」のような技術決定論的発想から，ICTと人的・組織的要因そしてコンテキストとの相互構成的な関係性を重視する社会技術システム，そして社会構成主義，社会物質性パラダイムのもとで情報化実践および研究が展開されなければならない。

　そこで本章では，まず，技術決定論的発想だけではなぜ情報化実践の基礎理論として限界があるのかを学ぶ。そして，その限界を克服するための研究と実践の有力なパラダイムとして，社会構成主義そして社会物質性というパラダイムや見方がどのような特性を持っており，どのように今後の情報化実践に貢献するのかについて学習する。可能なかぎり平易に展開したが難しい場合は，それらのアプローチやパラダイムの意義だけでも理解できれば，今後の情報化実践および研究に大いに役立つであろう。

CASE 16 デンソーの IoT による「ダントツ工場」の実現に向けて

　世界を代表する自動車部品のサプライヤーであるデンソーは「カイゼン」（現状より少しでも上を目指したい）のスローガンのもとに工場の改善運動を展開してきたが，5～6年生産性が横ばい状態となった。そこでもとの回復軌道に戻そうとして，2015 年，IoT などのデジタル技術を駆使して「世界中の約 130 の工場と 15 万人の従業員の知恵をネットワークでつなぎ，2015 年を基準とした工場の生産性を2020 年までに 30%向上させる」目標のもとに「ダントツ工場」プロジェクトを推進することになる。具体的には，全世界に散らばる生産設備 15 万台，2500 の生産ラインすべての高速・高稼働化やコンパクトな独自設備開発，物流・検査のスリム化を図り，製品開発と生産システム開発を連動させることによって，生産部門の競争力を持続的に高めて，ダントツの低原価によるモノづくりの実現を目指すものであった。IoT を生産ラインに導入するやいなや 3 カ月ほどで 6%も生産性を向上させ，そして，すでに「2018 年の夏には，予定の 120%ぐらいのスピードで達成できた」と自負するに至っている。

　このプロジェクトは，ドイツの IoT を駆使して生産ラインの自動化・無人化を視野に据える「インダストリー 4.0（別名，IoT 革命）」を目指すのではない。これまでの改善により工場の人間の省力化は一定レベルに達しており，工場は基本的には生産ラインのイレギュラーやアドホックな事態に対応することを職務とする人間が中心になっている。これまでの絶え間ないカイゼンを展開する工場の特性を維持しつつ，生産ラインの各装置からのデータを集中し，AI などで分析してこれらの人間の判断・決定や作業の質的向上を支援することを目指している。「人間が中心」，「人間が介在」，「人間による絶えざるカイゼン」を理念とする情報システムの革新であり，これは，情報システムがきわめて社会構成的・社会物質的存在であることを物語っている。

1 伝統的な経営情報システム論の限界

技術決定論的な情報化
実践の終焉？
これまでの経営情報論あるいは経営情報システム論では，企業その他組織体における情報的相互作用の中で，とくに人間による情報的相互作用の全体的な仕組みを必ずしも情報システムを構成する現象として認識しない。むしろ ICT による情報的相互作用に限定して，その仕組みを自己完結的に情報システムとして認識して研究と実践を展開する傾向が強い。

　経験的に，ICT は，ある時点に至ると性能を一気に幾何級数的に向上させて，その低廉化をも加速させる特性があり，この反復的な繰り返しによって今日の水準に至っている。ICT の性能が一気に向上するその特定時点に至ると，新約聖書（ヨハネの福音書）での「はじめに言葉ありき」ではないが，情報化実践は，伝統的に「はじめに ICT ありき」の**技術決定論**（technological determinism）的発想が根底に据えられる。そして「……の技術が所定の機能を発揮するならば，……することが可能になる」という因果関係的認識のもとで情報化実践の研究と実践を加速させ，深耕させてきた。

　たとえば第 **3** 章で学んだように 1960 年代の MIS や 70 年代の DSS は，そのときどきのコンテキストや人的・組織的要因がどのような特性であろうとそれらを所与としたままで，その時点での最先端の ICT を巧みに駆使するならば，情報処理の能率性，業務や管理における意思決定の効果的遂行が実現されて受動的な環境適応が可能になるという仮定に立っていた。また 1980 年代

のSISは，その時点での最先端のICTを巧みに駆使することによって積極的に競争環境までも変えて，持続的な競争優位の実現と維持が可能になるという仮定に立っていた。

　しかしながら1990年代に入ると情報システム概念のもとでの理念的スローガンは鳴りを潜める。リストラクチャリング，リエンジニアリング（BPR），そして90年代後半からのSCMやCRMなどICTを駆使しつつも情報システムに類する概念を使用せずに各種のビジネス・イノベーションに関わるスローガンが提唱されるようになる。これらのスローガンは，クライアント・サーバー・システム，インターネット，ICタグなどの新たな技術環境を駆使した情報的相互作用によって，情報処理の能率性の向上，業務や管理の効果的遂行による受動的な環境適応の支援だけでなく，さらには取引慣行や業態・業様の変革などによって，さらなる積極的，能動的環境適応の支援が実現できるという仮定のもとで情報化実践が進行した。

　さらに2010年代に至ると，SMAC ITなどの先進デジタル技術を駆使するDXによって積極的にフィジカル空間とサイバー空間の情報的相互作用の融合を試行錯誤的，反復的に展開することによって，さらに積極的・能動的な環境適応の支援が可能になるという仮定のもとで情報化実践が進んでいる。

　これらの1990年代以降の一連のビジネス・イノベーションは，基本的にシステムズ・アプローチを採用して，技術決定論的発想の伝統的経営情報システムではそれまでの技術では十分に実現できなかったシステムの機能要件をそのときどきの技術を駆使することによって可能なかぎり実現することを理念的なスローガンとしていると総括できる。

このような情報化実践の変遷において，技術決定論的発想のもとでICTによる情報システムだけをビジネス・プロセス（システム）から区別して切り出すことは概念的に実体的にも不可能であることを物語っている。つまりビジネス・プロセスに溶け込んでいる人間もしくは非人間（ICT）による情報的相互作用の機能を自己完結的に情報システムとして切り出すこと自体が不可能であり，その積極的意義は何もないといえる。最近は，これが技術決定論的発想での情報システムに類する概念のもとで情報化実践が展開されなくなった基本的理由とも考えられる。

　なお，1990年代後半からこのような情報化実践を理論的にも先導してきたダベンポート（T. H. Davenport）は，それまでブームとなったICTによる情報システムの各種の理念的スローガンのもとに，そのときどきの最先端技術を駆使する優れた成功事例や教科書的優秀事例として評価された経営情報システムを構築した「ほとんどの会社が，時間の経過の中で倒産あるいは吸収合併されている」と実証的に明言している（1995年の第1回米国情報システム会議〔ACIS〕での基調講演）。この言葉は，技術決定論的な経営情報（システム）論や情報化実践には限界があること，そして人間や組織などの社会的要因を重視する研究と実践への転換が必要なことを語っている。

　実際に，最先端のICTを駆使してほとんど同機能で同規模の情報システムを設計開発，導入をした企業が，一方は，組織の成長と発展に大いに貢献し，他方は，ほとんど効果を発揮せず組織を維持することさえも困難にすることが少なからず存在する。このことは，技術決定論的発想にとどまらずに社会構成主義的，社会物質性，社会技術的な見方やパラダイムで情報システムを認識

して，情報化実践を展開することの必然性が認識できる。

経営情報論の「アイデンティティの危機」

1990年代後半に入ると，なぜか理念的スローガンともいえる情報システム概念が登場しなくなったことと連動するかのように，経営情報論が，ひとつの専門領域（discipline）あるいは科学（science）としては育っていないのではないか，まさに専門領域として他と区別できる独自性・存在意義すなわち**アイデンティティの危機**ではないかという評価も生まれ，多くの論争が展開される。これらの論争における危機の根拠は，次の4点に総括できる。

⑴　一般基礎理論（理論的コア）の欠如

もともと，経営情報論は，自然科学のような経験的事実によってのみ真理を追究する実証主義的パラダイムを重視して研究や実践の**累積的伝統**を重ねて，それを利用して現象の解明をし，一般的な理論的定式化をする発想に欠けている。現実的に一般基礎理論を形成するのに重要な過去の研究や実践の累積伝統は，依然として蓄積されているとはいえないと評価される。

⑵　理論の厳密性（rigor）と実践の目的関連性（relevance）のジレンマの存在

科学として育てようとするあまり，科学的研究としての厳密性（信頼性，反証可能性，再現可能性）を重視しすぎて，必ずしも実践問題に対する具体的な指針・処方箋を適切に提示できないと評価される。

⑶　研究および実践の断片的，アドホックな特性の限界

情報化実践に関わる多くの成果がそのときどきの最新のICTに関わる特定の実践的な個別的・断片的な課題や問題ごとに具体

的な指針・処方箋を提示することに研究が集中する傾向がある。情報化実践に関して一般的に受け入れられる分析的枠組みのもとに現象の一般的な理論的定式化を図ろうとはしない傾向がある。

(4) 自己完結的な独立的変数として認識する限界

まさに技術決定論の特性である。研究対象である情報システムをICTなどの客観的・物理的・技術的な存在として認識することによって科学的研究としての厳密性を確保し，具体的な指針と処方箋を提示する可能性を高めて，実践への目的関連性を向上させようとする。

アイデンティティの危機に関連して，情報経営に関する研究をひとつの専門領域として育て上げるのに最も影響を与えた研究および実践の権威者であるキーン（P. G. W. Keen）は，「情報システムに関する研究の重要な目的は，研究を通じて実践を改善すること」であると明言する（Keen [1987]）。ICTだけでなく人間による情報的相互作用を重視しつつも基礎科学のように一般的理論化を目指すかの研究姿勢に対して，すでに1980年代末に警鐘を鳴らしている。経営情報論は，真理を追究する基礎科学ではなく，実践的に価値を生み出す応用科学として展開されるべきであると指摘している。

このような認識に立つならば，経営情報システムに関わる研究と実践は，応用科学として実践を導くにあたり，少なくとも2点に留意しなければならない。第1に，自然科学に代表される基礎科学であるかのように理論的厳密性を追求するあまり，応用実践性（目的関連性）を失わないようにする。第2に，応用実践性を重視するとしても，これまでの技術決定論的発想にとどまるべきではない。

　経営情報論領域での「アイデンティティ論争」の発端となっ
た研究成果は，Keen［1980］と IFIP WG8.2 のフォーラム（1984
年）に触発された I. ベバサットと R. W. ズムド（Benbasat and
Zmud［1999］）のものといえよう。そこでは，現状の研究が情
報システムに関連する現象の不十分な究明と，IT ベースの情
報システムにほとんど関連しない現象の究明によって，ディ
スプリンの「累積的伝統」のもとに構築されるべき「理論的
コアの欠如」と，「研究の厳密性（rigor）と実践の目的関連性
（relevance）の欠如」がアイデンティティの危機の最大の原因
であると分析する。この危機を克服して，経営情報論をひと
つの応用的ディスプリン（専門領域）として確立するためには，
実証主義パラダイムのもとで固有で不変の理論的コアと概念を
明確にし，そのコアと概念を駆使して厳密性に裏づけられた現
象解明とその定式化をして，目的関連性の高い応用・実践を可
能にするという考え方が提示される。そのために，ベバサット
とズムドは，研究や実践対象となる「情報システム」は「IT
人工物のアプリケーション」（Benbasat and Zmud［2003］）ある
いは「IT ベースによる情報システム」に限定すべきであると
断言する。しかし，コンテキストとの関係によってはじめて
IT の有効性が認識され，自然科学のような基礎科学における
長い歴史での累積的伝統もなく，また実証主義的な現象解明に
よる厳密性の追求は基礎科学には要求されても，逆に応用科学
としての目的関連性を低下させる場合も少なくない。たとえば，
応用科学の典型である宇宙工学も自然科学のような固有の理論
的コア，累積的伝統がなくとも，関連する参照科学を駆使して
応用科学として確固たるディスプリンとして育っている。

2 今後の経営情報論研究への期待

(1) 技術決定論の基本的特性

技術決定論的発想の克服

技術決定論とは，利用する組織（人，社会システム）との関係に留意するならば，次の2つの仮説によって成り立っている。

第1は，技術は本質的に利用する組織やビジネスとは無関係に，自律的に発展する。

すなわち，技術は，特定の機能を本質的に備えており，組織やビジネスとは無関係にその機能を自己生成的に発展させる存在であると仮定している。

第2は，技術が組織やビジネス変革の外生的なドライバーとなって組織やビジネスのあり方に影響を与える。

すなわち，技術は，組織や組織におけるビジネス活動から独立した存在として導入されると，必然的，即時的，直接的に組織やビジネスの変革を推進するドライバーでありイネーブラー（実現を可能にするもの）となると仮定している。

第1の仮定は，第2の仮定を成立させるための理論的な前提条件ともいえる。

しかしこの2つの仮定は，情報化実践において少なからず問題点がある。

たとえばICTを駆使して，同じ機能と規模の情報システムの構築によって，効率的な組織やビジネス活動を展開しようとする。しかし一方の企業では，組織パフォーマンスが高まり，他方の企業ではほとんど組織パフォーマンスが高まらないといった事例が

少なくない。同じ機能と規模のICTを利用して同じ機能と規模の情報システムを構築しようと，組織に関わる内外のコンテキストの特性によって同じように改善されることが当然の帰結とはならないのである。しばしばある結果を導くのに，最も効率の良いと評価されているICTによる情報システム事例に習う**ベスト・プラクティス・アプローチ**がしばしば失敗することからも明らかである。

またICTは直接的に組織やビジネス活動に作用するのではなく，組織構成員である人間による利用，あるいは人間との相互作用を介して組織やビジネス活動に作用する存在でもある。人間が所定の機能を的確に遂行できるように適合的な振る舞いをするか否かに依存している。ICTによる情報システムの機能特性よりもむしろ人的・組織的特性が組織のパフォーマンスに影響を与えている（図12-1）。さらには，逆に利用する人的・組織的特性の変革によってICTの機能が改善・増幅されることもある。

これらの現実を認めるならば，ICTが本質的な機能を備えて，組織に影響を与える外生的なドライバーとして認識することは，不可能である。また第1の仮定の自己生成的であるという考え方は，応用実践的に若干無理があるといわざるをえない。

(2) 実証分析に見るICTの貢献度合い

図12-1は，ICTという技術特性，組織過程の情報特性，組織構造の特性，環境特性の4つの要因間の関係，加えてICTによって生まれる経営力（組織能力）や成果（組織パフォーマンス）との関係を共分散構造分析（パス解析）によって導出したものである。ここでは矢印線の脇に数値（パス係数）が付されているが，この数値が相互作用的関係性や因果的関係性の程度を示している。

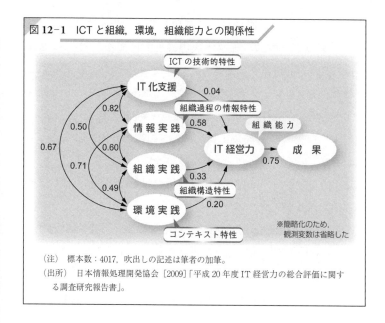

図 12-1　ICT と組織，環境，組織能力との関係性

ICT の技術的特性

IT 化支援

0.04

組織過程の情報特性

情報実践

0.58

0.82

0.50

組織能力

IT 経営力

成　果

0.67

0.60

0.75

組織実践

0.71

0.33

0.49

組織構造特性

環境実践

0.20

コンテキスト特性

※簡略化のため，
　観測変数は省略した

（注）　標本数：4017，吹出しの記述は筆者の加筆。
（出所）　日本情報処理開発協会 [2009]「平成 20 年度 IT 経営力の総合評価に関す
　　る調査研究報告書」。

4つの要因は，相互作用的な関係性が強く，そして因果関係的に
「IT 経営力」や「成果（組織パフォーマンス）」に影響を与えてい
ること示している。しかし，ICT の技術的特性に焦点を合わせ
ると，たしかに IT 経営力そして成果（組織パフォーマンス）への
因果関係は認められるが，他の3要因に比して因果関係的影響が
著しく低いことがわかる。このことは，ICT が因果関係的に組
織能力や組織パフォーマンスに影響を与えてはいるが，他の3要
因，組織過程の情報特性，組織構造の特性，環境特性に比べてそ
の影響度がかなり低いことを示している。

　さらに視点を変えて，欧米では，情報システムの設計開発プ
ロジェクトについては，成功率は 28％（Standish Group, Chaos
Report'2015），日本でも Q（品質向上）C（コスト削減）D（納期

短縮）のすべての指標において成功している会社は，日経コンピュータの「IT プロジェクト実態調査」によると 31.1 ％（2008年），52.8 ％（2018 年）にすぎない。また海外では過去 30 年以上にわたってプロジェクトの失敗率は，70 ％以上であるといった注目すべき結果が受容されている（Doherty et al.［2012］）。しかも，このような失敗の 90 ％以上は，人的・組織的要因によることも立証されている（Luna-Reyes et al.［2005］）。

　以上のことから，これらの実証分析や調査の結果は，次のように総括できる。

① ICT は，組織過程の特性，組織構造特性，環境（コンテキスト）特性との関係によって組織能力や組織パフォーマンスへの貢献度合いが決まる。

② 4 要因の関係性によって組織能力とパフォーマンスは異なってくる。

③ ICT という技術そのものは，自己完結的（単独的）に組織能力や組織パフォーマンスに対して，他の 3 要因に比べてさほどの影響を与えない。

したがって，技術的決定論的発想での経営情報システムの認識や情報化実践には限界があることなどが容易に理解できよう。

3 技術決定論の限界克服の基礎理論

　技術決定論的な情報化実践と研究の限界を克服するために，*Column* ⓫ で取り上げる各種の経営情報の基礎理論やアプローチが注目されている。とくに「技術の社会的構成（SCOT：Social

　経営情報論は固有の理論的コア（基礎理論）を十分に確立できていない。ほとんどは他の学問領域の理論やアプローチを参照して応用科学領域として「累積的伝統」を重ねつつある。基本的には，伝統的経営情報論が技術決定論であると批判されるとともに，それを克服すべく，社会構成主義，社会物質性パラダイムのもとに理論的コアを確立して応用科学としてアイデンティティを確立しようとしている。このような流れの主たる関連理論（科学）やアプローチ法は下記の通りである。

現代の経営情報論の領域と主たる関連基礎理論・アプローチ

伝統的経営情報システム論

技 術 領 域
- 情報システム設計・運用管理論
- データベース設計管理論（情報管理論）
- ネットワーク・システム設計管理論
- ソフトウェア工学など

理 論 領 域
- 組織（認識）論，競争戦略論　経営管理論など
- （記述的，規範的）意思決定論，産業組織論など

現代の経営情報システムの基礎理論

● 認知心理学，状況（学習）理論
● 社会技術論
● 社会技術的アンサンブル
- アクター・ネットワーク理論（ANT）
- 技術の社会的構成（SCOT）
- システムズ・アプローチ
● 構造化理論，知識社会学，適応的構造化理論
● 知識創造理論，イノベーション論，ソフト・システムズ
　方法論（SSM），デザイン・サイエンス
● エコシステム論，オープン・イノベーション論　など

Construction of Technology)」，構造化理論（structuration theory），アクター・ネットワーク論（ANT：Actor Network Theory）などを参照科学とする社会構成主義（social constructionism/social constructivism）や社会物質性などのアプローチ法が情報化実践の現象解明や理論的定式化において大きな流れとなりつつある。

(1) 技術の社会的構成

技術の機能や特性は，それぞれの利用状況（実践の場）での利用者（集団）によって多様な解釈がなされるが，時間の経過とともに多様な利用者集団の相互作用の中で技術の意味の共有化が進み，1つの解釈が支配的になってくる。技術の社会的構成（SCOT）は，社会が技術を構成すると認識する。そして技術は，本来的に固有の意味を持つのではなく，利用者間での多様な解釈のもとでの利用を通じて，集団の力学的相互作用によって解釈の必要がない特定の意味に落ち着く（安定化・閉止に至る）と認識する（Pinch and Bijker [1984]）。技術には，もともとこのような**解釈的柔軟性**（interpretive flexibility）があり，時間の経過とともに徐々に解釈が安定化に至り，その意味のもとで安定的に機能するという考え方である。技術の意味や機能が本質的に備わっているという技術決定論的接近を批判する見方の発端にもなる。

(2) 構造化理論

この理論はギデンズ（A. Giddens）の社会理論の中で提唱される。行為（実践）の拠り所になるルールや各種の資源によって構成される「構造」と人間の「行為」は，再帰的（自己の行為の結果が自己に戻ってくること），循環的，反復的な関係性にあるという認識をする（Giddens [1976]）。つまり，人間の行為が構造に影響し，構造が人間の行為に影響するという再帰的な関係性を**構造**

の二重性（duality of structure）として特性づける。そして構造の二重性のもとに展開される構造の再形成と変革の過程を「構造化」と称する。この理論では，ICT のような技術そのものは明示的には扱われないが，ルールや他の資源とともに構造を構成するものとして認識される。この構造の二重性の観念を参照して，社会構成主義的な経営情報システムのコアの基礎理論が形成される（Orlikowski and Robey [1991]）。

(3) アクター・ネットワーク論

アクター・ネットワーク論（ANT）は，社会的な事象は，人間と非人間（技術，物質的なモノ，社会的なモノなど）の異質の存在が対等なアクターとして相互に密接に結び付いた**異種混交のネットワーク**（hybrid network）あるいは**社会物質的総体**（sociomaterial assemble）として認識する。技術やモノといった非人間的なアクターは，各々が本質的に特性や機能を保有している存在ではなく，ネットワーク上の各アクターの機能や特性は，実践におけるアクター間の対等な関係性での内的作用（intra-action）の中で，はじめて明確に規定されることになる。各アクターは，ネットワーク全体との関わり合いの中で特定の役割が与えられ，互いに規定し合う関係的存在として認識される。したがって ANT の考え方は，きわめて非本質主義的であるが，技術よりも人間を中心に据える人本主義のような考え方でもない。第1章で図解（図1-5参照）したように，経営情報システムは人間と ICT によって構成されるという社会構成主義的考え方の論理基盤になる。

社会構成主義的アプローチの可能性

構造化理論における構造の二重性という観念をもとにして，「人間行動の産物としての技術」と「人間行動に利用される

技術」という見方に留意する**技術の二重性**（duality of technology）という構造化モデルが提示される（Orlikowski [1992]）。このモデルは、組織に関わる「制度的特性」と「技術」の間に「人間」を介在させて、技術と人間との間で、一方が他方に与えた影響による変化が影響を与えた側に再び影響を与えて変化をもたらすという**再帰的な関係性**の存在を明らかにする（図12-2）。

第1に、技術は人間行動を可能にする、もしくは制約するとともに、逆に設計・開発や利用という人間行動の結果が技術を再形成する。

第2に、技術は制度的特性（たとえば、組織構造）に影響を与えるとともに、逆に制度的特性が技術との人間行動に影響を与える。

このような社会構成主義的な認識は、技術決定論的発想の経営情報論の研究者と実践者から批判を生みつつも1990年代以降の研究と実践において多くの支持を得ることになる。しかし、社会構成主義に立つ、初期の経営情報（システム）論の研究と実践は、伝統的に支持を得てきたシステム開発のライフ・サイクル（設計・開発・実装・利用）の存在を前提にして展開されたことから、非現実的な認識と評価されることになる。

まず情報システムの設計・開発段階は、たしかにICTによる情報システムに対する解釈の柔軟性を前提にして遂行されるという分析が可能である。しかし、その情報システムがテストされ改善がなされる完成段階に至ると、解釈の柔軟性は低下して、完成した情報システムの意義と機能は社会的に構成されたものとして**安定化と閉止**に至っていると認識することになる。言い換えれば利用段階に至ると、多くの関係者の支持のもとに（社会的に構

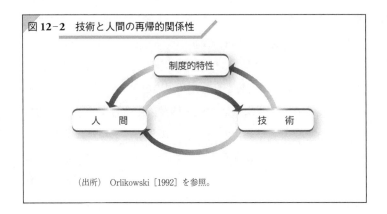

図 12-2　技術と人間の再帰的関係性

制度的特性

人　間　　　　技　術

（出所）　Orlikowski［1992］を参照。

成されて安定化と閉止に至った）情報システムが実装されることになる。したがって，そこでは解釈の柔軟性は基本的に存在せずに，利用者は，情報システムを「ブラック・ボックス」であるかのように利用するという認識に至る。

しかし，現実には，ICT による情報システムの利用段階に至っても利用者自身が，その機能や特性を利用するコンテキストに応じて再定義をしたり，システムの改善をしたり，その意味の共有化を繰り返すなどまさに解釈の柔軟性が存在している。したがって利用段階に至ってもコンテキストが流動的であればあるほど ICT による情報システムの解釈の柔軟性は安定化と閉止をして，ブラック・ボックスであるかのようには利用されないといえる。

またプログラミングを通じてルールや資源などの制度的特性が ICT による情報システムに埋め込まれたとしても，それを利用者が利用しなければ，人間行動を可能にしたり，制約したりする（すなわち人間行動を構造化する）ことにはならない。とくに実践の場として日常的活動における意図しない，予期されない即興

的・偶発的な対応がヒントとなり，システムの機能の修正や付加など技術の再構成・再設計が反復されることが少なくない。

　社会構成主義的アプローチに立つ情報システム構築の方法論では，設計・開発から実装を介して利用の局面に至るプロセスを前提にして処方を考えない。設計・開発段階だけでなく，利用段階においても人間やコンテキストとICTを中心とする技術との間の再帰的関係性の存在を前提に処方を考えるのである。つまり，技術を単なる自己完結的な物質的な存在としてではなく，社会や制度などのコンテキストとの関係において意味を持つ仮想的な存在，すなわち，社会的・物質的人工物や**実践**における**技術**（technology in practice）として理解して，改革への処方箋を探求する。

社会構成主義と技術決定論的アプローチの関係

技術決定論的アプローチの限界を克服するために社会構成主義的アプローチが注目されてきたとはいえ，両アプローチは，お互いに相いれない技術観ではない。技術決定論という見方は既述のように技術が人間や社会のあり方を規定するというものである。しかし，技術を可能なかぎり利用者の目的を効率的・効果的に行えるようにする（つまり解釈の余地をなくしてブラック・ボックス化する）という側面を重視するならば，技術は可能なかぎり人間的なものに近づけられる，すなわち技術のあり方を社会や人間のあり方に適応させようとするもの，あるいは社会や人間のあり方が技術の意味やあり方を規定するものとしても理解できる。このような理解は，社会構成主義的な理解ともいえる。したがって，社会構成主義と技術決定論は必ずしも相反するアプローチとはいえない。

このような技術決定論と構成主義的アプローチが相反しない点に留意をする代表的なものとして**批判理論**がある（Feenberg [1991]）。これは，技術は利用者の目的に対して効率性という価値基準のもとに利用者の目的に奉仕する中立的な道具であるという見方（社会構成主義的アプローチ）と，技術は，社会に関係なく説明できる自律的な機能的論理を持っており，技術を利用する人が抱く目的と適合するときに社会的な存在になり，技術は社会から本質的に独立して直線的に発展するという技術決定論的アプローチを融合させるものである。社会構成主義的アプローチに立ちながら技術決定論的アプローチを修正したともいえて，今後の経営情報論の展開の有力なアプローチとなろう。

社会物質性アプローチの登場

　社会構成主義的アプローチでは，とくにギデンズの構造化理論をもとにして，技術は人間によって再構成可能な社会的人工物であると認識する。したがって，このアプローチはともすれば人間（の行為能力）を優先し，技術は「人間の召使い」であるかのように軽視して，人間（の行為能力）を中心に据えた理論化と実践に陥ると危惧される。

　この問題を克服するために，現在では，技術と人間の行為能力を同等に扱う**社会物質性**（sociomateriality）という社会構成主義的アプローチを基盤にした新たなアプローチが注目され始めている。この考え方には2つの流れがある。

(1) **人間と技術の「強い関係性」に留意する発想**

　社会物質性について，「社会的なものと物質的なものは，解きほぐせないほど関連しており，物質的でない社会的なものは存在せず，社会的でない物質的なものは存在しない」（Orlikowski

[2007] p.1437) という認識をする。物質的な人工物は設計者の意図が翻訳され埋め込まれて，あたかも人間と同じように行為能力を発揮する。情報システムは，人間的・社会的なものと物質的なもの各々が，固有の属性を持って存在して機能するのではなく，特定のコンテキスト（状況）での実践において，両者の間の内的作用を通じて構成され，創出されると理解する。これは，きわめて関係的で，創発的で，コンテキストに応じて絶えず構成を変え，その意味や特性を変化させていくという理解の仕方である。人間と技術の再帰的な組み合わせであり，解きほぐすことができない**構成的もつれ**（constitutive entanglement），あるいは人間と技術の**強い関係性**の認識のもとに，組織における情報化実践の現象解明や理論的定式化が試みられる。

(2) 人間と技術の「弱い関係性」に留意する発想

　社会物質性について，「物質的な機能が社会的相互作用を通じて選択され，保持されるという意味で物質的であるのと同じように社会的であり，そして社会的相互作用が物質的特性によって可能にさせられ，制約されるという意味で，社会的であるのと同じように物質的である」（Leonardi [2009] p.299）という認識をする。そして，物質的なものと社会的なものとがそれぞれ固有の特性を持ちながら連携して行為能力を発揮するという考え方に立って，コンテキストに適合する社会物質的集合体を構成するという理解をする。物質的なものと社会的なものの関係性は，屋根の牝瓦と牡瓦の関係に喩えられる。牝瓦と牡瓦は，各々固有の機能を持って魚の鱗のように秩序的に組み合わさって，雨漏りのしない屋根を生み出している。屋根をふくときの**鱗状重層**（imbrication）的な特性，あるいは人間（社会的なもの）と技術（物質的なもの）の

弱い関係性を前提に社会物質性を認識する。物質的なものと社会的なものを構成的なもつれとして理解するのとは異なり，固有の機能特性を持って社会物質的集合体の構築用ブロックとして機能するという理解である。

社会物質性アプローチ
の検討

経営情報（システム）論あるいは情報経営論と称される専門領域は，経営という言葉が意味するように，もともと実践的な学問領域の1つの専門分野として確立されてきている。つまり情報化実践に関する現象を科学的に解明して，理論的定式化を図る基礎的・理論的な科学としてというよりも，むしろ経営における情報化実践の具体的な指針・処方箋を提示する応用的・実践的な科学としての役割期待を持っている。このような認識のもとに，2つの社会物質性アプローチの検討，評価をする。

構成的なもつれとして認識する社会物質性のアプローチは，もし情報化実践に関わるICTと人間・社会的要因が解きほぐせないほどにもつれているならば，個々の要素レベルの特性や要素レベルの相互作用などの解明は，もともと不可能であり，意味がないという認識に立っている。したがって，個々の要因が相互作用する全体現象そのものの解明にこそ取り掛かるべきであるという考え方である。経営情報論を，もし情報化実践に関わる現象解明を行い理論的定式化をする基礎科学として育てようとするならば，大いに適合的なアプローチといえよう。しかし，情報化実践において，特定の問題解決する意図のもとにいかにシステムを設計するかという視点からは，特定の意図のもとで解きほぐせない集合体として，具体的に設計する方法をイメージすることは困難である。設計後に，結果論として利用実践における解きほぐせない集

合体としての全体的な現象解明は可能である。しかし，実践科学として設計段階においては具体的な処方を提示することが困難であることから，必ずしも有効な接近方法とはいえない。

　他方の鱗状重層という社会物質性アプローチでは，ICT その他技術は物質的には時空間を超えて固有性を持つ独立した実体であって，その用途と機能としての行為能力がコンテキストに応じて変化するという認識に立っている。技術と人間や社会的要因を，状況に応じてあらかじめ意図的に再帰的に組み合わせる（整合性をとる）ことを可能にする。したがって，このアプローチは，大いに情報化実践におけるシステムのライフ・サイクル全局面で有効であろう。

　経営情報システムは，組織における情報的相互作用に関連するICT その他技術と人間・社会的要因のたえざる再帰的・反復的な再構成によって環境（コンテキスト）への受動的な適応を支援するだけでなく，環境（コントキスト）そのものまでも再構成して積極的・能動的に適応する社会物質的なシステムであると規定できよう。そのイメージは，第1章の図1-5 のように展開できる。

4 今後の情報システム構築方法論

技術変革と組織変革の
一体化

最近の高度情報技術環境は，組織におけるビジネス活動を変革する計画のもとに機能要件の定義をして設計・開発―実装―利用・運用という順序的プロセスを前提とする情報システム設計方法論を実質的に形骸化させている。その要因は，次のような

仮定に立ったことから生まれている。

第1は，情報システムの機能特性は，開発・設計局面での技術変革によって，独立変数としての「完成システム」の中に埋め込まれる。

第2は，「完成システム」が実装されると，その利用・運用によって，結果として組織変革や組織パフォーマンスの向上が実現される。

このような仮定のもとに開発・設計と利用・運用の両局面は，実装の局面を境界として相互に独立させて，そのあり方を検討する傾向がある。

しかし，現実の情報化実践では，情報システムの設計・開発局面においても組織変革と密接に連動して進められている。たとえば，情報システムは，組織体の全体的な改革・改善運動あるいは経営革新運動の一翼を担う形で設計・開発されている。

他方，利用・運用局面においては，利用している中で，情報システムを支えるICTの物質的特性の思いもかけないアフォーダンス（あるコンテキストにおいて，事物が過去の経験を持つ人間に対して与える特定の意味・可能性）や制約が識別されてくる。そのために，情報システムの利用・運用局面であっても，利用しながら反復的にシステム機能の見直しと改善を繰り返している。当初は意図していなかった機能を創発させたり，思いもかけない不具合が生じたりしてシステムを改善するか業務・管理を改革している。

現実の情報化実践では，利用・運用と設計・開発局面は，自己完結的，順序的に展開されるのではない。両局面はオーバーラップして展開されている。これは，人間・組織やコンテキストと情報システムを等価なものとして，再帰的，構成的に扱っていると

解釈ができる。

　今日の情報技術環境では，情報システムの設計・開発と利用・運用の各局面，技術変革と組織変革の関係性は，次のように総括できる。

　①技術変革と組織変革は別個の現象として概念化され，理論および実践への操作化をする接近方法には限界がある。

　②技術変革と組織変革，システムの設計・開発局面と利用・運用局面は，オーバーラップして相互構成的関係にあり，お互いに影響し合う。

　③技術変革と組織変革（技術と組織化），設計・開発と利用・運用のプロセスという二分法的理解は，現象解明や実践への指針や枠組みの開発において不適切である。

　今日の動的なビジネス環境では，とくに情報システムの設計・開発と利用・運用のプロセス，技術変革と組織変革のプロセスはオーバーラップして，再帰的，相互構成的であることに留意したシステムの設計・開発方法論が確立されなければならない。

　技術と社会の再帰的・相互構成的特性に焦点を合わせる社会物質性パラダイムは，そのような方法論の論理基盤を提供してくれる。

社会構成主義，社会物質性アプローチとシステム開発方法論

　社会構成主義のパラダイム，さらには社会構成主義の延長線上にある社会物質性パラダイムが，理論的研究において大いに有効であることは確かである。しかし，視点を変えて現実の情報化実践においてはどうであろうか。すでに第5章で学習したように，現実の情報化実践は，伝統的なウォーターフォール型設計方法論から，アジャイル開発法にシフトしたり，両方法論を併

用するケースがますます増大している。またアジャイル開発法の仕組みを組み込んだ DevOps，さらに情報システム設計開発と情報システムが支援するビジネス・システムの分析・計画・設計とを融合する BizDevOps などの情報システム設計方法論が，現在，大いに注目され，実践されつつある。

　これは単純に環境変化が激しくなったことに対応して，俊敏に，コスト的，品質的にも適切な情報システムの設計・開発と運用・管理をしようとしているだけではない。まさに特定のコンテキストにおける実践の場において，ICT という物質的なものと，それを利用する人間や組織活動のルールや手続きを反復的に絡み合わせる（再構成する）ことによって，社会物質的存在として経営情報システムを構築しているとも理解できる。あるいは第 1 章で学んだように特定のコンテキストで ICT による情報システムと人間による情報システムの融合によって形成される経営情報システムの理解の論拠として，またこのような経営情報システムの設計方法論としても大いに評価できる。

　なお，2 つの社会物質性パラダイムにおいて，とくに鱗状重層のような物質的なものと人間的なものとの「弱い関係性」に基づく見方は，技術の固有の特性を前提にしてそのアフォーダンスと制約をもとに社会物質性の生成プロセスが提示されており，それはアジャイル開発法，DevOps，BizDevOps などの一連の方法論における再帰的プロセスの妥当性を論拠づけている。したがって，今後の情報化実践を導くとともに一連のアジャイル開発をベースにするシステム設計方法論をブラッシュアップする基礎理論としても機能しよう。

　逆に，構成的もつれのように物質的なものと人間的なものの

「強い関係性」の見方に立つ研究では，技術と社会的なものが絡み合ったもつれとしての情報システムを，どのように接近すれば構築することができるのかについては，現実に具体的に提示されていない。現段階では，むしろ「絡み合ったもつれ」は情報化実践の結果としての現象としか認識できない。「強い関係性」の見方は，むしろ組織における情報現象の解明や理論的定式化において貢献するのではなかろうか。

　また，社会物質性パラダイムへの厳しい批判もある。しかしそのほとんどは，「強い関係性」による社会物質性パラダイムに対するものである。「弱い関係性」による社会物質性パラダイムに対する批判は，ほとんど見られない。今後「弱い関係性」の社会物質性パラダイムを中心に，経営情報システムの研究および実践研究が深耕されることは想像に難くない。

5 経営情報論としての理論化の方向

　経営情報論を自然科学領域の学問のように，真理を探求する1つの確固たる（基礎）科学として確立させることを目指す研究者はいない。経営情報論は，基本的に経営学において効用を実現しようとする1つの応用的ディスプリン（専門的学問領域）あるいは科学として探究される。そのために，まさに百家争鳴ともいえるほど多様な展開がなされており，必ずしも共通認識に立っているとはいえない。しかしながら，次の点は，およそ多くの研究者によって受容されている範囲であろう。

しばしば，自然科学の発展の中で確立された（基礎）科学や理論は，研究の対象である現象を解明し，真理を探究してその一般的な定式化（法則定立化）を図るものである。したがって，そこでは価値観や目的・意図との関連はまったく留意されないし，留意することは許されない。とくに企業その他組織体の維持・発展のために展開される情報的相互作用を研究対象とするかぎり，経営情報論は明らかに特定の価値観や目的・意図のもとで情報的相互作用を分析・評価して，その目的や意図を満足のいくレベルで再構築する。

経営情報論は，まさに基礎科学や理論としてどのような時空間にも適合する一般的定式化を図るというよりも，むしろ応用（実践）科学として実践における効用を重視して理論化されなければならない。情報システム，そしてその設計プロセスの理論化においては，その基盤として自然科学や行動科学などの他分野の説明的・予測的理論を情報システム構築の基盤や設計プロセス全体の拠り所となる基本的理論すなわち**カーネル理論**（kernel theory）として機能させる考え方が支持されつつある。そして，応用（実践）科学としても，たんに目的適合関連性だけを重視するのではなく，理論化の厳密性をも確保する考え方が支持されつつある。なお情報化実践における効用は，類型化可能なコンテキストによって異なってくる。したがって，実践における効用に関しては，基本的に一般理論としてではなく，**中範囲の理論**（mid〔dle〕-range theory）として理論化する傾向がある。すなわち類型化される特定の時空間（コンテキスト）に限定された範囲においてのみ目的関連性を実現して有効と認識する理論化が支持されつつあ

る（Kuechler and Vaishnavi［2008］）。

情報システムは社会技術システムとして認識

いかに優れた機能の ICT により情報システムを構築しようと，この情報システムを利用する人間の特性，運用する組織の構造的・過程的・文化的特性，さらには組織内における関係者間の学習，情報共有のメカニズムや関係者間の非技術的なコミュニケーション・システムなどと効果的に連動しているかによって，高度に機能するか否かが決まる。したがって，人間や組織を単純に ICT ベースの情報システムのコンテキストを形成する要因として認識をして，このコンテキストのもとで ICT ベースの情報システムそのものを自己完結的に再構成する伝統的な発想ではない。コンテキストの特性はあらかじめ確定できるとは限らない。コンテキストは，ビジネス活動に伴う組織内外との情報的相互作用の中で動的に認識されることも少なくない。コンテキストの変化に応じて，人的・組織的な情報システムも ICT による情報システムと，絶えず適合的に再構成されるという社会技術システム（そして社会構成主義や社会物質性）の考え方がますます重要になるだろう。

厳密性と目的関連性の両立

しばしば自然科学であるかのように実証主義的アプローチを駆使することによって，理論としての厳密性（rigor）を追求しても，ICT を駆使する情報化実践には必ずしも価値を創出せずに実践の目的関連性（relevance）が高まらないことが少なくない。むしろ目的関連性が低下する傾向もある。また情報システムの設計および運用プロセスでの行為を通じて，反復的な学習と関係者間における認識や交渉を重視する社会構成主義や社会物質性

アプローチを駆使して，特定のコンテキストにおける実践への目的関連性を高めることは大いに可能である。しかし客観的に本質的特性が認識できるのではなく，主観や行為を通じての学習から反復的に構築されることから，逆に理論としての厳密性を低下させるという批判も少なくない。このような厳密性と目的関連性のジレンマ（R・R問題）をいかに克服すべきかという課題が，1990年代後半から2000年代にかけて情報システム関連学会の研究を席巻することになる。基本的には目的関連性のもとに展開される応用（実践）科学としての確立を目指しつつも，可能なかぎり理論としての厳密性も実現することによって両者のバランスをとるべきであるという'理想論'が，支持されている。

情報システム（デザイン・サイエンス）研究モデルの可能性 　情報システムの研究（経営情報論）は，相互に補完的関係でもある行動科学とデザイン・サイエンスという2つのパラダイムによって特徴づけられる（Hevner et al. [2004]）。

行動科学的研究は，基本的に科学としての理論，仮説，命題は経験的事実に基づいて検証されなければならないという実証主義に主導されてきた自然科学と同様に，ITアーティファクト（人工物）を駆使する人間および組織の現象や行動を説明，または予測する理論の開発と検証（正当化）を目指すものである。すなわち人間や組織の情報的相互作用に伴う現象を解明し，その理論的定式化を図る考え方である。他方，H. A. サイモンの「人工科学（artificial science)」に端を発する**デザイン・サイエンス研究**は，ITアーティファクトを駆使して新しく革新的な情報システム（IS）アーティファクトを生成して，人間と組織の能力の向上を図るとともに，反復的，増分的な行動として認識される設計の

方法論や具体的な接近方法を定式化しようとする考え方である。しばしば行動科学的研究は，基礎科学，デザイン・サイエンス研究は，応用科学あるいは実践科学のパラダイムと称される。

　情報システム研究をとくに応用科学あるいは実践科学として確立させようとすることは，多くの研究者の支持を得る研究スタンスであろう。ヘブナー（A. R. Hevner）は，デザイン・サイエンスこそが情報システム研究の目指すべき方向であると認識する。もちろん，情報システム研究を理解し，実行し，評価するために行動科学的パラダイムを否定するのではなく，むしろ行動科学的パラダイムと連動させてデザイン・サイエンスとしての情報システムの概念的な枠組み・研究モデルを提示している（**図12-3**，当初提案した3サイクル・モデルでは，「デザイン・サイエンス研究」を「IS研究」と明示している）。

　この研究パラダイムは，多くの議論を呼んだが，情報システムの構築・運用（利用）・評価の反復的プロセスを通しての経験的学習，そして技術と人間・組織・社会システムとの相互依存性と再帰的関係性を重視する社会技術システム，社会構成主義，そして社会物質性的アプローチ，さらには批判実在論的なアプローチなどとかなり親和性が高いために，これらのアプローチを採用する経営情報論のパラダイム（研究枠組み）として大いに有効である。また，前述の「アイデンティティの危機」の4つの問題をはじめとする経営情報論の存亡に関わる多くの問題点を解決する研究パラダイムとしても大いに期待されている。

　このモデルでは，人工的なモノや事象を意味する**人工物**（アーティファクト）は，環境との相互作用の中で識別される目標と目的のもとに各種のICTを組み合わせて実装（インスタンス化）さ

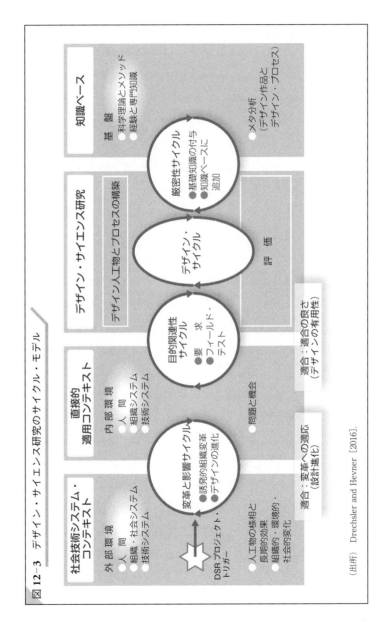

図 12-3 デザイン・サイエンス研究のサイクル・モデル

（出所） Drechsler and Hevner [2016].

れる物理的な構築物そのものだけではない。さらにはICTシステムの設計・開発プロセスにおいて適用される構成概念（現象を特徴づける），アーティファクトを記述するモデル，目標指向の具体的行動を実行する方法などをも包括する概念として認識することによって，応用科学，実践科学としての基盤を固めている。

　このデザイン・サイエンスとして認識される経営情報論では，研究の中心となるサイクルは，ビジネス要求（問題と機会）に適合する情報システムとその設計プロセスをケース・スタディ，経験的研究，フィールド・スタディ，シミュレーションなどの技法を駆使して反復的に正当化・評価をしながら学習をして（再）設計を繰り返す**デザイン・サイクル**である。そしてデザイン・サイクルにおける設計と評価の局面では，定式化された理論，枠組み，モデル，メソッド，処方箋などからなる基盤知識，そしてデータ分析技法，定式化法，測定法，妥当性評価法などの各種の方法論・技法からなる知識ベースを適用する。また設計・評価のサイクルを通じて獲得した知識を知識ベースに追加したり，既存知識の修正をサイクリックに展開することによって厳密性を確保する実証主義的な**厳密性サイクル**（rigor cycle）が展開される。他方では，組織行動に関係する人々の特性や能力，組織特性，技術システムの特性などの情報システムが機能するコンテキストから情報システムの利用を通じて反復学習をすることによってビジネス要求（問題と機会）の明確化を進めつつ，適用化を高度に実現しようとする社会技術的，社会構成主義的，社会物質性的接近ともいえる**目的関連性サイクル**（relevance cycle）を循環的に連動させて展開する。

　なお，このモデルを提唱したヘブナーは，当初，これらの3サ

イクルによってデザイン・サイエンスとしての情報システム研究のモデル化を図ったが，その後，情報システムが機能するコンテキストを所与として認識せずに，絶えず動的に変化することに留意して枠組みの拡張を行う。すなわち，情報システムが動的な環境に適応する意図的な組織変革・社会変化への波及的・二次的影響を与える社会技術システムとして機能することの重要性を強調して，**変革・影響のサイクル**（change and impact cycle）を付加して4サイクル・モデルとして再構成している。

> **デザイン・サイエンスとしての理論化に向けて**

ヘブナーのデザイン・サイエンスとしての情報システム・モデルを総括しながら，応用科学としての理論化の留意点を整理する。

第1にコンテキストを所与として，独立的・規範的にトップダウンで情報化実践が展開されるという伝統的な考え方を棄却する。そして絶えず環境・コンテキストは変化していくことを前提にして，環境適応的に情報システムの変革をするとともに，これによってコンテキストも再構成されていくという認識のもとに情報システム設計と理論化が展開されなければならない。

第2に，情報システムはハードウェアやソフトウェアそして通信技術で構成されるシステムそのものに限定する伝統的な理解をせずに，実装されるシステムを構築し支える構成概念，方法論，方法までも包含させるが，さらに人間や組織の情報的相互作用を補完する非ICTシステムや手続きまでもを一体とするISアーティファクトとして認識することによって，いっそう社会構成主義や社会物質性のアプローチとの親和性が高まる。

第3に，情報システムの企画・設計と利用・評価のプロセスに

おける学習結果をもとに絶えず動的なコンテキストに適合する情報化実践を実現しようとする実践特性を反映している。まさに本書でいう社会構成主義的，社会物質性アプローチを重視する経営情報論の枠組みとしてもかなり適合的である。

第4に，行動科学的研究において一般的に定式化された理論的成果は行為における学習ではないので，実践において役に立たないという短絡的発想をとらない。それらの累積的な経験と知識が正当化された知識ベースを利用することによって情報システムの変革のヒントの創出が可能になるとともに，情報化実践の検証を可能にして理論的な厳密性を高めることができる。

したがって，このモデルは情報化実践において目的関連性と厳密性を同時に実現して，目的関連性と厳密性のジレンマを克服しようとする優れた枠組みである。

なお，最後に，ヘブナーは，3サイクル・モデルでは「環境」として認識していたものを，「社会技術システム・コンテキスト（外部環境）」と「直接的コンテキスト（内部環境）」に区分化して，「直接的コンテキスト（内部環境）」と「デザイン・サイエンス」との間で目的関連性サイクルを機能させて，情報システムが社会技術的システムとして時間的経過の中で動的なコンテキストの変化に対応するものであることを明確にする。そして，両コンテキストの間に変革と影響のサイクルの存在を明確にして，取引慣行や業界特性などの変革を創出するような積極的・能動的な環境適応を支援することも，デザイン・サイエンスとしての情報システム研究を構成する重要な要因であることを強調した。

しかし，このモデルは，若干の異論も存在するが，今後の経営情報論の論理的基盤の枠組みやガイドラインの構築，そして経営

情報論の具体的展開において重要な役割を担うと考えられる。また経営情報論の応用科学としての理論化の枠組みとして大いなる示唆を与えるであろう。

 練習問題

1 情報化に関わる研究と実践における技術決定論的アプローチの限界とともに，その有効な点あるいは長所を整理してみよう。

> **Hint** 技術決定論的アプローチの問題点を克服するために支持を得た社会構成主義，社会物質性アプローチへの批判や有効性を思い浮かべることによって逆説的に類推し，整理することができるだろう。

2 アジャイル開発法，DevOps などが，なぜ社会構成主義的，社会物質性アプローチのもとでのシステム設計・開発方法として評価できるのか。

> **Hint** 情報システムの利用プロセスは，設計・開発のプロセスとどのような関係にあるかを考えることによって整理することができよう。

3 システムの設計・開発とシステム利用プロセスを順序的に位置づけるウォーターフォール型のシステム設計方法論が妥当か否か，社会構成主義，社会物質性アプローチのもとで評価しなさい。

> **Hint** ウォーターフォール型設計方法論が，現実にはどのように実践されているかを振り返ってみよう。

4 なぜ物質的なものと人間的なものの「弱い関係性」を重視する社会物質性的アプローチであれば，情報現象の会計や理論の一般的定式化にとどまらず，情報化実践における設計・開発方法論の論理基盤としての可能性があるのか，論じてみよう。

Hint 「強い関係性」を重視するパラダイムと異なって，ICT の本質的機能特性をどのように扱っているかを理解することによって論述が可能となろう。

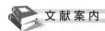 **文 献 案 内** REFERENCE

[1] 足立明 [2001]，「開発の人類学：アクター・ネットワーク論の可能性」『社会人類学年報』第 27 巻，1-33 頁。

●アクター・ネットワーク理論の特性と意味を日本語文献の中で最も平易に説明した論稿の 1 つといえる。

[2] 遠山曉 [2019]，「情報経営研究における社会物質的パースペクティブの可能性」『日本情報経営学会誌』第 39 巻 3 号，5-27 頁。

●なぜ，技術決定論から社会構成主義的・社会物質性アプローチに基づく情報化実践の研究に移行すべきかについて，かなり詳細な論文サーベイにより論述されている。

[3] 村田純一 [2009]，『技術の哲学』岩波書店。

●技術決定論的なアプローチになぜ問題があり，技術に関する社会構成主義的アプローチがなぜ妥当であるかについて，かなり平易に展開している。とくに「技術的なものは社会的に構成され，また社会的なものは技術的に構成される」という考え方を容易に理解することができる。

[4] 綾部広則 [2006]，「技術の社会的構成とは何か」『赤門マネジメント・レビュー』第 5 巻 1 号，1-18 頁。

●初期の社会構成主義的アプローチ，とくに技術の社会的構成 (SCOT: Social Construction of Technology)，アクター・ネットワーク論，システムズ・アプローチからなる社会技術アンサンブル (sociotechnical ensemble) について，じつに平易かつ簡潔に展開しており，社会構成主義の基盤を固めることができる。

⑤　古賀広志［2019］，「デザインサイエンス研究の系譜と課題」
『日本情報経営学会誌』第 38 巻 4 号，36-56 頁。

　●デザイン・サイエンスの成立から現段階までの議論の流れを丁寧に
総括して評価している。

⑥　Drechsler, A. and A. Hevner［2016］, "A Four-Cycle Model
of IS Design Science Research: Capturing the Dynamic Nature
of IS Artifact Design," *11th International Conference on
Design Science Research in Information Systems and Tech-
nology（DESRIST）2016*, pp. 1-8.

　●なぜ，デザイン・サイエンスの 3 サイクル・モデルを 4 サイクル・
モデルに再構成したか，その背景と理由が明快に掲示されている。

REFERENCE
参考文献一覧

○ **欧文文献**（アルファベット順）

Ackoff, R. L. [1958], "Towards a Behavioral Theory of Communication," *Management Science*, Vol. 4, No. 3, pp. 218–234.

Adriaans, P. and D. Zantinge [1996], *Data Mining*, Addison-Wesley.（山本英子・梅村恭司訳 [1998],『データマイニング』共立出版）

Allen, D. S. [1997], "Where's the Productivity Growth (from the Information Technology Revolution)?" *Federal Reserve Bank of St. Louis Review*, March/April, pp. 15–26.（http://www.stls.frb.org/publications/review）

Anderson, C. [2004], "The Long Tail," *Wired*, Issue 12.10.（http://www.wired.com/wired/archive/12.10/tail.html.）

Ansoff, H. I. [1965], *Corporate Strategy: An Analytic Approach to Business Policy for Growth and Expansion*, McGraw-Hill.（広田寿亮訳 [1969],『企業戦略論』産業能率短期大学出版部）

Anthony, R. N. [1965], *Planning and Control Systems: A Framework for Analysis*, Harvard University Press.（高橋吉之助訳 [1968],『経営管理システムの基礎』ダイヤモンド社）

Ashby, W. R. [1956], *An Introduction to Cybernetics*, Chapman & Hall.（篠崎武・山崎英三・銀林浩訳 [1967],『サイバネティクス入門』宇野書店）

Avison, D. E. and G. Fitzgerald [2006], "Information Systems Development," in W. Currie and B. Galliers (eds.), *Rethinking Management Information Systems: An Interdisciplinary Perspective*, Oxford University Press.

Baily, M. N. and R. J. Gordon [1988], "The Productivity Slowdown, Measurement Issues, and the Explosion of Computer Power," *Brookings Papers on Economic Activity*, No. 2, pp. 347–431.

Baker, G. [1997], "Anatomy of a Miracle," *Financial Times*, June 20th, p.17.

Barabási, A.- L. [2002], *Linked: The New Science of Networks*, Perseus.（青

木薫訳［2002］，『新ネットワーク思考：世界のしくみを読み解く』NHK
出版）

Barnard, C. I. [1938], *The Functions of the Executive*, Harvard
University Press. （山本安二郎・田杉競・飯野春樹訳[1968]，『新訳・経
営者の役割』ダイヤモンド社）

Barney, J. B. [1992], "Integrating Organizational Behavior and Strategy
Formulation Research: A Resource Based Analysis," in P. Shrivastava, A.
Huff, and J. Dutton (eds.), *Advances in Strategic Management: 39-62*. JAI
Press.

Barney, J. B. [2002], *Gaining and Sustaining Competitive Advantage*,
2nd ed., Prentice Hall. （岡田正大訳［2003］，『企業戦略論：競争優位の構
築と持続　上・中・下』ダイヤモンド社）

Bartlett, J. [2018], *The People Vs Tech: How the Internet Is Killing
Democracy (and How We Save It)*, Ebury Press. （秋山勝訳［2018］，『操
られる民主主義：デジタル・テクノロジーはいかにして社会を破壊する
か』草思社）

Battelle, J. [2005], *The Search: How Google and Its Rivals Rewrote the
Rules of Business and Transformed Our Culture*, Portfolio. （中谷和男訳
［2005］，『ザ・サーチ：グーグルが世界を変えた』日経BP出版センター）

Beauvoir, S. de [1949], *Le deuxième sexe*, Gallimard. （井上たか子・木村
信子監訳［1997］，『決定版 第二の性：〈1〉事実と神話』新潮社）

Becker, G. S. [1962], "Investment in Human Capital: A Theoretical
Analysis," *Journal of Political Economy*, Vol. 70, No. 5, Part 2, pp. 9-49.

Beer, S. [1972], *Brain of the Firm: A Development in Management
Cybernetics*, Herder and Herder. （宮沢光一監訳［1987］，『企業組織の頭
脳：経営のサイバネティックス』啓明社）

Beer, S. [1974], *Designing Freedom*, John Wiley. （宮沢光一・関谷章訳
[1981]，『管理社会と自由』啓明社）

Bell, D. [1964], "The Post-Industrial Society," in E. Ginzberg, (ed.),
Technology and Social Change, Columbia University Press.

Benbasat, I. and R. W. Zmud [1999], "Empirical Research in Information
Systems: The Practice of Relevance," *MIS Quarterly*, Vol. 23, No. 1, pp. 3-
16.

Benbasat, I. and R. W. Zmud [2003], "The Identity Crisis within the IS
Discipline: Defining and Communicating the Discipline's Core Properties,"
MIS Quarterly, Vol. 27, No. 2, pp.183-194.

Benbasat, I. and R. W. Zmud [2006], "Further Reflections on the Identity Crisis," in King, J. and L. K. Lyytinen (eds.), *Information Systems: The State of the Field*, John Wiely & Sons, pp. 300-306.

Best, D. P.(ed.) [1996], *The Fourth Resource: Information and Its Management*, Aslib/Gower.

Bockshecker, A., S. Hackstein, and U. Baumöl [2018], "Systematization of the Term Digital Transformation and its Phenomena from a Socio-technical Perspective: A Literature Review," 25th European Conference on Information Systems (ECIS). (https://aisel.aisnet.org/ecis2018_rp/43/)

Brynjolfsson, E. and L. Hitt [1995], "Information Technology as a Factor of Production: The Role of Differences among Firms," *Economics of Innovation and New Technology*, Vol. 3, No. 3-4, pp. 183-200.

Brynjolfsson, E. and L. Hitt [1996], "Paradox Lost? Firm-Level Evidence on the Returns to Information Systems Spending," *Management Science*, Vol. 42, No. 4, pp. 541-558.

Brynjolfsson, E. and L. Hitt [1997], "Computing Productivity: Are Computers Pulling Their Weight?" MIT and Wharton School Working Paper, September. (http://ccs. mit.edu/erik/cpg/)

Brynjolfsson, E. and L. Hitt [1998b], "Beyond the Productivity Paradox," *Communications of the ACM*, Vol. 41, No. 8, pp. 49-55.

Campbell-Kelly, M. and W. Aspray [1996], *Computer: A History of the Information Machine*, Basic Books.

Chaffee, E. E. [1985], "Three Models of Strategy," *Academy of Management Review*, Vol. 10, No. 1, pp. 89-98.

Chandler, A. D. Jr. [1962], *Strategy and Structure: Chapters in the History of the American Enterprise*, MIT Press. (三菱経済研究所訳 [1967], 『経営戦略と組織：米国企業の事業部制成立史』実業之日本社)

Checkland, P. [1981], *Systems Thinking, Systems Practice: Includes a 30-year Retrospective*, John Wiley & Sons. (高原康彦・中野文平監訳 [1985], 『新しいシステムアプローチ：システム思考とシステム実践』オーム社)

Checkland, P. [1985], "From Optimizing to Learning: A Development of Systems Thinking for the 1990s," *Journal of the Operational Research Society*, Vol. 36, No. 9, pp. 757-767.

Checkland, P. [2000], "Soft Systems Methodology: A Thirty Year

Retrospective," *Systems Research and Behavioral Science*, Vol. 17, No. S1, pp. S11-S58.

Checkland, P. and S. Holwell [1998], *Information, Systems and Information Systems: Making Sense of the Field*, John Wiley & Sons.

Checkland, P. and J. Scholes [1990], *Soft Systems Methodology in Action*, John Wiley & Sons.（妹尾堅一郎監訳 [1994],『ソフト・システムズ方法論』有斐閣）

Chesbrough, H. W. [2003], *Open Innovation: The New Imperative for Creating and Profiting from Technology*, Harvard Business School Press.（大前恵一朗訳 [2004],『OPEN INNOVATION：ハーバード流イノベーション戦略のすべて』産業能率大学出版部）

Chesbrough, H. W. [2006], *Open Business Models: How to Thrive in the New Innovation Landscape*, Harvard Business School Press.（栗原潔訳 [2007],『オープンビジネスモデル：知財競争時代のイノベーション』翔泳社）

Chesbrough, H. W. [2011], "Everything You Need to Know about Open Innovation"（https://www.forbes.com/sites/henrychesbrough/2011/03/21/everything-you-need-to-know-about-open-innovation/?sh=2f60a35175f4〔2021年2月19日〕）

Child, J. [1972], "Organizational Structure, Environment and Performance: The Role of Strategic Choice," *Sociology*, Vol. 6, No. 1, pp. 1-22.

Christensen, C. M. [2000], *The Innovator's Dilemma: When New Technologies Cause Great Firms to Fail*, Harvard Business School Press.（伊豆原弓訳 [2001],『イノベーションのジレンマ』翔泳社）

Christensen, C. M. and M. E. Raynor [2003], *The Innovator's Solution: Creating and Sustaining Successful Growth*, Harvard Business School Press.（櫻井祐子訳 [2003],『イノベーションへの解』翔泳社）

Churchman, C. W. [1968; 1979], *The Systems Approach*, Delacorte Press, Revised ed. Delta.

Coase, R. H. [1937], "The Nature of the Firm," *Economica*, Vol. 4, No. 16, pp. 386-405.

Collab.net VersionOne [2018], "12th Annual State of Agile Report"（https://explore.versionone.com/state-of-agile/versionone-12th-annual-state-of-agile-report?_ga=2.213355476.1741534005.1578567616-1587870967.1578567616）

Congdon, C., D. Flynn, and M. Redman [2014], "Balancing 'We' and 'Me': The Best Collaborative Space Also Support Solitude," *Harvard Business*

Review, Vol. 92, No. 10, pp. 50-57.

Connell, J. J. [1981], "The Fallacy of Information Resource Management," *Infosystems*, Vol. 28, No. 5, pp. 78-84.

Crowston, K. and T. W. Malone [1994], "Information Technology and Work Organization," in Allen, T. J. and M. S. Scott Morton (eds.), *Information Technology Corporation of the 1990s: Research Studies*, Oxford University Press, pp. 249-275. (富士総合研究所訳 [1995],「情報技術の企業組織へのインパクト」『アメリカ再生の「情報革命」マネジメント：MIT の新世紀企業マネジメント・レポートに学ぶ』白桃書房，所収)

Daft, R. L. and R. H. Lengel [1986], "Organizational Information Requirements, Media Richness and Structural Design," *Management Science*, Vol. 32, No. 5, pp. 554-571.

Date, C. J. [1990], *An Introduction to Database Systems*, Vol.1 (5th ed.), Addison-Wesley.

Davenport, T. H. [1993], *Process Innovation: Reengineering Work through Information Technology*, Harvard Business School Press. (卜部正夫ほか訳 [1994],『プロセス・イノベーション：情報技術と組織変革によるエンジニアリング実践』日経 BP 出版センター)

Davenport, T. H. [2014], *Big Data at Work: Dispelling the Myths, Uncovering the Opportunities*, Harvard Business Review Press.

Davenport, T. H., J. G. Harris, and R. Morison, [2010], *Analytics at Work: Smarter Decisions, Better Results*, Harvard Business Press. (村井章子訳 [2011],『分析力を駆使する企業：発展の5段階』日経 BP 社)

Davenport, T. H. and D. J. Patil [2012], "Data Scientist: The Sexist Job of the 21st Century," *Harvard Business Review*, Vol. 90, No. 10, pp. 70-76.

Dearden, J. [1972], "MIS is Mirage," *Harvard Business Review*, Vol. 50, No.1, pp. 90-99.

DeGeorge, R. T. [1999], *Business Ethics*, 5th ed., Prentice Hall.

Dixson, N. [2000], *Common Knowledge: How Companies Thrive by Sharing What They Know*, Harvard Business School Press.

Doherty, N. F., C. Ashurst, and J. Peppard, [2012], "Factors Affecting the Successful Realisation of Benefits from Systems Development Projects: Findings from Three Case Sturies," *Journal of Information Technology*, Vol. 27, No.1, pp. 1-16.

Drechsler, A. and A. Hevner [2016], "A Four-Cycle Model of IS Design Science Research: Capturing the Dynamic Nature of IS Artifact

Design," *11th International Conference on Design Science Research in Information Systems and Technology* (*DESRIST*) *2016*, pp.1–8.

Drucker, P. F. [1969], *The Age of Discontinuity: Guidlines to Our Changing Society*, Harper & Row. (林雄二郎訳 [1969], 『断絶の時代：来たるべき知識社会の構想』ダイヤモンド社)

Drucker, P. F. [1993], *Post-capitalist Sciety*, 1st ed., HarperBusiness. (上田惇生・佐々木実智男・田代正美訳 [1993], 『ポスト資本主義社会：21世紀の組織と人間はどう変わるか』ダイヤモンド社)

Duhigg, C. [2012], *The Power of Habit: Why We Do What We Do in Life and Business*, Random House. (渡会圭子訳 [2013], 『習慣の力』講談社)

Eisenhardt, K. M. and J. A. Martin [2000], "Dynamic Capabilities: What Are They?" *Strategic Management Journal*, Vol. 21, No. 10–11, pp.1105–1121.

Evans, P. and T. S. Wurster [1999], *Blown to Bits: How the New Economics of Information Transforms Strategy*, Harvard Business School Press. (ボストン・コンサルティング・グループ訳 [1999], 『ネット資本主義の企業戦略：ついに始まったビジネス・デコンストラクション』ダイヤモンド社)

Feenberg, A. [1991], *Critical Theory of Technology*, Oxford University Press. (藤本正文訳 [1995], 『技術：クリティカル・セオリー』法政大学出版局)

Forester, T. and P. Morrison [1994], *Computer Ethics: Cautionary Tales and Ethical Dilemmas in Computing*, 2nd ed., MIT Press.

Frey, C. B. and M. A. Osborne [2013], "The Future of Employment: How Susceptible Are Jobs to Computerisation?" (https://www.oxfordmartin.ox.ac.uk/downloads/academic/The_Future_of_Employment.pdf.)

Friedman, S. D., P. Christensen, and J. DeGroot [1998], "Work and Life: The End of the Zero-Sum Game," *Harvard Business Review*, Vol. 76, No. 6, pp. 119–129.

Gallagher, J. D. [1961], *Management Information Systems & the Computer*, The American Management Association. (岸本英八郎訳 [1967], 『MIS：マネジント・インフォメーション・システム』日本経営出版会)

Gandy, O. H. Jr. [1993], *Panoptic Sort: A Political Economy of Personal Information*, Westview. (江夏健一監訳・IBI 国際ビジネス研究センター訳 [1997], 『個人情報と権力：統括選別の政治経済学』同文舘出版)

Gause, D. C. and G. M. Weinberg [1982], *Are Your Lights on?: How to Figure Out What the Plobrem Really Is*, Winthrop Publishers. (木村泉訳 [1987], 『ライト, ついてますか：問題発見の人間学』共立出版)

Gibbs, W. W. [1997], "Taking Computers to Task," *Scientific American*, Vol. 277, No. 1, pp. 82-89.

Giddens, A. [1976], *New Rules of Sociological Method: A Positive Critique of Interpretative Sociologies*, Century Hutchinson, (2nd ed., 1993). (松尾精文・藤井達也・小幡正敏訳 [1998], 『社会学の新しい方法規準：理解社会学の共感的批判』而立書房, 〔第2版, 2000年〕)

Gillin, P. (ed.) [1994], "Productivity Payoff: 100 Most Effective Users of Information Technology," *Computerworld*, September 19th, Section 2, pp. 4-45.

Gleason, D. H. [1999], "Subsumption Ethics," *Computers and Society*, Vol. 29, No. 1, pp. 29-36.

Goldman, S. L., R. N. Nagel, and K. Preiss [1995], *Agile Competitors and Virtual Organizations: Strategies for Enriching the Customer*, Van Nostrand Reinhold. (野中郁次郎監訳・紺野登訳 [1996], 『アジルコンペティション：「速い経営」が企業を変える』日本経済新聞社)

Gorry, G. A. and M. S. Scott Morton [1971], "A Framework for Management Information Systems," *Sloan Management Review*, Vol. 13, No.1, pp. 55-70.

Gotterbarn, D., K. W. Miller, and S. Rogerson [1999], "Software Engineering Code of Ethics Is Approved," *Communications of the ACM*, Vol. 42, No. 10, pp. 102-107.

Hamel, G. and C. K. Prahalad [1994], *Competing for the Future*, Harvard Business School Press. (一條和生訳 [1995], 『コア・コンピタンス経営：大競争時代を勝ち抜く戦略』日本経済新聞社)

Hammer, M. and J. Champy [1993], *Reengineering the Corporation: A Manifesto for Business Revolution*, Harper Business. (野中郁次郎監訳 [1993], 『リエンジニアリング革命：企業を根本から変える業務革新』日本経済新聞社)

Handy, C. [1995], "Trust and the Virtual Organization," *Harvard Business Review*, Vol. 73, No. 3, pp. 40-47.

Hansen, M. T., N. Nohria, and T. Tierney [1999], "What's Your Strategy for Managing Knowledge?" *Harvard Business Review*, Vol. 77, No. 2, pp. 106-116.

Hegel Ⅲ, J. and M. Singer [1999], "Unbundling the Corporation," *Harvard Business Review*, Vol. 77, No. 2, pp. 133–141.（中島由利訳 [2000]，「アンバンドリング：大企業が解体されるとき」『DIAMOND ハーバード・ビジネス・レビュー』4–5 月号，11–24 頁）

Hevner, A. R., S. T. March, J. Park, and S. S. Ram [2004], "Design Science in Information Systems Research," *MIS Quarterly*, Vol. 28, No. 1, pp. 75–105.

Hippel, E. von. [1988], *The Sources of Innovation*, Oxford University Press.（榊原清則訳 [1991]，『イノベーションの源泉：真のイノベーターはだれか』ダイヤモンド社）

Hochschild, Arlie [1997], *The Time Bind: When Work Becomes Home and Home Becomes Work*, Metropolitan Books.（坂口緑・中野聡子・両角道代訳 [2012]，『タイム・バインド：働く母のワークライフバランス』明石書店）

Hochschild, Arlie and Anne Machung [1989], *The Second Shift: Working Parents and the Revolution at Home*, Viking.（田中和子訳 [1990]，『セカンド・シフト：アメリカ 共働き革命のいま』朝日新聞社）

Inmon, W. H., J. D. Welch, and K. L. Glassey [1997], *Managing the Data Warehouse*, John Wiley & Sons.

ISACA/ITGI [2012], "COBIT 5 - A Business Framework for the Governance and Management of Enterprise IT"（http://www.isaca.org/COBIT/Pages/COBIT-5-japanese.aspx）

ISACA/ITGI [2018], *COBIT 2019 Framework: Introduction and Methodology*, ISACA.

Jackson, M. C. and P. Keys [1984], "Towards a System of Systems Methodologies," *Journal of the Operational Research Society*, Vol. 35, No. 6, pp. 473–486.

Janis, I. L. [1972], *Victims of Groupthink: A Psychological Study of Foreign-Policy Decisions and Fiascoes*, Houghton Mifflin.

Johnson, D. G. [1985], "Equal Access to Computing, Computing Expertise, and Decision Making about Computers," *Business & Professional Ethics Journal*, Vol. 4, No. 3–4, pp. 95–104.

Johnson, D. G. [2001], *Computer Ethics*, 3rd ed., Prentice Hall.（水谷雅彦・江口聡監訳 [2002]，『コンピュータ倫理学』オーム社）

Kaiser, B. [2019], *Targeted: My Inside Story of Cambridge Analytica and How Trump, Brexit and Fasebook Broke Democracy*, HarperCollins.（染

田屋茂ほか訳［2019］,『告発：フェイスブックを揺るがした巨大スキャンダル』ハーパーコリンズ・ジャパン)

Katz, R. L. [1955], "Skills of an Effective Administrator," *Harvard Business Review*, Vol. 33, No. 1, pp. 33-42.

Keen, P. G. W. [1980], "MIS Research: Reference Disciplines and a Cumulative Tradition," in McLean, E. (eds.). *Proceedings of the First International Conference on Information System*, pp. 9-18.

Keen, P. G. W. [1987], "MIS Research: Current Status, Trends and Needs," in R. A. Buckingham, R. A. Hirschheim, F. F. Land, and C. I. Tully (eds.), *Information Systems Education: Recommendations and Implementation*, Cambridge University Press, pp. 1-13.

Keen, P. G. W. [1991], "Relevance and Rigor in Information Systems Research: Improving Quality, Confidence, Cohesion and Impact," in H. E. Nissen, H. K. Klein, and R. Hirschheim (eds.), *Information Systems Research: Contemporary Approaches and Emergent Traditions*, North-Holland, pp. 27-49.

Keen, P. G. W. [1997], *The Process Edge: Creating Value Where It Counts*, Harvard Business School Press.

Keen, P. G. W. and M. McDonald [2000], *The eProcess Edge: Creating Customer Value and Business Wealth in the Internet Era*, McGraw-Hill. (仙波孝康ほか監訳・沢崎冬日訳［2001］,『バリュー・ネットワーク戦略：顧客価値創造のeリレーションシップ』ダイヤモンド社)

Keen, P. G. W. and M. S. Scott Morton [1978], *Decision Support Systems: An Organizational Perspective*, Addison-Wesley.

Kelly, C. [2018] "Agile and DevOps (and BizDevOps)" (https://www.blueprintsys.com/agile-development-101/agile-and-devops)

Kizza, J. M. [1997], *Ethical and Social Issues in the Information Age*, Springer-Verlag. (大野正英・永安幸正監訳［2001］,『IT社会の情報倫理』日本経済評論社)

Kuechler, B. and V. Vaishnavi, [2008], "On Theory Development in Design Science Research: Anatomy of a Research Project," *European Journal of Information Systems*; Vol. 17, No. 5, pp. 489-504.

Laudon, K. C. and J. P. Laudon [2000], *Management Information Systems: Organization and Technology in the Networked Enterprise*, 6th ed., Prentice Hall.

Lave, J. and E. Wenger [1991], *Situated Learning: Legitimate Peripheral*

Participation, Cambridge University Press. (佐伯胖訳 [1993]，『状況に埋め込まれた学習：正当的周辺参加』産業図書)

Leonard-Barton, D. [1992], "Core Capabilities and Core Rigidities: A Paradox in Managing New Product Development," *Strategic Management Journal*, Vol. 13, No. S1, pp. 111–125.

Leonardi, P. M. [2009], "Crossing the Implementation Line: The Mutual Constitution of Technology and Organizing Across Development and Use Activities," *Communication Theory*, Vol. 19, No. 3, pp. 278–310.

Leonardi P. M. [2012a], "Materiality, Sociomateriality, and Socio-Technical Systems: What Do These Terms Mean? How Are They Different? Do We Need Them?" in P. M. Leonardi, B. A. Nardi, and J. Kallinikos (eds.), *Materiality and Organizing: Social Interaction in a Technological World*, Oxford University Press, pp. 25–48.

Leonardi, P. M. [2012b], *Car Crashes Without Cars: Lessons About Simulation Technology and Organizational Change from Automotive Design*, MIT Press.

Leonardi P. M. [2013], "Theoretical Foundations for the Study of Sociomateriality," *Information and Organization*, Vol. 23, No. 2, pp. 59–76.

Leonardi, P. and T. Neeley [2017], "What Managers Need to Know about Social Tools," *Harvard Business Review*, Vol. 95, No. 6, pp. 118–126.

Levine, R., C. Locke, D. Searls, and D. Weinberger [2000], *The Cluetrain Manifesto: The End of Business as Usual*, Perseus. (倉骨彰訳 [2001]，『これまでのビジネスのやり方は終わりだ：あなたの会社を絶滅恐竜にしない95の法則』日本経済新聞社)

Levinthal, D. A. and J. G. March [1993], "The Myopia of Learning," *Strategic Management Journal*, Vol. 14, No. S2, pp. 95–112.

Levitt, B. and J. G. March [1988], "Organizational Learning," *Annual Review of Sociology*, Vol. 14, pp. 319–338.

Lewicki, R. J. and B. B. Bunker [1996], "Developing and Maintaining Trust in Work Relationships," in R. M. Kramer and T. R. Tyler (eds.), *Trust in Organizations: Frontiers of Theory and Research*, Sage, pp. 114–139.

Luna-Reyes, L. F., J. Zhang, J. R., Gil-Garcia, and A. M. Cresswell [2005], "Information Systems Development as Emergent Socio-technical Change: A Practice Approach," *European Journal of Information Systems*, Vol. 14, No. 1, pp. 93–105.

Lyon, D. [2001], *Surveillance Society: Monitoring Everyday Life*, Open University Press. (河村一郎訳 [2002]，『監視社会』青土社)

Malone T. W. and R. J. Laubacher [1998], "The Dawn of the E-lance Economy," *Harvard Business Review*, Vol. 76, No. 5, pp. 144–152.

Mandel, M. et al. [1997], "How Long Can This Last?" *Business Week*, May 19th, pp. 38–42.

Mandel, M. J. [2000], *The Coming Internet Depression: Why the High-Tech Boom Will Go Bust, Why the Crash Will be Worse Than You Think, and How to Prosper Afterward*, Basic Books. (石崎昭彦訳 [2001]，『インターネット不況』東洋経済新報社)

Manyika, J., M. Chui, B. Brown, J. Bughin, R. Dobbs, C. Roxburgh, and A. Hung Byers [2011], *Big Data : The Next Frontier for Innovation, Competition, and Productivity*, McKinsey Global Institute.

March, J. G. [1991], "Exploration and Exploitation in Organizational Learning," *Organization Science*, Vol. 2, No. 1, pp. 71–87.

March J. G. and H. A. Simon [1958 ; 1993], *Organizations*. 1st ed. John Wiley & Sons; 2nd ed. Blackwell. (初版の訳：土屋守章訳 [1977]，『オーガニゼーションズ』ダイヤモンド社，第2版の訳：高橋伸夫訳 [2014]，『オーガニゼーションズ：現代組織論の原典』ダイヤモンド社)

Markus, M. L. and D. Robey [1988], "Information Technology and Organizational Change: Causal Structure in Theory and Research," *Management Science*, Vol. 34, No. 5, pp. 583–598.

Marshall, C. [2000], *Enterprise Modeling with UML: Designing Successful Software through Analysis*, Adisson-Wesley. (児玉公信監訳 [2001]，『企業情報システムの一般モデル：UML によるビジネス分析と情報システムの設計』ピアソンエデュケーション)

Martin, J. and J. J. Odell [1992], *Object-Oriented Analysis and Design*, Prentice Hall.

Mason, R. O. [1986], "Four Ethical Issues of the Information Age," *MIS Quarterly*, Vol. 10, No. 1, pp. 5–12.

Mason, R. O., F. M. Mason, and M. J. Culnan [1995], *Ethics of Information Management*, Sage. (坂野友昭監訳 [1998]，『個人情報の管理と倫理』敬文堂)

Mayer-Schönberger, V. and K. Cukier [2013], *Big Data: A Revolution That Will Transform How We Live, Work and Think*, John Murray. (斎藤栄一郎訳 [2013]，『ビッグデータの正体：情報の産業革命が世界のすべてを変

える』講談社）

McCall, M. W. [1998], *High Flyers: Developing the Next Generation of Leaders*, Harvard Business Review Press.（金井壽宏監訳 [2002]，『ハイフライヤー：次世代リーダーの育成法』プレジデント社）

McDonough, A. M. [1963], *Information Economics and Management Systems*, McGraw-Hill.

Mclean, N. [1992], *Young Man and Fire*, University of Chicago Press.（水上峰雄訳 [1997]，『マクリーンの渓谷：若きスモークジャンパー（森林降下消防士）たちの悲劇』集英社）

McLeod, R. Jr. and G. Schell [2001], *Management Information Systems*, Prentice Hall.

Mintzberg, H. [1987], "The Strategy Concept Ⅱ: Another Look at Why Organizations Need Strategies," *California Management Review*, Vol. 30, No. 1, pp. 25-32.

Moor, J. H. [1985], "What Is Computer Ethics?" *Metaphilosophy*, Vol.16, No. 4, pp. 266-275.

Moore, J. F. [1993], *Predators and Prey: A New Ecology of Competition*, Harvard Business Review, Vol. 71, No. 3, pp. 75-86.（坂本義実訳 [1993]，「企業"生態系"4つの発展段階：エコロジーから企業の競争をみる」『DIAMONDハーバード・ビジネス・レビュー』9月号，4-17頁）

Moore, J. F. [1996], *The Death of Competition: Leadership and Strategy in the Age of Business Ecosystems*, John & Wiley Sons.

Moore, J. F. [2006], "Business Ecosystems and the View from the Firm," *The Antitrust Bulletin*, Vol. 51, No. 1, pp. 31-75.

Moscovici, S. and M. Zavalloni [1969], "The Group as a Polarizer of Attitudes," *Journal of Personality and Social Psychology*, Vol. 12, No. 2, pp. 125-135.

Murata, K. [2013], "Construction of an Appropriately Professional Working Environment for IT Professionals: A Key Element of Quality IT-Enabled Services," in S. Uesugi (ed.), *IT Enabled Services*, Springer, pp. 61-75.

Myers, C. A. (ed.) [1967], *The Impact of Computers on Management*, MIT Press.（高宮晋・石原善太郎訳 [1969]，『コンピュータ革命：経営管理への衝撃』日本経営出版会）

Nissenbaum, H. [1996], "Accountability in a Computerized Society," *Science and Engineering Ethics*, Vol. 2, No. 1, pp. 25-42.

Nonaka, I. and H. Takeuchi [1995], *The Knowledge-Creating Company:*

How Japanese Companies Create the Dynamics of Innovation, Oxford University Press.（梅本勝博訳［1996］，『知識創造企業』東洋経済新報社）

Noonan, Mary C. and Jennifer L. Glass［2012］, "The Hard Truth about Telecommuting," *Monthly Labor Review*, June, pp. 38-45.

Olle, T. W. et al.［1991］, *Information Systems Methodologies: A Framework for Understanding*, 2nd ed., Addison-Wesley.

Oram, A. (ed.)［2001］, *Peer-to-Peer: Harnessing the Power of Disruptive Technologies*, O'Reilly.

O'Reilly, C. A. Ⅲ and M. L. Tushman［2016］, *Lead and Disrupt: How to Solve the Innovator's Dilemma*, Stanford University Press.（入山章栄監訳・渡部典子訳［2019］，『両利きの経営：「二兎を追う」戦略が未来を切り拓く』東洋経済新報社）

O'Reilly, T.［2005］, "What Is Web 2.0: Design Patterns and Business Models for the Next Generation of Software"（http://www.oreillynet. com/pub/a/oreilly/tim/news/2005/09/30/what-is-web-20.html）

Orito, Y.［2011］, "The Counter-Control Revolution: 'Silent Control' of Individuals through Dataveillance Systems," *Journal of Information, Communication and Ethics in Society*, Vol. 9, No. 1, pp. 5-19.

Orlikowski, W. J.［1992］, "The Duality of Technology: Rethinking the Concept of Technology in Organizations," *Organization Science*, Vol. 3, No. 3, pp. 398-427.

Orlikowski, W. J.［1996］, "Improvising Organizational Transformation Over Time: A Situated Change Perspective," *Information Systems Research*, Vol. 7, No. 1, pp. 63-92.

Orliokwski, W. J.［2007］, "Sociomaterial Practices: Exploring Technology at Work," *Organization Studies*, Vol. 28, No. 9. pp. 1435-1448.

Orlikowski W. J. and D. Robey［1991］, "Information Technology and the Structuring of Information Systems Research," *Information Systems Research*, Vol. 2, No. 2, pp. 143-169.

Oz, E.［1994］, *Ethics for the Information Age*, Business and Educational Technologies.

Panorama Consulting Solutions［2016］, "2016 ERP Report"（https:// www.panorama-consulting. com /wp-content/uploads/2016/07/2016-ERP-Report-2.pdf）

Pasquale, F.［2015］, *The Black Box Society: The Secret Algorithms That Control Money and Information*, Harvard University Press.

Pfeffer, J. and G. R. Salancik [1978], *The External Control of Organization: A Resource Dependence Perspective*, Harper & Row.

Pfeffer, J. and R. I. Sutton [2000], *The Knowing-Doing Gap: How Smart Companies Turn Knowledge into Action*, Harvard Business School Press.

Pinch, T. J. and W. E. Bijker [1984], The Social Construction of Facts and Artifacts: Or How the Sociology of Science and the Sociology of Technology might Benefit Each Other, in Bijker and Pinch (eds.), *Social Construction of Technological Systems*, MIT Press, pp. 17-50.

Porter, M. E. [1980], *Competitive Strategy: Techniques for Analyzing Industries and Competitions*, Free Press.（土岐坤・中辻萬治・服部照夫訳 [1982],『競争の戦略』ダイヤモンド社）

Porter, M. E. [1985], *Competitive Advantage: Creatubg and Sustaining Superior Performance*, Free Press.（土岐坤・中辻萬治・小野寺武夫訳 [1985],『競争優位の戦略：いかに高業績を持続させるか』ダイヤモンド社）

Porter, M. E. [2001], "Strategy and the Internet," *Harvard Business Review*, Vol. 79, No. 3, pp. 63-78.（藤川佳則監訳・沢崎冬日訳 [2001],「戦略の本質は変わらない」『DIAMONDハーバード・ビジネス・レビュー』5月号, 52-77頁）

Porter, M. E. and J. E. Heppelmann [2014], "How Smart, Connected Products are Transforming Competition," *Harvard Business Review*, Vol. 92, No. 11, pp. 64-88.

Ryle, G. [1949], *The Concept of Mind*, University of Chicago Press.（坂本百大・井上治子・服部裕幸訳 [1987],『心の概念』みすず書房）

Sampler, J. L. [1996], "Exploring the Relationship between Information Technology and Organizational Structure,"in M. J. Earl (ed.), *Information Management: The Organizational Dimension*, Oxford University Press.

Schumpeter, J. A. [1934], *The Theory of Economic Development: An Inquiry into Profits, Capital, Credit, Interest and the Business Cycle*, Harvard University Press.（塩野谷祐一・東畑精一・中山伊知郎訳 [1977],『経済発展の理論：企業者利潤・資本・信用・利子および景気の回転に関する一研究 上・下』岩波書店）

Selinker, L. [1985], "Review Article (Part One of Two)," *Language Learning*, Vol. 35, No. 4, pp. 567-584.

Shapiro, A. L. [1999], *The Control Revolution: How the Internet Is Putting*

Individuals in Charge and Changing the World We Know, PublicAffairs.

Shapiro, C. and H. R. Varian ［1998］, *Information Rules: A Strategic Guide to the Network*, Harvard Business School Press.（千本倖生監訳・宮本喜一訳［1999］,『ネットワーク経済の法則：アトム型産業からビット型産業へ…変革期を生き抜く72の指針』IDG コミュニケーションズ）

Simon, H. A. ［1947］, *Administrative Behavior: A Study of Decision-Making Process in Administrative Organization*, Macmillan.（松田武彦・高柳暁・二村敏子訳［1965］,『経営行動』ダイヤモンド社）

Simon, H. A. ［1957；1997］, Administrative Behavior: A Study of Decision-Making Processes in Administrative Organizations, Macmillan, 4th ed. Free Press（第4版の訳：二村敏子ほか訳［2009］,『新版経営行動：経営組織における意思決定過程の研究』ダイヤモンド社）

Simon, H. A. ［1960］, *The New Science of Management Decision*, Harper & Row.（宮城浩祐・椙岡良之訳［1964］,『コンピューターと経営』日本生産性本部）

Simon, H. A. ［1977］, *The New Science of Management Decision*, Prentice Hall.（稲葉元吉・倉井武夫訳［1979］,『意思決定の科学』産業能率大学出版部）

Sprague, R. H. Jr. and E. D. Carlson ［1982］, *Building Effective Decision Support Systems*, Prentice Hall.（倉谷好郎・土岐大介訳［1986］,『意思決定支援システム DSS：実効的な構築と運営』東洋経済新報社）

Sproull, L. and S. Kiesler ［1991］, *Connections: New Ways of Working in the Networked Organization*, MIT Press.（加藤丈夫訳［1993］,『コネクションズ：電子ネットワークで変わる社会』アスキー）

Stalk, G. Jr. ［1988］, "Time: The Next Source of Competitive Advantage," *Harvard Business Review*, Vol. 66, No. 4, pp. 41-51.

Stalk, G., P. Evans, and L. E. Shulman ［1992］, "Competing on Capabilities: The New Rules of Corporate Strategy," *Harvard Business Review*, Vol. 70, No. 2, pp. 57-69.

Stalk, G. Jr. and T. M. Hout ［1990］, *Competing Against Time*: *How Time-Based Competition is Reshaping Global Markets*, Free Press.（中辻萬治・川口恵一訳［1993］,『タイムベース競争戦略：競争優位の新たな源泉時間』ダイヤモンド社）

Standish Group ［2015］, "2015 Chaos Report"（https://www.infoq.com/articles/standish-chaos-2015）

Strassmann, P. A. ［1990］, *The Business Value of Computers: A Executive*

Guid, The Information Economics Press.（末松千尋訳［1994］，『コンピュータの経営価値：情報化投資はなぜ企業の収益向上につながらないのか』日経BP出版センター）

Strassmann, P. A. [1995], "Productivity is the Measure of Success," *Computerworld*, October 23rd, p. 97.

Strassmann, P. A. [1997], *The Squandered Computer*, The Information Economics Press.

Teece D. J. [2007], "Explicating Dynamic Capabilities: The Nature and Microfoundations of (Sustainable) Enterprise Performance," *Strategic Management Journal*, Vol. 28, No. 13, pp. 1319-1350.

Teece, D. J., G. Pisano, and A. Shuen [1997], "Dynamic Capabilities and Strategic Management," *Strategic Management Journal*, Vol. 18, No. 7, pp. 509-533.

Useem, M. [1998], *The Leadership Moment: Nine True Stories of Triumph and Disaster and Their Lessons for Us All*, Time Business (Random House).（鈴木主税訳［1999］，『九つの決断：いま求められている「リーダーシップ」とは』光文社）

Utterback, J. M. [1994], *Mastering the Dynamics of Innovation*, Harvard Business School Press.（大津正和・小川進監訳［1998］，『イノベーション・ダイナミクス：事例から学ぶ技術戦略』有斐閣）

Varian, H. [2009], "Hal Varian on How the Web Challenges Managers," *McKinsey Quarterly*.

von Bertalanffy, L. [1968], *General System Theory: Foundations, Development, Applications*, George Braziller.（長野敬・太田邦昌訳［1973］，『一般システム理論：その基礎・発展・応用』みすず書房）

von Hippel, E. [1988], *The Sources of Innovation*, Oxford University Press.（榊原清則訳［1991］，『イノベーションの源泉：真のイノベーターはだれか』ダイヤモンド社）

von Hippel, E. [2005], *Democratizing Innovation*, MIT Press.（サイコム・インターナショナル監訳［2005］，『民主化するイノベーションの時代：メーカー主導からの脱皮』ファーストプレス）

von Hippel, E. [2017], *Free Innovation*, MIT Press.（鷲田祐一監訳・古江奈々美・北浦さおり訳［2019］，『フリーイノベーション』白桃書房）

Waber, B., J. Magnolfi, and G. Lindsay [2014], "Workspaces that Move People," *Harvard Business Review*, Vol. 92, No. 10, pp. 68-77.

Walton, R. E. [1989], *Up and Running: Integrating Information*

Technology and the Organization, Harvard Business School Press.（髙木晴夫訳［1993］,『システム構築と組織整合：「事例研究」SIS が創る参画のマネジメント』ダイヤモンド社）

Wegner, D. M., R. Erber, and P. Raymond［1991］, "Transactive Memory in Close Relationships," *Journal of Personality and Social Psychology*, Vol. 61, No. 6, pp. 923-929.

Wegner, E., R. A. McDermott, and W. Snyder［2002］, *Cultivating Communities of Practice: A Guide to Managing Knowledge*, Harvard Business School Press.（櫻井祐子訳［2002］,『コミュニティ・オブ・プラクティス』翔泳社）

Weick, K. E.［1969］, The Social Psychology of Organizing, Addison-Wesley.（金児曉嗣訳［1980］,『組織化の心理学：現代心理学の動向』誠信書房）

Wenger, E.［1999］, *Communities of Practice: Learning, Meaning, and identity*, Cambridge University Press.

Wenger, E., R. A. McDermott, and W. Snyder［2002］, *Cultivating Communities of Practice: A Guide to Managing Knowledge*, Harvard Business School Press.（櫻井祐子訳［2002］,『コミュニティ・オブ・プラクティス：ナレッジ社会の新たな知識形態の実践』翔泳社）

Williamson, O. E.［1975］, *Markets and Hierarchies: Analysis and Antitrust Implications*, Free Press.（浅沼萬里・岩崎晃訳［1980］,『市場と企業組織』日本評論社）

Wiseman, C.［1988］, *Strategic Information Systems*, Richard D. Irwin.（土屋守章・辻新六訳［1989］,『戦略的情報システム：競争戦略の武器としての情報技術』ダイヤモンド社）

Woodward, J.［1965］, *Industrial Organizations: Theory and Practice*, Oxford University Press.（矢島鈞次・中村壽雄訳［1970］,『新しい企業組織：原点回帰の経営学』日本能率協会）

Yadon, D.［2014］, "Heartbleed Bug's 'Voluntary' Origins: Internet Security Relies on a Small Team of Coders, Most of Them Volunteers; Flaw Was a Fluke," *Wall Street Journal*, 11 April.（https://www.wsj.com/articles/programmer-says-flub-not-ill-intent-behind-heartbleed-bug-1397225513?tesla=y［2020 年 9 月 20 日アクセス］）

Yates, J. and W. J. Orlikowski［1992］, "Genres of Organizational Communication: A Structurational Approach to Studying Communication and Media," *Academy of Management Review*, Vol. 17, No. 2, pp. 299-326.

Zuboff, S. [1985], "Automate/Informate: The Two Faces of Intelligent Technology," *Organization Dynamics*, Vol. 4, No.2, pp. 5–18.

Zuboff, S. [1988], *In the Age of the Smart Machine: The Future of Work and Power*, Basic Books.

Zuboff, S. [2015], "Big Other: Surveillance Capitalism and the Prospects of an Information Civilization," *Journal of Information Technology*, Vol. 30, No. 1, pp. 75–89.

Zuboff, S. [2019], *The Age of Surveillance Capitalism: The Fight for a Human Future at the New Frontier of Power*, Profile Books.

○ **邦文文献**（50 音順，各章末の「文献案内」以外の文献をあげた）

アダムス，A. A.（村田潔訳）[2014]，「情報倫理研究の最前線 [3]：負担なきところにクオリティの恵みは訪れる」『経営情報学会誌』第 23 巻 1 号，66–69 頁。

生田久美子 [1987]，『「わざ」から知る』東京大学出版会（新版 [2007]）。

伊丹敬之 [1999]，『場のマネジメント：経営の新パラダイム』NTT 出版。

伊丹敬之 [2005]，『場の論理とマネジメント』東洋経済新報社。

伊丹敬之・加護野忠男 [1989]，『ゼミナール経営学入門』日本経済新聞社。

今井賢一・金子郁容 [1988]，『ネットワーク組織論』岩波書店。

圓川隆夫・伝田晴久・城戸俊二 [1995]，『CALS の実像：21 世紀に生き残るためのビジネス・インフラストラクチャー』日経 BP 出版センター。

小笠原泰・小野寺清人 [2002]，『CNC ネットワーク革命：IT の向こうに何があるか』東洋経済新報社。

岡田仁志 [2018]，『決定版　ビットコイン&ブロックチェーン』東洋経済新報社。

金井壽宏 [2002]，『「はげまし」の経営学』宝島社。

経済産業省 [2018]，「デジタルトランスフォーメーションを推進するためのガイドライン（DX 推進ガイドライン）Ver. 1.0」（https://www.meti.go.jp/press/2018/12/20181212004/20181212004-1.pdf）

経済産業省 [2019]，「『DX 推進指標』とそのガイダンス」（https://www.meti.go.jp/press/2019/07/20190731003/20190731003-1.pdf）

甲賀憲二・林口英治・外村俊之 [2002]，『IT ガバナンス』NTT 出版。

古賀広志 [2019]，「組織市民行動の誘発原理の解明：社会物質性の視点からの考察」『日本情報経営学会誌』第 39 第 1 号，16–31 頁。

古賀広志ほか編 [2018]，『地域とヒトを活かすテレワーク』同友館。

國領二郎［1999］,『オープン・アーキテクチャ戦略：ネットワーク時代の協働モデル』ダイヤモンド社。

小林雅一［2015］,『AIの衝撃：人工知能は人類の敵か』講談社（講談社現代新書）。

佐藤彰男［2012］,「テレワークと『職場』の変容」『日本労働研究雑誌』第54巻10号, 58-66頁。

佐藤彰男［2018］,「在宅勤務型テレワークの現状と課題」古賀広志ほか編『地域とヒトを活かすテレワーク』同友館, 第6章。

末松千尋［1995］,『CALSの世界：競争優位の最終兵器』ダイヤモンド社。

杉田元宣［1976］,『社会とシステム論：情報と応答・制御の機構』みすず書房。

妹尾堅一郎［1988］,「ソフト・システム方法論（SSM）の実務有効性」『オペレーションズ・リサーチ』第33巻7号, 327-331頁。

総務省［2017；2018］,『情報通信白書』（平成29, 30年度版）(https://www.soumu.go.jp/johotsusintokei/whitepaper/ja/h30/pdf/index./html〔2021年2月3日〕)

田澤由利［2018］,「ふるさとテレワークが開く地方の可能性」古賀広志ほか編『地域とヒトを活かすテレワーク』同友館, 第1章。

遠山曉［1994］,「最近の情報システム設計技法」宮川公男・上田泰編著『経営情報システム』中央経済社, 232-247頁。

遠山曉［2002］,「今日的プロセスイノベーションの戦略的価値」『商學論纂』（中央大学）第43巻6号, 343-373頁。

遠山曉編［2007］,『組織能力形成のダイナミックス：Dynamic Capability』中央経済社。

中山信弘［1996］,『マルチディアと著作権』岩波書店（岩波新書）。

日本情報処理開発協会編［2009］,『平成20年度IT経営力の総合評価に関する調査研究報告書』日本情報処理開発協会。

根来龍之［2017］,「シェアリングエコノミーの本質と成功原理」『Nextcom』第30巻（特集シェアリングエコノミー）, 4-17頁。

野中郁次郎［1990］,『知識創造の経営：日本企業のエピステモロジー』日本経済新聞社。

野村直之［2016］,『人工知能が変える仕事の未来』日本経済新聞出版社。

PMI日本支部［2016］,「アジャイル プロジェクト マネジメント意識調査報告2016」(https://www.pmi-japan.org/topics/pdf/PMI_Japan_Chapter_Agile_Survey_2016.pdf)

福島真人［2001］,『暗黙知の解剖：認知と社会のインターフェイス』金子書

房。

米国商務省（室田泰弘編訳）［1999］，『ディジタル・エコノミー：米国商務省
　リポート2』東洋経済新報社。

米国商務省（室田泰弘編訳）［2002］，『ディジタル・エコノミー：米国商務省
　リポート2002/03』東洋経済新報社。

堀部政男［1988］，『プライバシーと高度情報化社会』岩波書店（岩波新書）。

松岡正剛［1996］，『知の編集工学：情報は，ひとりでいられない。』朝日新
　聞社。

松下慶太［2018］，「ワークプレイス・ワークスタイルの柔軟化と空間感覚の
　変容に関する研究：Hubud, FabCafe Hida におけるワーケーションを事例
　に」『実践女子大学人間社会学部紀要』第14号，17-30頁。

三菱総合研究所［2016］，「IoT 時代における ICT 産業の構造分析と ICT に
　よる経済成長への多面的貢献の検証に関する調査研究報告書」（http://
　www.soumu.go.jp/johotsusintokei/linkdata/h28_01_houkoku.pdf〔2020年
　9月19日アクセス〕）

三菱総合研究所［2018］，「ICT によるイノベーションと新たなエコノミー
　形成に関する調査研究報告書」（http://www.soumu.go.jp/johotsusintokei/
　linkdata/h30_02_houkoku.pdf〔2020年9月20日アクセス〕）

宮川公男編［1999］，『経営情報システム（第2版）』中央経済社。

村田潔［1994］，「情報システム構築方法の再検討：情報システム開発におけ
　るソフトシステム思考の導入」遠山曉編著『情報システム革新の戦略：リ
　ストラ新局面をむかえて』中央経済社，28-51頁。

村田潔［2020］，「先端的情報通信技術の安心・安全な活用：経営情報倫理ア
　プローチ」『明治大学社会科学研究所紀要』第58巻2号，31-45頁。

山倉健嗣［1993］，『組織間関係：企業間ネットワークの変革に向けて』有斐
　閣。

山崎竜弥［2020］，「ICT プロフェッショナリズムの現代的課題：責任不在の
　情報社会における個人と組織」『日本情報経営学会誌』第39巻4号，37-
　51頁。

行岡哲男［2012］，『医療とは何か：現場で根本問題を解きほぐす』河出書房
　新社。

吉澤康代［2010］，「BCP（Business Continuity Plan: 事業継続計画）として
　のテレワーク：新型インフルエンザ対策のテレワーク事例」『日本テレワー
　ク学会誌』第8巻2号，17-23頁。

ロボット産業政策研究会［2009］，「ロボット産業政策研究会報告書：少子高
　齢化時代を見据え，ロボットと共存する安全・安心な社会システムの構

築に向けて」(https://warp.da.ndl.go.jp/info:ndljp/pid/286890/www.meti.
go.jp/press/20090325002/20090325002-3.pdf〔2020 年 9 月 19 日アクセス〕))

索　引

● 人名索引 ●

● 事 項 索 引 ●

● 著者紹介

遠 山　曉 （とおやま・あきら）
　　中央大学名誉教授

村 田　潔 （むらた・きよし）
　　明治大学商学部教授

古 賀　広志 （こが・ひろし）
　　関西大学総合情報学部教授

有斐閣アルマ

現代経営情報論
Contemporary Management and Information Systems

2021 年 5 月 10 日　初版第 1 刷発行
2023 年 10 月 10 日　初版第 4 刷発行

著　　者	遠　山　　　曉
	村　田　　　潔
	古　賀　広　志
発 行 者	江　草　貞　治
発 行 所	株式会社　有　斐　閣

郵便番号　101-0051
東京都千代田区神田神保町 2-17
http://www.yuhikaku.co.jp/

印刷・株式会社理想社／製本・大口製本印刷株式会社
組版・田中あゆみ

ISBN 978-4-641-22178-9